Stefan Alexander Entel
9. Mai 1950 –
die Geburtsstunde Europas

D1666250

Stefan Alexander Entel

9. Mai 1950
DIE
GEBURTSSTUNDE
EUROPAS

MEDIA FOR EUROPE

1. Auflage 2016

Umschlaggestaltung: Jessica Jörger, punktgenau GmbH, Bühl
Satz: punktgenau GmbH, Bühl
Druck und Bindung: Finidr s.r.o. Český Těšín
Printed in Czech Republic

ISBN: 978-99959-991-0-0

www.mediaforeurope.eu

„Europa ist keine Gewissheit.
Es ist auch keine Utopie oder Illusion.
Es ist eine Aufgabe!"
Anna Marie Siemsen, dt. Pädagogin und Politikerin
(1882–1951)

Deshalb widme ich dieses Buch meiner Tochter
Theresa Alexandra
stellvertretend für eine Generation,
der Europa Aufgabe und Heimat zugleich sein sollte.

Inhaltsverzeichnis

Bei der Schilderung der Ereignisse am und um den 9. Mai 1950 hat sich der Autor insbesondere gestützt auf die persönlichen Erinnerungen Jean Monnets und Konrad Adenauers, wie sie dokumentiert sind in

- Jean Monnet, „Erinnerungen eines Europäers", erschienen 1988 bei Nomos Verlagsgesellschaft, Baden-Baden (ISBN: 3-7890-1701-9); Titel der Originalausgabe: Mémoires Edition Fayard, Paris, 1976
- Konrad Adenauer, „Erinnerungen 1945–1953", erschienen 1965 bei Deutsche Verlags-Anstalt GmbH, Stuttgart (ISBN: 3-421-01140-0)
- Konrad Adenauer, „Erinnerungen 1953–1955", erschienen 1966 bei Deutsche Verlagsanstalt GmbH, Stuttgart

I.
Zeitenwende

Der 9. Mai 1950 ist ein Dienstag, ein aus meteorologischer Sicht eher trüber Frühlingstag. Enden wird dieser Tag „mit einem Brillantfeuerwerk, dessen diplomatischer Feuerwerker mit strahlendem Knalleffekt Frankreichs Außenminister Robert Schuman ist". So jedenfalls kommentiert das deutsche Politikmagazin *Der Spiegel* einige Tage später die Ereignisse am späten Nachmittag dieses 9. Mai 1950. Dass sich dieser Tag als ein historisches Datum für Europa und das deutsch-französische Verhältnis erweisen wird, davon ahnt an diesem Morgen niemand etwas.

Es ist fast auf den Tag genau zehn Jahre her, dass Truppenverbände der deutschen Wehrmacht ihren Westfeldzug begonnen haben, in dessen Folge Belgien, die Niederlande, Luxemburg und Frankreich besetzt werden. Deutschland hat den kollektiven Wahnsinn ausgelöst und Europa in ein Irrenhaus verwandelt, in dem ein Tobsüchtiger mit Namen Adolf Hitler das Kommando übernommen und der Zivilisation selbst den Krieg erklärt hat.

Fünf Jahre später, am 8. Mai 1945, ist dieser Wahnsinn zu Ende. Das Deutsche Reich hat bedingungslos kapituliert.

Der totale Krieg hat das totale Elend bei Verlierern und Siegern gleichermaßen hinterlassen. Europa bietet ein unbeschreibliches Bild des Elends und Grauens, ein Bild, das an apokalyptische Phantasien der Verwüstung erinnert. Es sind die Bilder von verwaisten Kindern und erschöpften Frauen, die in den Trümmern nach Notwendigem zum Überleben suchen, es sind die Bilder von kahl geschorenen Zwangsarbeitern und KZ-Häftlingen in gestreifter Häftlingskleidung, krank und ausgezehrt, die auch heute noch die Erinnerungen an das dunkelste Kapitel europäischer Geschichte wachhalten. Der Kriegsberichterstatter und Journalist Saul K. Padover notiert bei Kriegsende in sein Tagebuch: *Kein Mensch wird verstehen, welche Gefühle die Europäer den Deutschen entgegenbringen, solange er nicht mit Belgiern, Franzosen oder Russen gesprochen hat. Für sie sind nur tote Deutsche gute Deutsche!* In der Rückschau auf den 9. Mai 1950 sollte dies immer bedacht werden.

Der II. Weltkrieg war ein totaler gewesen, weil er Soldaten und Zivilbevölkerung gleichermaßen betroffen hatte. In der „Stunde null", als die der 8. Mai 1945 bezeichnet wird, liegt Europa politisch, wirtschaftlich, vor allem auch moralisch am Boden. Die Europäer haben ihre Werte verraten. Europa, immerhin die Wiege der universellen Menschenrechte, des Humanismus und der Aufklärung, ist zum Tatort eines ideologisch begründeten Völkermordes von unvorstellbarem Ausmaß geworden.

Der II. Weltkrieg hat all das in den Schatten gestellt, was Europa seit dem Mittelalter an unzähligen blutigen Bruderkriegen um Unabhängigkeit, Selbstbestimmung, aber auch um Macht, Herrschaft und Religion erlebt und erlitten hat.

Krieg galt nicht erst seit Clausewitz als ein probates Mittel zur Fortsetzung der Politik. Kriege und Schlachten scheinen überhaupt das beherrschende Thema europäischer Geschichtsbücher zu sein, die Kenntnis um die entsprechenden Jahreszahlen zum Pflichtprogramm schulischen Geschichtsunterrichtes zu gehören. Ohne Zweifel, die Europäer sind im Verlauf ihrer Geschichte selten friedfertig miteinander umgegangen. Europa war (ist?) das ewige Dilemma von Krieg und Frieden!

Kriegerdenkmäler und Soldatenfriedhöfe gehören genauso zum Landschaftsbild Europas wie Kulturdenkmäler, worin sich auch eine dem Europäischen innewohnende Ambivalenz ausdrückt. Letztere legen Zeugnis dafür ab, dass Europa stets auch ein Ort des Geistes und der Kultur war. Dagegen legen die Erstgenannten Zeugnis ab für die den Europäern über Jahrhunderte fehlende Kreativität und Einsichtsfähigkeit in puncto Verwirklichung politischer Einheit und friedlicher Koexistenz.

Dieser Erfahrung zum Trotz prophezeit der französische Philosoph und Schriftsteller Victor Hugo (1802–1885) bereits zu Beginn des 19. Jahrhunderts: *Der Tag wird kommen, an dem du Frankreich, du Russland, Italien, England, Deutschland, ihr alle, die Nationen des Kontinents, ohne eure unterschiedlichen Eigenschaften und ruhmreiche Individualität zu verlieren, euch zu einer höheren Einheit vereinigen und ihr die europäische Brüderlichkeit errichten werdet, genauso wie die Normandie, die Bretagne, Burgund, Lothringen, Elsass, alle unsere Provinzen sich in Frankreich zusammengeschlossen haben. Der Tag wird kommen, an dem die Kugeln und Bomben durch die Abstimmung, durch das allgemeine Wahlrecht der Völker, durch das wirkliche*

Schiedsgericht eines großen souveränen Senats ersetzt werden, der in Europa das sein wird, was in England das Parlament, in Deutschland der Reichstag, in Frankreich die gesetzgebende Körperschaft ist.

Streicht man *Russland* aus dieser Aufzählung, ersetzt man *höhere Einheit* durch „Europäische Union" und *Schiedsgericht eines großen souveränen Senats* durch „Europäisches Parlament", so hat sich seine Prophezeiung 200 Jahre später erfüllt.

An diesem Morgen des 9. Mai 1950 ist Europa noch weit davon entfernt. Der „eiserne Vorhang" hat sich über den Kontinent gesenkt und ihn für die nächsten 40 Jahre in zwei völlig unterschiedliche politische, wirtschaftliche und gesellschaftliche Systeme gespalten. Auch wenn die Waffen schweigen, Europa befindet sich weiterhin in einer Art passivem Kriegszustand, dem kalten Krieg.

Es sollen noch fast 60 Jahre vergehen, bis der Mitbegründer der polnischen Gewerkschaftsbewegung *Solidarność*, Jerzy Buzek, im Sommer 2009 bei seiner Antrittsrede als Präsident des Europäischen Parlamentes den demokratisch legitimierten Repräsentanten von 500 Millionen europäischen Bürgern zurufen kann: „*Es gibt kein ,Ihr' und kein ,Wir' mehr. Die Völker Europas sind vereint!"*

Damit hat Jerzy Buzek mit wenigen Worten beschrieben, was Europa heute ist: eine Gemeinschaft von über 500 Millionen Bürgern aus 28 Staaten, die in Frieden und Freiheit zusammenleben.

Hierfür legen an diesem Morgen des 9. Mai 1950 der französische Außenminister Robert Schuman und der deutsche Bundeskanzler Konrad Adenauer den Grundstein. Der 9. Mai 1950 markiert die historische Zeitenwende in und für Europa.

Bonn, 9. Mai 1950, 9.30 Uhr

Unter der Leitung des wenige Monate zuvor zum ersten Bundeskanzler der Bundesrepublik Deutschland gewählten Dr. Konrad Adenauer tritt an diesem Morgen im Palais Schaumburg in Bonn (Hauptstadt der BRD bis zur Wiedervereinigung 1990) um 9.30 Uhr das Bundeskabinett zusammen. Auf der Tagesordnung steht eine Beschlussvorlage für den Deutschen Bundestag über einen Beitritt der Bundesrepublik zum Europarat.

Ein Jahr zuvor, am 5. Mai 1949, haben Großbritannien, Irland, Frankreich, die Niederlande, Belgien, Luxemburg, Italien, Schweden, Dänemark und Norwegen in London den *Europarat* gegründet mit dem Ziel, *eine Verbindung zwischen seinen Mitgliedern zum Schutz und zur Förderung der Ideale und Grundsätze, die das gemeinsame Erbe der Mitgliedstaaten bilden, herzustellen und ihren wirtschaftlichen und sozialen Frieden zu fördern.*

Jetzt, fünf Jahre nach Kriegsende, steht die Aufnahme der BRD in diese Organisation im Raum. Damit soll ein wichtiger Schritt in Richtung Wiedereingliederung Deutschlands in die westliche Staatengemeinschaft vollzogen werden.

Die Entscheidung der deutschen Regierung drängt. Für den nächsten Tag, den 10. Mai, ist in London eine Außenministerkonferenz der westlichen Siegermächte in London anberaumt, auf der auch über das weitere Schicksal Deutschlands beraten werden soll. Es gilt für die deutsche Regierung, mit einem positiven Votum zur Mitgliedschaft im Europarat ein wichtiges Signal für diese Konferenz zu geben. So erklärt es sich, dass die Kabinettssitzung – entgegen den üblichen Gepflogenheiten – nicht an einem Mittwoch, sondern bereits an diesem Dienstag stattfindet.

Für den Abend (20.00 Uhr) hat Adenauer eine Pressekonferenz angesetzt, um im Vorfeld der Außenministerkonferenz das Ergebnis der Beratungen der deutschen und ausländischen Öffentlichkeit bekannt zu geben.

Adenauer befürwortet eine Mitgliedschaft Deutschlands im Europarat, würde sie doch einen weiteren Mosaikstein in seinem Bestreben um vollständige Souveränität der BRD bedeuten. Gleichwohl, die Angelegenheit ist nicht so einfach, wie man auf den ersten Blick vermuten möchte.

Was aus heutiger Sicht überraschen mag, an diesem Morgen des 9. Mai 1950 ist sich die Regierung Adenauer keineswegs sicher, ob sie zum jetzigen Zeitpunkt überhaupt eine Beschlussfassung im Deutschen Bundestag über einen Antrag auf Aufnahme in den Europarat herbeiführen sollte. Es muss nämlich befürchtet werden, dass die Mehrheit der Abgeordneten gegen den Beitritt votieren wird. Auch in der deutschen Öffentlichkeit wird das Thema Mitgliedschaft im Europarat höchst kontrovers diskutiert. Den Grund für diese Kontroverse liefert das deutsch-französische Verhältnis, das zu dieser Zeit noch ein „Nicht-Verhältnis" ist.

Wenn auch jenseits des Rheines immer mehr Stimmen, selbst aus Kreisen der einstigen Résistance, laut werden, die um Verständnis und Verständigung mit Nachkriegsdeutschland werben, so spricht doch die offizielle französische Politik eine ganz andere Sprache. Die Deutschlandpolitik Frankreichs ist nach wie vor geprägt von der Maxime, den „Erbfeind" jenseits des Rheins für alle Zeiten derart zu schwächen, dass von dort keine Gefahr mehr ausgehen kann. Zu präsent sind bei den Franzosen noch die Erinnerungen an die Nazi-Herrschaft. Dreh- und Angelpunkt der deutsch-französischen Animositäten ist, wie schon nach dem I. Weltkrieg, das Saargebiet.

Nach Abzug der amerikanischen Truppen am 10. Juli 1945 hat Frankreich als „Siegermacht" die Besatzung des Saarlandes übernommen, verbunden mit der Zustimmung der Alliierten, das Gebiet vom Rest des ehemaligen Deutschen Reichs wirtschaftlich abtrennen zu dürfen. Dass Frankreich überhaupt in den Kreis der Besatzungsmächte über das ehemalige Deutsche Reich aufgenommen worden ist, verdankte es weniger den heroischen Taten General de Gaulles als vielmehr einer Initiative Winston Churchills, der sich auf der Konferenz von Jalta mit einem entsprechenden Vorschlag gegen Stalin durchzusetzen wusste.

Wie dem auch sei, im Zuge der Übernahme der Besatzung des Saarlandes von den Amerikanern ist dieses zu einem französischen Protektorat geworden. Die hier vorhandenen Kohlevorkommen will Frankreich ganz in den Dienst des Wiederaufbaus der eigenen Stahlindustrie stellen. Doch es geht um mehr als rein wirtschaftliche Interessen. Im Vordergrund stehen Sicherheitsinteressen. Ohne Kohle keine Stahlproduktion, ohne Stahlproduktion keine Waffenproduktion, so lautet die einfache Formel!

Auf Betreiben der französischen Besatzungsmacht hat sich das Saarland 1947 eine eigene Verfassung gegeben, eine Wirtschafts- und Währungsunion mit Frankreich begründet und sich zugleich von Deutschland losgesagt.

Adenauer hat vor wenigen Wochen inoffiziell von der Absicht der französischen und der saarländischen Regierung erfahren, Verhandlungen über sog. Staatsverträge mit dem Ziel einer weitestgehenden Autonomie des Saarlandes aufzunehmen. Im Gegenzug soll sich das Saarland verpflichten, seine Eisenbahnen und Kohlevorkommen auf die Dauer von 50 Jahren an Frankreich zu verpachten. War bisher lediglich von einem „Besatzungsstatut" für die Saar die Rede, stellt der Terminus „Autonomie" für Adenauer eine völlig neue Qualität dar. Eine Autonomie des Saarlandes würde faktisch und juristisch eine endgültige Abtrennung des Saarlandes von Deutschland bedeuten, womit – entgegen einer Deklaration der vier Siegermächte vom 5. Juni 1945 – eine Änderung der Grenzen des ehemaligen Deutschen Reiches ohne einen entsprechenden Friedensvertrag vollzogen würde.

Geradezu als Provokation empfindet man es in Deutschland, dass Frankreich, das die außenpolitische Vertretung des Saarlandes innehat, nun sogar noch einen Antrag auf Aufnahme des Saarlandes in den Europarat als eigenständiges Mitglied stellen will.

Für Adenauer ist dies alles Anlass genug gewesen, das Thema „Saar" in den Mittelpunkt seiner Gespräche mit dem französischen Außenminister Robert Schuman anlässlich dessen ersten offiziellen Deutschlandbesuches im Januar zu stellen.

Bonn, das bis zu seiner „Berufung" als Bundeshauptstadt eher verschlafene Städtchen am Rhein, ist Robert Schuman bestens vertraut. Hier hat er einige Semester seines Jurastudiums verbracht – in der Absicht, sich als Rechtsanwalt im lothringischen Metz niederzulassen.

Was uns heute skurril erscheinen mag: Ein Studium des deutschen Rechts als Grundlage für eine Anwaltstätigkeit in einer lothringischen, also französischen Stadt, erklärt sich aus den politischen Verhältnissen zum Ende des 19. und zum Beginn des 20. Jahrhunderts. Verhältnisse, die den Lebensweg und die Persönlichkeit Robert Schumans nachhaltig geprägt haben.

Robert Schuman, der „Grenzgänger"

Jean-Baptiste Nicolas Robert Schuman kommt am 29. Juni 1886 als einziges Kind der Eheleute Jean-Pierre Schuman und Eugénie Schuman, geb. Duren, in Clausen, einem Stadtteil Luxemburgs, zur Welt. Sein Vater, mit Herz und Seele Lothringer, hat nach der Annektierung Lothringens durch das Deutsche Reich im „deutsch-französischen Krieg" (1870/71) seine lothringische Heimat verlassen und ist nach Luxemburg übergesiedelt, wo er seine Frau kennengelernt und geheiratet hat.

In dem *Vertrag von Frankfurt* vom 10. Mai 1871 hatte sich Frankreich gegenüber dem siegreichen Deutschen Reich verpflichtet, das Elsass und einen Teil Lothringens abzutreten, die fortan – bis 1918 – das „Reichsland Elsass-Lothringen" bilden. Nach Maßgabe des Vertrages waren die Bewohner dieses Gebietes vor die „Wahl" gestellt, entweder bis zum 1. Oktober 1871 ihre Heimat in Richtung Frankreich zu verlassen oder im neuen „Reichsland" zu verbleiben, dann aber als deutsche Staatsbürger. Etwa 128 000 Elsässer und Lothringer sollen daraufhin ihrer Heimat den Rücken gekehrt haben, die Verbliebenen wurden qua Verwaltungsakt zu „Deutschen" erklärt. Zu ihnen gehört auch Jean-Pierre Schuman, der allen zu erwartenden Repressalien zum Trotz aus Protest auf einem Meldeformular in Luxemburg unter der Rubrik „Staatsangehörigkeit" einträgt: LOTHRINGER. Der Protest bleibt wohl ohne nennenswerte Folgen.

Folgen hat aber der erzwungene Austausch seiner Staatsbürgerschaft für Eugénie Duren, die, obwohl Luxemburgerin, mit der Eheschließung ebenfalls „Deutsche" wird, und vor allem für Robert Schuman, der mit seiner Geburt die deutsche Staatsbürgerschaft erhält. Mit Erreichen seines 18. Lebensjahres hätte Robert Schuman, der seine Jugend- und Schulzeit in Luxemburg verlebt, nach luxemburgischem Recht die Möglichkeit gehabt, die luxemburgische Staatsangehörigkeit anzunehmen. Hiervon macht er keinen Gebrauch, seine Lebensplanung sieht anderes vor. Das klingt alles recht kompliziert, aber kompliziert waren auch die politischen Verhältnisse zum Ende des 19. und bis zur Mitte des 20. Jahrhunderts in Europa. Wie sagte doch der französische Staatsphilosoph Charles de Montesquieu: *„Ich bin aus Notwendigkeit Mensch, aus Zufall Franzose!"* Bei Robert Schuman sind es gleich zwei Zufälligkeiten: Bei seiner Geburt in Luxemburg wegen der politischen Verhältnisse mit der deutschen Staatsbürgerschaft „gesegnet", wird er dank der Niederlage Deutschlands im I. Weltkrieg und der Rückgabe Elsass-Lothringens an Frankreich 1918 französischer Staatsbürger. Robert Schuman bildet mit seinem, den politischen Verhältnissen in Europa zu Beginn des 20. Jahrhunderts geschuldeten, unfreiwilligen Nationalitätenwechsel keine Ausnahme. Menschen, die z.B. zu dieser Zeit im Osten Belgiens, in der Region Eupen-Malmedy, gelebt haben, mussten, ohne auch nur einmal ihr Dorf oder Region zu verlassen, mehrmals unfreiwillig den Wechsel zwischen deutscher und belgischer Staatsangehörigkeit erleben und erleiden.

Mit 18 Jahren legt Robert Schuman sein Abitur am großherzoglichen Athénée de Luxembourg (Gymnasium) ab. Dank der immer schon mehrsprachigen Ausrichtung des luxemburgischen Schulsystems spricht er zu diesem Zeitpunkt bereits neben Letzeburgisch fließend Deutsch und Französisch.

Wie für alle Abiturienten stellt sich für ihn nun die Frage nach der beruflichen Ausrichtung und dem dazu notwendigen Studium. Robert Schuman entscheidet sich für das Jurastudium mit dem Ziel, Rechtsanwalt zu werden, jedoch nicht in Luxemburg, sondern in Metz. Dieser Region fühlt er sich verbunden, hier ist er zu Hause, wie er bei seiner Kanzleieröffnung im Jahre 1912 gegenüber einem Freund bekennt. Diese Verbundenheit ist sicher Teil der „Erbmasse".

Wie wir bereits wissen: Metz ist (bis 1918) deutsch. Es gilt deutsches Recht.

Was also bleibt dem luxemburgischen Abiturienten französischer Herkunft mit deutschem Pass im Jahre 1904 anderes übrig, als sich einen Studienplatz für deutsches Recht an einer deutschen Universität zu suchen?

Um für ein solches Studium die notwendigen Zulassungsbedingungen zu schaffen, stellt er bei der deutschen Verwaltungsbehörde in Straßburg den Antrag, am kaiserlichen Gymnasium in Metz zusätzlich noch ein deutsches Abitur ablegen zu dürfen. Dies wird ihm gewährt, sodass er im Jahre 1904 im Besitz eines luxemburgischen und eines deutschen Abiturs ist.

Sein Studium führt ihn alsdann nach München, Berlin, Straßburg, wo er 1908 an der Kaiser-Wilhelm-Universität sein Referendarexamen (1. juristisches Staatsexamen) ablegt. Und eben nach Bonn, in die Stadt, in die er jetzt – am 13. Januar 1950 – als französischer Außenminister zurückgekehrt ist.

In den vertraulichen Gesprächen mit Adenauer wie auch in den Tischreden betont Schuman immer wieder die Notwendigkeit der französisch-deutschen Aussöhnung für einen nachhaltigen Frieden in Europa, was ihm erkennbar eine Herzensangelegenheit ist. Den Nachfragen Adenauers zum Thema „Saar" weicht er jedoch beharrlich aus. Umso mehr sieht sich Adenauer veranlasst, Schuman deutlich zu machen, dass Frankreichs Saarpolitik *angesichts der großen Erregung, die diese Politik in der deutschen Öffentlichkeit hervorgerufen hat*, einen Eintritt der BRD in den Europarat gefährden kann. Auf die Frage Adenauers, warum die Sache mit den Staatsverträgen so eilig geworden sei und ob man die Verhandlungen nicht bis zu einer Entscheidung über einen Beitritt der BRD zum Europarat aussetzen könne, vertröstet ihn Schuman: *„Die Verhandlungen werden mindestens ein halbes Jahr dauern. "*

Robert Schuman sieht sich in einem Dilemma: Auf der einen Seite seine selbst empfundene Berufung, einen Beitrag zur Versöhnung der beiden Völker zu leisten, quasi seine Lebensaufgabe. Auf der anderen Seite die französische Realpolitik, in die er eingebunden ist und die konsequent die Durchsetzung ihrer eigenen nationalen Interessen an der Saar sucht.

Irrtum oder Täuschung? Eher wohl eine Fehleinschätzung Schumans, denn nur drei Wochen nach Beginn der Verhandlungen zwischen der französischen und der saarländischen Regierung am 7. Februar 1950 ist alles geregelt und die *Saarkonventionen* sind beschlossene Sache. Zwar beschwichtigt Schuman am 6. März 1950 gegenüber der Presse, eine europäische Lösung sei trotz der Saarkonventionen nicht gefährdet und Frankreich liege eine Verständigung mit Deutschland am Herzen, doch Adenauers Einschätzung, dass die Saarfrage ein gefährlicher Zündstoff, ein Agitationsmittel für nationalistische Kreise werden könnte, sollte sich als richtig erweisen. Die Saarverträge haben in weiten Kreisen der deutschen Bevölkerung Zweifel an den Beteuerungen der französischen Seite, sich um eine Aussöhnung mit den Deutschen bemühen zu wollen, aufkeimen lassen. *Man fragte sich*, so schreibt Adenauer in seinen „Erinnerungen", *ob in Frankreich wirklich der ernste Wille bestehe, Deutschland als gleichberechtigtes Mitglied in den Kreis der Völker wieder einzuführen, und es zur Mitarbeit am Wiederaufbau Europas und der Welt heranzuziehen. Man durfte weder bei uns noch außerhalb Deutschlands die*

Augen vor dieser Tatsache verschließen. Die Zweifel mussten beseitigt werden.

Adenauer ist es, der in diesem Moment die Initiative ergreift. Schon für den nächsten Tag, den 7. März 1950, bittet er den amerikanischen Journalisten Kingsbury-Smith zu sich, um über ein ausführliches Interview seine europapolitischen Vorstellungen und mögliche Ansätze für eine Aussöhnung Frankreichs und Deutschlands öffentlich zu machen. Diplomatische Wege sind ihm verschlossen, da es der Bundesrepublik und ihrem Kanzler noch untersagt ist, eine eigene Außenpolitik zu betreiben. Adenauers Überlegungen haben es durchaus in sich.

So erklärt er gegenüber Kingsbury-Smith, für ihn läge die Lösung aller Probleme im deutsch-französischen Verhältnis in einer vollständigen Union beider Länder. *„Eine Union zwischen Frankreich und Deutschland würde einem schwerkranken Europa neues Leben und einen kraftvollen Auftrieb geben. Hiermit würde der Rivalitätsgedanke zwischen beiden Ländern verschwinden"*, sagt er weiter. Seine Unterstützung für eine deutsch-französische Union macht er jedoch davon abhängig, dass auch England, Italien, Belgien, Luxemburg und den Niederlanden die Teilnahme offensteht. *Ich erwähnte diese Staaten*, so bekennt er in seinen „Erinnerungen", *damit nicht der Eindruck entstand, dass ein deutsch-französischer Block gebildet werde, um anderen Staaten seinen Willen aufzuzwingen.*

In einem zweiten Interview mit Kingsbury-Smith am 21. März wird Adenauer konkret. Auf die Frage, was seiner Meinung nach unmittelbar getan werden könne, um eine Union zwischen Deutschland und Frankreich herbeizuführen, die er als Grundstein eines vereinten Europas ansähe, erklärt Adenauer, *„man sollte von einem allmählichen Verschmelzen der beiden Länder in Bezug auf Zölle und Wirtschaft ausgehen. Das Werkzeug für eine solche Union könne ein gemeinsames Wirtschaftsparlament sein, das aus den gesetzgebenden Körperschaften beider Länder gebildet würde. Beide Regierungen könnten ihrerseits ein Organ bestimmen, welches gemeinsam mit dem Wirtschaftsparlament verantwortlich sei. Die Aufgaben des Wirtschaftsparlamentes und der Regierungsvertretung werden sich im Laufe der Zeit erweitern können, um die Vereinigung beider Länder schrittweise herbeizuführen. Fraglos würde es einen großen Schritt vorwärts bedeuten, wenn Franzosen und Deutsche in einem Hause und an einem Tisch säßen, um miteinander zu arbeiten und gemeinsam Verantwortung zu tragen. Die französischen Ansprüche auf Sicherheit könnten auf diese Weise befriedigt und das Wachstum eines deutschen Nationalismus verhindert werden. Wenn Großbritannien sich wirklich als eine europäische Macht ansieht, so könnte es innerhalb des Rahmens der Vereinigten Nationen Europas denjenigen Platz einnehmen, der seiner Stellung und Stärke entspricht. "*

Die Vorstellungen Adenauers stoßen, wie nicht anders zu erwarten, weltweit auf Interesse, an einigen Orten sogar auf ein zumindest verhalten positives Echo. Nicht aber in Frankreich! Mit dem „Erbfeind" eine *totale Union* einzugehen, erscheint den Franzosen geradezu als ein Schreckgespenst. Die französische Zeitung „L'Aube" kommentiert Adenauers Vorschlag mit den Worten, Adenauer wolle Europa um Deutschland herum und für Deutschland schaffen!

Und dennoch bleibt sein Interview nicht ohne Folgen. Schon einen Tag nach dessen Erscheinen laden ihn die Hohen Kommissare, die Vertreter der Siegermächte, zu einem neuerlichen Gespräch in ihre Residenz auf dem Petersberg bei Bonn ein. Gegenstand des Gespräches soll einmal mehr ein möglicher Beitritt der Bundesrepublik zum Europarat (neben dem Saarland) sein. Adenauer bleibt seiner Linie treu, indem er unmissverständlich erklärt, dass es für eine Beschlussfassung in dieser Frage im Deutschen Bundestag keine Mehrheit geben werde, solange gleichzeitig ein gesonderter Beitritt des Saarlandes im Raum stehe. Nicht nur, dass die Oppositionsparteien im Parlament, allen voran die Sozialdemokraten (SPD), bereits ihre Ablehnung angekündigt haben, auch in den Regierungsfraktionen droht nach Einschätzung Adenauers die ursprünglich positive Stimmung zu kippen.

Gegenüber André François-Poncet, dem Hohen Kommissar Frankreichs, erklärt er deshalb: *„Wenn nicht irgendeine Geste gegenüber der BRD gemacht wird, fürchte ich die Frage des Beitritts zum Europarat nicht dem Bundestag vorlegen zu können, weil ich überzeugt bin, dass sich eine Mehrheit dann nicht dafür aussprechen wird."*

Auf die Nachfrage Poncets, welche Geste er sich denn wünsche, bemerkt Adenauer: *„Wenn die Saarkonventionen nicht getroffen worden wären, hätte ich dem Bundestag ohne weiteres einen entsprechenden Antrag vorgelegt. Dann hätte er auch eine Mehrheit gefunden. Aber es gehört nicht viel dazu, die Deutschen noch im letzten Augenblick zu gewinnen."*

Wie diese „Geste" konkret aussehen soll, lässt er, dem man Zeit seines Lebens großes taktisches Geschick attestiert, offen. Auch in seinen „Erinnerungen" verrät er später dazu nichts. Also ein Bluff? Vielleicht! Zumindest aber hat es den Anschein, dass Adenauers Schachzug nicht ohne Folgen geblieben ist, wie der weitere Verlauf des 9. Mai 1950 zeigen sollte.

Bonn, 9. Mai 1950,
später Vormittag

Die Diskussion um einen Beitritt der Bundesrepublik zum Europarat ist in vollem Gang, als mitten in die Beratungen des Bundeskabinetts plötzlich Ministerialdirektor Herbert Blankenhorn, ein enger Mitarbeiter Adenauers, hereinplatzt und mitteilt, es sei gerade ein Abgesandter des französischen Außenministers Schuman im Palais Schaumburg eingetroffen und habe ihm zwei Briefe von Schuman ausgehändigt mit der Bitte, diese dem Bundeskanzler unverzüglich vorzulegen. Die Angelegenheit sei von äußerster Wichtigkeit. Adenauer möge diese Briefe unverzüglich lesen und ihm, Michlich (Mitarbeiter von Schuman), eine Antwort für Schuman übergeben, die er sofort nach Paris zu übermitteln habe. Zur gleichen Zeit tage in Paris der Ministerrat und man wolle dort über den Inhalt der Briefe beraten, sobald eine Antwort von Adenauer vorliege.

Paris, 9. Mai 1950,
ebenfalls am späten Vormittag

In der Tat: In Paris findet zur selben Zeit im Élysée-Palast die wöchentliche Sitzung des französischen Ministerrates unter der Leitung des Ministerpräsidenten Georges Bidault statt. Wie in Bonn hat man die Sitzung um einen Tag vorverlegt, um die am nächsten Tag in London stattfindende Außenministerkonferenz vorzubereiten. Auf der letzten Sitzung in New York hat Robert Schuman in Abstimmung mit seinen amerikanischen und britischen Amtskollegen, Dean Acheson und Ernest Bevin, die Aufgabe übernommen, ein Konzept für die Zukunft Deutschlands zu entwickeln. Jetzt befindet sich in seiner Mappe das Konzept, das später als „Schuman-Plan" in die Geschichte Europas eingehen wird. Mit Ausnahme von René Mayer und René Pleven ist zu diesem Zeitpunkt noch niemand seiner Kabinettskollegen in sein Vorhaben eingeweiht – alles ist noch ein bestgehütetes Geheimnis. Doch um dieses Konzept am nächsten Morgen in London als französischen Vorschlag präsentieren zu können, braucht Schuman das Plazet seiner Regierungskollegen. Zunächst aber will er noch die Reaktion seines späteren Freundes auf der anderen Seite des Rheins, des deutschen Bundeskanzlers Konrad Adenauer, abwarten. Deshalb hat er am Tag zuvor unter Umgehung aller diplomatischen Gepflogenheiten und französischen Dienststellen den Verwaltungsbeamten Michlich, Mitglied seines Stabes, mit zwei Briefen für Konrad Adenauer nach Bonn geschickt. Jetzt wartet er auf dessen Antwort.

Nur wenige Straßen vom Élysée-Palast entfernt, in der Rue de Martignac, dem Sitz des *Commissariat général du Plan*, sitzt der eigentliche Urheber des Planes und wartet auf die Nachricht aus dem Élysée-Palast, dass es endlich losgehen kann: Jean Monnet.

26 Jahre später, am 2. April 1976, werden ihn – „den Mann, der Europa erfand" – die in Luxemburg versammel-

ten Staats- und Regierungschefs der Mitgliedstaaten der Europäischen Gemeinschaft zum „ersten Ehrenbürger Europas" ernennen.

Helmut Schmidt, Altbundeskanzler der Bundesrepublik Deutschland, nennt ihn in seinem Vorwort zu der 1976 unter dem Titel „Erinnerungen eines Europäers" erschienen Autobiographie Jean Monnets *ein Vorbild als Patriot, als Europäer und als ein Politiker, der sowohl Ziele setzen als auch Wege ebnen kann.* Helmut Schmidt fährt fort: *Monnet hat als Wegbereiter der europäischen Einigungsbewegung große politische Wirkungen erzielt, ohne je ein Politiker im Sinne eines Mandatsträgers zu sein. […] Sein einziger Auftraggeber war sein Gewissen, war sein Sinn für das politisch Notwendige und Heilsame, war sein hochentwickeltes, weit über den nationalen Horizont hinausreichendes Verantwortungsgefühl als Weltbürger.*

Und so kommt es, dass aller Anfang in Europa Jean Monnet ist.

Jean Monnet,
„der Mann, der Europa erfand"

Jean Omer Gabriel Monnet kommt am 9. November 1888 in Cognac, Poitou-Charentes – eine für ihr gleichnamiges Branntweinerzeugnis weltberühmte Region –, als ältestes von vier Kindern zur Welt. Dank der unternehmerischen Aktivitäten seines Vaters, Jean-Gabriel Monnet, Mitbegründer und späterer Alleininhaber einer Cognac-Destillerie (die Marke „J.-G. Monnet" existiert immer noch), wächst Jean Monnet in einem von Weltoffenheit geprägten Milieu auf. Er selbst schreibt dazu in seinen „Erinnerungen": *Noch ehe ich die lokale Gesellschaft kennenlernte, mit der wir übrigens nur wenig Kontakt hatten, war ich vertraut mit den Berichten, die unsere weit her gereisten Gäste von ihren Ländern, von ihren Reisen gaben, und es wurde mir zur Gewohnheit, ihre Probleme genauso zu sehen wie unsere eigenen. Bei Tisch sprach man gewöhnlich von Weltangelegenheiten, so wie andere von städtischen sprechen ... So lernte ich von Kindheit an, noch zu einer Zeit, da die französische Gesellschaft in ihrem Provinzialismus schwamm, dass wir in einer Welt mit sehr großen Dimensionen leben, und der Gedanke, dass ich es mit Menschen zu tun hatte, die eine andere Sprache sprechen und andere Gewohnheiten haben, erschien mir ganz selbstverständlich ...*

Im Alter von 16 Jahren beschließt er, seine schulische Karriere vorzeitig zu beenden, weil es ihm widerstrebt, Bücherweisheiten auswendig zu lernen und er − wie er es nennt − viel lieber direkt in die Schule des Lebens (sprich: in das väterliche Unternehmen) eintreten möchte: *Ich kaufte mir einen steifen Hut und wurde mir meiner Verantwortung bewusst.*

Nun wird man, ohne Jean Monnet zu nahe zu treten, konzedieren können, dass sich im Alter von fast 90 Jahren (in diesem Alter verfasst er seine „Erinnerungen") der Blick auf die eigene Jugend ein wenig verklären kann. Ob also der Eintritt in das väterliche Unternehmen und die vorzeitige Beendigung der Schule mit 16 Jahren tatsächlich dem Bewusstsein um die besondere Verantwortung oder doch nicht eher einer gewissen Abenteuerlust geschuldet war, sei einmal dahingestellt. Gleichwohl: Sein Lebensweg scheint mit dieser Entscheidung vorgezeichnet.

Nur wenige Wochen nach seinem Eintritt in das Unternehmen verlässt er seine Heimat Cognac und geht für zwei

Jahre nach London, nicht nur um die Sprache der wichtigsten Kunden zu erlernen, sondern sich vor allem mit deren Gepflogenheiten vertraut zu machen.

Er lernt dabei das Leben in der City of London hautnah kennen, zeigt sich beeindruckt von der Macht dieser – wie er es nennt – „Organisation", die damals wie heute mehr ist als nur ein Banken- und Geschäftsviertel. Der hier herrschende kosmopolitische Geist übt auf ihn eine enorme Faszination aus. Seine ihm nachgesagte Anglophilie findet hier wohl ihren Ursprung.

Nach dem London-Aufenthalt folgt eine erste Bewährungsprobe, als ihn sein Vater nach Kanada und Amerika schickt, um die dortigen Kunden kennenzulernen und das Vertriebsnetz weiter auszubauen. Was man bei all dem nicht vergessen darf: Jean Monet unternimmt diese Reisen und Unternehmungen mit zarten 18 Jahren, also in einem Alter, in dem seine Altersgenossen noch mehr oder wenig fröhlich die Schulbank drücken. Seine Erlebnisse und Erfahrungen während seiner Tätigkeit in Amerika, insbesondere aber die persönlichen Verbindungen, die er hier aufbaut, sollten sich für seine spätere politische Arbeit als bedeutsam erweisen.

Der Beginn des I. Weltkrieges markiert für Jean Monnet eine entscheidende Wendung in seinem Leben und beruflichen Werdegang. Er entdeckt für sich, wie er es nennt, die „öffentliche Angelegenheit" als sein zukünftiges Betätigungsfeld.

Jean Monnet ist 25 Jahre alt, als Frankreich die Generalmobilmachung ausruft. Aus gesundheitlichen Gründen ist er vom Fronteinsatz befreit, was ihn jedoch nicht davon abhält, sich Gedanken darüber zu machen, welchen Beitrag er jenseits eines aktiven Gefechtseinsatzes leisten könnte. Er findet sein „Gefechtsfeld" oder vielleicht besser er „erfindet" es: *Sehr bald wusste ich, was ich zu tun hatte, denn es war klar, dass sich den Alliierten* [Frankreich und England; Anm. d. Verf.] *ein immenses Problem stellen würde, auf dessen Lösung sie nicht vorbereitet waren: die Koordinierung der Kriegsanstrengungen. Es war in der Tat ein neues Problem, ein Problem des zwanzigsten Jahrhunderts, das ein Verstand ohne Vorurteil, ohne Erinnerung an die Vergangenheit besser erkennen mochte als die Experten, die mit den Konzeptionen des neunzehnten Jahrhunderts groß geworden waren. Sie begriffen nicht, dass sich die Machtbedingungen geändert hatten und dass es galt, noch nie da gewesene Organisationsformen zu finden. Deutschland mit seiner gewaltigen Armee, die sich auf eine gewaltige Industriemacht stützen konnte, schien mir besser auf diese neue Art Krieg vorbereitet als die Alliierten, die sich getrennt in den Kampf stürzten und dabei ihre Kräfte zersplitterten.*

Monnet ist davon überzeugt: Die Methode der Kooperation souveräner Staaten, in der zwar die Beteiligten das gleiche Ziel verfolgen, dies aber aus Gründen nationaler Eigeninteressen strikt von den anderen getrennt, führt nicht zum gewünschten Erfolg. Im Gegenteil, für ihn steht sie der Verständigung zwischen den Menschen, den Völkern und dem gemeinsamen Handeln entgegen. Für ihn ist nachhaltige Kooperation nur über eine Integration gemeinsamer Interessen und Ziele im Rahmen gemeinsamer Organisationen bzw. Institutionen möglich. Aus diesen Überzeugungen leitet er seine zukünftige Handlungsmaxime ab.

Jetzt, im Jahre 1914, konzentrieren sich seine Überlegungen einstweilen auf die Möglichkeiten, eine Organisationsform zu schaffen, in der sämtliche Ressourcen der Alliierten zusammengefasst und ihr Einsatz solidarisch zum gemeinsamen Nutzen gesteuert werden können. Eine solche Konzeption würde in der Tat einen Paradigmenwechsel im strategischen Denken und Handeln zu Beginn des zwanzigsten Jahrhunderts bedeuten.

Wenn ein 25-jähriger Kaufmann aus einem Provinznest – zugestanden mit einiger internationaler Erfahrung – eine Idee hat, wie man die Alliierten aus dem sich bereits in den ersten Kriegswochen abzeichnenden Dilemma möglicherweise herausführen kann, ist dies eine Sache. Ihre Umsetzung ist eine ganz andere.

Und hier begegnen wir einem weiteren Grundprinzip, das sich Jean Monnet bei seiner Befassung mit „öffentlichen Angelegenheiten" zu eigen macht: *Zuerst muss man eine Idee haben und dann den Mann suchen, der die Macht hat, sie in die Tat umzusetzen!*

Aber welcher Mann hat zu diesem Zeitpunkt die Macht, seine Idee in die Tat umzusetzen? Für Jean Monnet gibt es nur eine Adresse: die des französischen Ministerpräsidenten René Viviani.

Dass seine Eltern, als sie von seiner Absicht erfahren, Kontakt zu Viviani zu suchen, dies – salopp formuliert – für eine „Schnapsidee" halten, dürfte wohl leicht nachvollziehbar sein. Monnet sieht das ganz anders: *Ich begriff solche Skrupel nicht, weil es mir keineswegs als naturgegeben erschien, die etablierte Macht als solche zu respektieren. In einer so wichtigen Sache wie der Verstärkung der Kooperation zwischen den Alliierten war die Regierung die richtige Adresse. Ich hatte eine Idee, die nur der Ratspräsident selbst in die Tat umsetzen konnte: Warum sollte man also nicht direkt bei ihm anklopfen?*

So unglaublich es klingen mag, es gelingt ihm tatsächlich, seine Idee Viviani nicht nur vorzustellen, sondern mehr noch, diesen für seine Idee, *eine gemeinsame Organisation auf die Beine zu stellen, die in der Lage ist, die Kräfte der Entente auszumessen und gleichmäßig heranzuziehen,* zu gewinnen.

Den Bedenken Vivianis begegnet er mit dem Argument: *Wir werden Zeiten der Knappheit entgegengehen, man muss also die zur Verfügung stehenden Mittel ihrer bestmöglichen Verwendung zuführen — und zwar alle Mittel, unsere gemeinsamen Mittel. Das hat man, wie ich glaube, noch nicht begriffen. Die Solidarität muss total werden, das heißt, jeder der Alliierten darf ohne Zustimmung der anderen nicht über seine Leute, aber auch nicht über seinen Nachschub und seine Schiffe verfügen.*

Viviani zeigt sich überzeugt und schickt Jean Monnet 1914 nach London, wo er als Mitarbeiter des Amtes für zivile Versorgung — die französische Verbindungskommission bei den Engländern — seine Vorstellungen in die Tat umsetzen soll. Waren es bislang unternehmerische Aktivitäten, die ihn nach London geführt haben, so sind es jetzt „öffentliche Angelegenheiten", die von nun an sein Leben nicht nur in London bestimmen sollten.

Die Situation in Frankreich hat sich derweil aufgrund des Vormarsches der Deutschen dramatisch zugespitzt. Die französisch-britische Solidarität ist auf eine ernste Probe gestellt und die traditionellen militärischen und wirtschaftlichen Konzeptionen der Kooperation erweisen sich – wie von Monnet prophezeit – zunehmend als untauglich.

Es besteht zwar eine *Internationale Versorgungskommission*, doch deren Tätigkeit konzentriert sich ausschließlich auf die Verpflegung der Armee, nicht aber der Zivilbevölkerung, die in Frankreich zunehmend unter der Lebensmittelknappheit leidet. Und selbst im Rahmen dieser begrenzten Aufgabenstellung ist die Versorgung mit so wichtigen Grundnahrungsmitteln, wie Getreide, Mehl, Fleisch und Zucker außen vor gelassen.

Die Kooperation selbst beschränkt sich auf wechselseitige Informationen über geplante Aktionen, ansonsten kauft jede Regierung auf eigene Rechnung auf dem Weltmarkt ein. Von einer gemeinsamen Organisation der Kriegswirtschaft, wie sie Monnet in seinem Gespräch mit Viviani skizziert hat, kann nicht einmal ansatzweise die Rede sein.

Die Folgen dieser nationalen Alleingänge liegen auf der Hand. Auf den überseeischen Märkten, die für die Versorgung der Bevölkerung beider Länder mit Rohstoffen maßgeblich sind, treten Frankreich und England als Konkurrenten auf. Dies führt zu einem Anstieg der Preise (z.B. für Getreide) und der Frachtraten. Hinzu kommt, dass allein die Engländer noch über die notwendigen Frachttonnagen (Handelsflotte) verfügen, um den Transport der Nahrungsmittel zu sichern.

All das hat Monnet kommen sehen und in seinem Gespräch mit Viviani deutlich gemacht. Für ihn gilt es nun, *empirisch vorzugehen und an konkreten Fällen zu beweisen, dass in einem Land, das sich im Krieg befand, das Privatinteresse nicht*

*länger Motor und Regulativ sein kann, und dass ausschließlich
nationale Interessen nicht mehr den Erfordernissen einer militärischen Allianz entsprechen.*

Monnet macht es zu seiner Aufgabe, eine Organisation
zu schaffen, die die Versorgung der Bevölkerung beider
Länder gleichermaßen sicherstellen kann.

In einem ersten Schritt gelingt es ihm, trotz anfänglicher
Widerstände der maßgeblichen Entscheidungsträger beider
Seiten, hierfür eine alliierte Einkaufsorganisation für Getreide mit dem Namen „**Wheat Executive**" zu initiieren.
Für ihn steht jedoch fest, dieser „*Weizenausschuss*" ist erst
der Anfang, die Keimzelle einer Reihe interalliierter Institutionen für die gemeinsame Beschaffung und Verwaltung
der wichtigsten Rohstoffe. Das am 29. November 1916 in-
stallierte „Wheat Executive" funktioniert nach Art eines
gemeinsamen Handelshauses und hat im Rahmen der verfügbaren finanziellen Mittel alle Vollmachten, um den Bedarf der Alliierten beim Einkauf und bei der Zuteilung des
bewirtschafteten Getreides sicherzustellen. Es wird ein gemeinsames Einkaufsprogramm zusammengestellt und ein
zentrales Organ verwirklicht es. Zum ersten Mal ist bei einem Grundnahrungsmittel für mehrere Länder der gemeinsame Zugang zu den gleichen Quellen in aller Welt zu
gleichen Bedingungen hergestellt. Die Preise sind für alle
dieselben und Beschränkungen werden, wenn sie nötig
sind, proportional verteilt. Erstmalig wird in einem diplomatischen Dokument der Begriff „nationales Interesse"
durch „gemeinsames Interesse" ersetzt. In der Folgezeit
kommen für Öl, Getreide, Fett, Zucker, Fleisch und Nitrate
noch weitere „Executives" hinzu.

Nach zähen Verhandlungen und nicht zuletzt wegen des von Deutschland inzwischen ausgerufenen „uneingeschränkten U-Boot-Krieges" (deutsche U-Boote greifen ohne Vorwarnung jedes Schiff an, gleichgültig ob Kriegs- oder Handelsschiff, ob neutral oder alliiert) verständigen sich die Alliierten auf der Grundlage eines von Monnet entworfenen Konzeptes auf die Gründung des „Allied Maritime Transport Council" (AMTC, deutsch *Alliiertes Seetransport-Komitee*). Dieser Transportpool, dem auch die Amerikaner beitreten, wird zum Lebensnerv der gesamten Kriegswirtschaft.

Für Monnet funktioniert damit zum ersten Mal zwischen mehreren Ländern ein Instrument, das Planung und wirtschaftliches Handeln in großem Stil zusammenfasst und sie zwingt, untereinander ihre sonst geheim gehaltenen Informationen auszutauschen.

Angesichts der Zerstörungen, die der I. Weltkrieg mit sich gebracht hat, und des Mangels an Rohstoffen, sind Monnet und seine Kollegen davon überzeugt, dass ihr System auch für den Wiederaufbau nach dem Krieg das einzig probate Mittel darstellt. So unternimmt er bereits wenige Wochen vor Kriegsende den Versuch, die Premierminister Frankreichs und Großbritanniens von der Notwendigkeit seines Systems einer organisierten Wirtschaft der Alliierten für den Wiederaufbau zu überzeugen.

Es ist unumgänglich, dass die alliierten Demokratien zu einer ökonomischen Union kommen, die den zentralen Kern der ökonomischen Einheit der freien Völker bilden wird. Die Rahmen für diese künftige Allianz sind bereits in den interalliierten Räten vor-

gezeichnet, die mitten im Krieg arbeiteten, appelliert er in einem Brief an beide Staatsmänner im September 1918. Und mehr noch: Nach seiner Überzeugung soll das System von Executives zur Organisation des Friedens auf alle Länder, gleichgültig, ob Sieger, Besiegte oder Neutrale, erweitert werden, um die vorhandenen Ressourcen gleichmäßig zu verteilen und so der Knappheit zu begegnen.

Eine solche Organisation hätte die Sieger und Besiegten des Krieges – zumindest in Ansätzen – zu gleichberechtigten Partnern einer europäischen Nachkriegsordnung gemacht.

1918 ist die Zeit hierfür in Europa noch nicht reif. Alle Appelle bleiben ungehört!

Die wirtschaftlichen Methoden der Vorkriegszeit, geprägt von nationalem Egoismus, leben wieder auf. Étienne Clémentel, der maßgeblich auf französischer Seite Jean Monnets Pläne unterstützt hat, spricht deshalb von dem *Zusammenbruch der Solidarität, für die wir so viel gearbeitet haben. Ohne diesen Altruismus, ohne diese Kooperation, die nicht vom Eigeninteresse bestimmt war, und die wir unter den Alliierten geschaffen hatten, und die man jetzt auch auf die einstigen Gegner ausdehnen müsste, wird eines Tages alles wieder von vorn beginnen.*

Die Geschichte sollte ihm recht geben!

Nicht nur Jean Monnets Appell bleibt ungehört. Auch der britische Ökonom John Maynard Keynes, der für das britische Finanz- und Wirtschaftsministerium an den Verhandlungen im Vorfeld des Versailler Vertrages in Paris teilgenommen hat, versucht die „Großen Vier", den italienischen Premierminister Vittorio Orlando, den britischen Premier David Lloyd George, den französischen Ministerpräsidenten Georges Clemenceau und den amerikanischen Präsidenten Woodrow Wilson, davon zu überzeugen, dass es besser sei, ein europäisches Wiederaufbauprogramm aufzulegen, anstatt von Deutschland dramatische Reparationszahlungen zu fordern. Nach seiner Vorstellung sollen hierfür die Amerikaner den Briten und Franzosen ihre Kriegsschulden erlassen, damit sie zum Aufbau ihrer Wirtschaft nicht auf deutsche Reparationszahlungen angewiesen sind. Die Amerikaner verweigern sich diesem Vorschlag und gewähren stattdessen den Deutschen Kredite, mit denen diese dann zum Teil ihre Schulden bei den Franzosen und Briten begleichen können. Aus diesen Zahlungen begleichen dann wiederum Frankreich und Großbritannien eigene Kriegsschulden bei den Amerikanern. Unter dem Stichwort „Griechenland" findet man aktuell ein ähnlich absurdes Finanzierungsmodell.

Kurzum, 1919 waren die Amerikaner nicht bereit, das zu tun, was sie nach 1945 getan haben: ein europäisches Förderprogramm aufzulegen.

Mit dem Ende des I. Weltkrieges endet auch Monnets Tätigkeit in London. Eine neue Aufgabe erwartet ihn: Er wird stellvertretender Generalsekretär des **Völkerbundes**. Die Errichtung des Völkerbundes ist Teil des Versailler Friedensvertrages, mit dem die Grundlage für eine europäische Friedensordnung geschaffen werden soll. Wie wenig der Versailler Vertrag diesem Anspruch gerecht geworden ist, ist hinreichend bekannt.

Auch die Einrichtung des Völkerbundes, des indirekten Vorläufers der heutigen UNO, mit dem erstmalig in der

Geschichte ein Forum geschaffen wird, in dem Konflikte nicht mit Waffen, sondern mit Worten beigelegt werden sollen, ändert hieran nichts. Die Initiative zu seiner Gründung geht von dem damaligen amerikanischen Präsidenten Woodrow Wilson aus, der sich schon frühzeitig Gedanken über eine friedliche Neuordnung nach dem Krieg gemacht hat. Ausgehend vom „Selbstbestimmungsrecht der Völker" stellt sich Wilson vor, dass eine Gemeinschaft der Nationen im Rahmen eines Paktes geschaffen werden soll, der wechselseitige Garantien der politischen Unabhängigkeit und territorialen Integrität gleichermaßen für große und kleine Nationen darstellt.

Am 28. Juni 1919 haben die 32 alliierten Siegermächte des I. Weltkrieges zusammen mit dem Versailler Vertrag die Satzung des Völkerbundes unterzeichnet. Am 20. November 1920 hat er in Genf seine Arbeit aufgenommen. Deutschland ist erst 1926 beigetreten, aber schon 1933 nach der Machtübernahme Hitlers wieder ausgeschieden. Vielleicht ist es einer der entscheidenden Fehler des Versailler Vertrages gewesen, Deutschland nicht von Beginn an in den Völkerbund aufzunehmen.

Die dem Völkerbund zugedachten Aufgaben sind die Förderung der internationalen Kooperation, die Vermittlung in Konfliktfällen und die Überwachung der Einhaltung des Friedensvertrages im Respekt vor der Integrität und Unabhängigkeit der Nationalstaaten. Deren Existenz bestätigt der Friedensvertrag bzw. stellt sie wieder her oder schafft sie neu. Die Autorität des Völkerbundes ruht nicht auf der Übertragung zumindest rudimentärer politischer Gestaltungsmacht, sondern allein *auf der Autorität der Vernunft und des guten Willens.* Soll heißen: Man geht davon aus, dass sich die Vernunft dank ihrer moralischen Kraft und durch den Appell an die öffentliche Meinung durchsetzen würde.

Nun hat uns jedoch die Menschheitsgeschichte gelehrt, dass die sogenannte öffentliche Meinung häufig gerade nicht von Vernunft und der sogenannte Zeitgeist auch nicht selten von recht wenig Geist geprägt sind.

Mit den Vorstellungen Monnets von einem „organisierten Frieden" hat die Konstruktion des Völkerbundes rein gar nichts gemein. Dennoch folgt er 1920 dem Ruf des Generalsekretärs des Völkerbundes, Sir Eric Drummond, und wird dessen Stellvertreter.

Sehr bald muss er erkennen, wie er in seinen „Erinnerungen" schreibt, *dass eine solche Organisation nicht die Mittel hatte, zu einer gemeinsamen Willensentscheidung zu kommen und sie durchzusetzen, zumal die Führung in den Händen von – zunächst – drei Siegermächten lag, die nicht einmal die gleichen Vorstellungen vom Frieden hatten. Die englische Politik versuchte auf dem Kontinent ein Gleichgewicht der Kräfte herzustellen, Frankreich wollte dominieren und Deutschland, wenn es noch nicht an Revanche dachte, die Umklammerung lösen.*

In seinen „Erinnerungen" heißt es dann weiter: *Wir haben diese Schwierigkeiten unterschätzt, oder vielmehr, wir haben nicht genug über sie nachgedacht: Ihre gemeinsame Wurzel war die nationale Souveränität, die im Rat ein Hindernis dafür war, dass allgemeine Interessen sich durchsetzten. Natürlich sprach man in jeder Sitzung von diesem allgemeinen Interesse, aber während der Verhandlungen vergaß man es dann, weil jeder vor allem mit den Konsequenzen beschäftigt war, die die Lösungen für ihn, für sein Land haben konnten.*

Das Schicksal des Völkerbundes ist hinreichend bekannt. Er sollte sich letzten Endes als ohnmächtig im Kampf um Frieden und Freiheit erweisen.

Im Herbst 1923 verlässt Monnet den Völkerbund. Das väterliche Unternehmen in Cognac befindet sich in wirtschaftlichen Schwierigkeiten. In den kommenden drei Jahren widmet er sich deshalb auf Wunsch der Familie erfolgreich der Sanierung des Unternehmens.

Allzu lange hält er es in der französischen Provinz jedoch nicht aus. So stößt das Angebot der amerikanischen Investmentbank Blair & Co, die sich u.a. auf die Auflage von Staatsanleihen zur Finanzierung von Infrastrukturmaßnahmen spezialisiert hat, bei ihm auf offene Ohren. Gemeinsam mit dem Generaldirektor von Blair & Co., Elisha Walker, gründet er im August in Paris zum Aufbau des Europageschäftes die *Société française Blair & Foreign Corp.*, deren Vizepräsident er wird. Dieses berufliche Engagement zählt nicht zu den erfolgreicheren im Leben des Jean Monnet. Einen anderen Erfolg kann Jean Monnet in dieser Zeit jedoch auf privatem Terrain für sich verbuchen. Er lernt im August 1929 in Paris seine zukünftige Ehefrau Silvia kennen. Zur Hochzeit kommt es nach Überwindung einiger Schwierigkeiten am 13. November 1934 in Moskau. Gemeinsam siedelt das Paar 1934 nach Shanghai über, wo Jean Monnet als Berater der chinesischen Regierung an der Gründung der *China Finance Development Corporation*, einem Zusammenschluss führender chinesischer Banken, mitwirkt.

1938 verabschiedet sich Jean Monnet nach einem weiteren kurzen Intermezzo als Mitgesellschafter der *Monnet-*

Murnane & Co in New York endgültig aus der Finanzwelt. Inzwischen hat er festgestellt, wie er später bekennt, dass ihn dieses Business mit seinen Mechanismen langweilt.

In Europa stehen derweil die Zeichen erneut auf Sturm. Deutschland hat den kollektiven Wahnsinn ausgelöst und der Zivilisation den Krieg erklärt.

1936 besetzen Hitlers Truppen das entmilitarisierte Rheinland. England und Frankreich schauen tatenlos zu.

Im März 1938 erfolgt die Annexion Österreichs. England und Frankreich schauen tatenlos zu. Hitler droht, das deutschsprachige Sudetenland – seit Versailles ein Teil der Tschechoslowakei – zu besetzen. Der britische Premier Neville Chamberlain und der französische Ministerpräsident Édouard Daladier eilen am 28. September 1938 nach München, um mit Hitler und Mussolini ein „Friedensabkommen" zu schließen. Sie servieren Hitler die Tschechoslowakei auf dem Silbertablett – das Sudetenland wird abgetrennt und fällt kampflos dem Deutschen Reich zu. Dem tschechischen Präsidenten Edvard Beneš, der zu der Konferenz nicht eingeladen ist, erklären Chamberlain und Daladier später, er solle die Bedingungen annehmen, stünde er doch sonst Hitlers Armeen allein gegenüber.

Bei seiner Rückkehr nach London am 30. September 1938 lässt sich Chamberlain als Held feiern, der den Frieden gerettet hat – ein fataler Irrtum, wie sich bald zeigen sollte.

Daladier erweist sich da als weitsichtiger. Angesichts der ihm bei seiner Landung auf dem Pariser Flughafen zujubelnden Menschenmenge raunt er einem Mitarbeiter zu: *„Diese Idioten".*

Direkt nach seiner Ankunft empfängt Daladier Jean Monnet – gemeinsam mit seinem Luftfahrtminister Guy La Chambre und William Bullitt, dem amerikanischen Botschafter in Paris – zu einem Essen. Immer noch unter dem Eindruck der Demütigungen, die ihm in München zuteil geworden sind, erklärt Daladier seinen Gästen: *„Wenn ich drei- oder viertausend Flugzeuge gehabt hätte, dann hätte es München nicht gegeben."*

Das ist der entscheidende Punkt. Hitler und Göring haben ein Jahr zuvor stolz die Geburt ihrer Luftwaffe verkündet, und das Deutsche Reich besitzt inzwischen weit über tausend Messerschmitt-Jäger, die den britischen und französischen Flugzeugtypen technisch überlegen sind. Nicht ohne Grund besteht zu diesem Zeitpunkt in Paris die Befürchtung, dass die deutsche Luftwaffe jederzeit völlig ungestört den französischen Himmel überqueren und ganz nach Belieben Paris bombardieren kann. Unter eben diesem Damoklesschwert war Daladier nach München gereist.

Ob es Arglosigkeit oder das Gefühl der Wehrlosigkeit war, das Neville Chamberlain und Edouard Daladier bewogen hat, das Münchener Abkommen zu unterzeichnen, kann letztendlich dahingestellt bleiben. In jedem Falle bedeutet dieses Abkommen, dessen Regelungsinhalt eigentlich nur die Zukunft der Tschechoslowakei besiegelt, für Hitler das Signal, dass keine politische Macht ihn an seinen Plänen hindern wird.

Eine alte militärische Logik besagt: *Si vis pacem para bellum!* (Willst Du Frieden, bereite den Krieg vor!) Hitler will keinen Frieden, trifft aber alle notwendigen Vorbereitungen für den Krieg. England und Frankreich wollen den Frieden, sind aber nicht auf einen Krieg vorbereitet.

Und damit kommt wieder Jean Monnet ins Spiel.

Seit einigen Monaten gehört er einer von William Bullitt gebildeten Arbeitsgruppe an, die sich mit der Lösung des Problems der Unterlegenheit Frankreichs in der Luft befasst. Das Ergebnis dieser Beratungen liegt bereits seit Wochen in Gestalt einer *„Note über die Schaffung einer Flugzeugindustrie im Ausland und außerhalb der Reichweite feindlicher Angriffe"* vor. Über eines sind sich Monnet und seine Kollegen im Klaren: Die notwendigen Kapazitäten an Kampfflugzeugen können weder in Frankreich noch in England produziert werden. Hierfür ist eine Mitwirkung der Amerikaner unabdingbar.

Diese „Note", die zunächst unbeachtet geblieben ist, gewinnt aufgrund der Konferenz von München an Aktualität und veranlasst Daladier, sich der Unterstützung Monnets zu versichern. Im Anschluss an die Beratungen anlässlich des gemeinsamen Essens beauftragt Daladier Monnet, mit Franklin D. Roosevelt – dem amerikanischen Präsidenten –, im Namen der französischen Regierung das Problem zu erörtern. Dank der Vermittlung Bullitts empfängt Roosevelt am 19. Oktober1938 Monnet in seinem Privathaus in der Nähe von New York.

Roosevelt, für den München der Beginn eines Weges ist, der nur zum Krieg führen kann, sieht in Hitler den schlimmsten Feind der Freiheit und damit auch für die Vereinigten Staaten. Er ist deshalb fest entschlossen, seinem Land das Schicksal Frankreichs und Englands zu ersparen: den Drohungen Hitlers hilflos ausgeliefert zu sein. Er teilt die Einschätzung Monnets, dass alles getan werden muss, um eine militärische Überlegenheit zu schaffen. Der Schlüssel dafür ist der Ausbau der Luftstreitmacht.

Zugleich gibt er aber zu bedenken, dass der inzwischen in den USA erlassene *Neutrality Act* es der amerikanischen Regierung unmöglich macht, England und Frankreich direkt mit amerikanischen Kampfflugzeugen oder anderem Kriegsmaterial zu beliefern.

Der *Neutrality Act* verbietet es, in internationalen Konflikten die Kontrahenten mit Waffen zu beliefern, sowie jeglichen Handel mit Kriegsmaterial. Seine Existenz verdankt er einer in der amerikanischen Öffentlichkeit weit verbreiteten Ansicht, dass man sich nicht mehr in auswärtige Konflikte hineinziehen lassen will, nachdem die Beteiligung der USA am I. Weltkrieg mit immensen Kosten verbunden gewesen ist. Zu den bekanntesten Verfechtern dieses amerikanischen Isolationismus gehört Oberst Charles Lindbergh, der wegen seines Alleinfluges von New York nach Paris am 20./21. Mai 1927 in den USA als Nationalheld verehrt wird. Lindbergh hatte sich bei einer Europareise 1938 beeindruckt von der Überlegenheit der deutschen Luftwaffe gezeigt und sich bei dieser Gelegenheit von dem „Ober-Nazi" Hermann Göring mit dem deutschen Adlerorden auszeichnen lassen. Als Sprecher des AFC (America First Committee) sucht er nun die amerikanische Öffentlichkeit davon zu überzeugen, dass sich die USA aus den europäischen Angelegenheiten heraushalten müsse. In einer Rede am 11. September 1941 stellt er sogar die Behauptung auf, *die wichtigsten Gruppen, die die USA in den Krieg treiben wollen, seien die Briten, die Juden und die Regierung Roosevelts.*

Es sollte nichts nützen. Roosevelt wird 1940 als amerikanischer Präsident wiedergewählt. Bereits am 4. November 1939 wird der *Neutrality Act* aufgehoben und 1941 treten die USA in den II. Weltkrieg ein. Doch soweit ist es 1938 bei der ersten Unterredung Jean Monnets mit Roosevelt noch nicht.

Zur Umgehung des *Neutrality Act* schlägt Roosevelt vor, die Produktionsstätten für die von Frankreich erbetenen Kampfflugzeuge einstweilen in Kanada, unweit der amerikanischen Grenze, anzusiedeln. Um es abzukürzen: Nachdem auch die Frage der Finanzierung der Lieferungen geklärt werden kann, erhält Frankreich ab Frühjahr 1939 die ersten Kontingente.

Im Spätsommer 1939 zeichnet sich ab, dass dieses Verfahren an seine Grenzen stößt. Es ist nicht nur der Bedarf der Franzosen, es sind auch die Forderungen der Engländer nach Kampfflugzeugen, die das Liefervermögen der USA übersteigen. Die Engländer treten als Konkurrenten der Franzosen auf.

Monnet erkennt die Notwendigkeit, dringend eine neue Organisationsform analog seiner Initiative im I. Weltkrieg zu schaffen, die den Bedarf und die Bestellungen beider Länder koordiniert.

Am 3. September 1939, also zwei Tage nach dem Einmarsch der deutschen Truppen in Polen, erinnert Jean

Monnet Daladier in einer Note mit der Überschrift „*Organisation der französisch-britischen Kriegsversorgung*" an seine Initiativen zur Koordinierung der Versorgung und ihrer Transportmittel während des I. Weltkrieges.

Die Note endet mit dem Vorschlag, einen „französisch-britischen Rat für Luftstreitkräfte" zu schaffen, der eine auf dem neusten Stand stehende Bilanz des verfügbaren englischen und französischen Materials erstellt und sich danach um die Ankäufe kümmern soll. Der Vorschlag findet bei Daladier die gewünschte Resonanz.

Am 20. September schreibt er an Neville Chamberlain: „*Ich zweifele nicht daran, dass Sie ebenso wie ich davon ausgehen, dass die Irrtümer des letzten Krieges zu vermeiden sind, in dem unsere beiden Länder drei Jahre brauchten, ehe sie die interalliierten Organisationen realisierten, die es ermöglichten, 1917 und 1918 die Versorgung zu sichern und zum Teil auch, die militärischen Schwierigkeiten von 1918 zu überwinden – besonders auch die Ankunft der amerikanischen Truppen in Frankreich zu ermöglichen. Ich wäre Ihnen sehr verbunden, wenn Sie Monsieur Jean Monnet, der mein ganzes Vertrauen genießt, in Ihre Dienststellen der wesentlichen Importe sowie auch im Department der Finanzen, des Seetransportes, der Luftfahrt, der Verpflegung einführen würden.*"

Schon am 26. September ist Jean Monnet in London. Gegenüber seinen Gesprächspartnern macht er deutlich, dass es zunächst darum geht, eine Übersicht zu erstellen, die den gesamten Bedarf und die Ressourcen beider Länder erfasst. Eine solche Bilanz bildet für ihn die Grundlage aller Entscheidungen und allen Handelns. Darüber hinaus schlägt er vor, in den Vereinigten Staaten gemeinsame Einkaufsorganisationen zu schaffen, um die Konkurrenzsituation zu beenden. Immer wieder betont Monnet –, und lässt sich das von den Engländern auch ausdrücklich bestätigen –, dass die zu schaffende Organisation gemeinsam auf der Basis der Gleichheit geführt wird.

Am 18. Oktober 1939, ein Jahr nach der Demütigung von München, unterzeichnen Neville Chamberlain und Edouard Daladier ein Abkommen über die Einrichtung und Arbeitsweise von fünf ständigen *Exekutivkomitees*, zuständig für Verpflegung, Bewaffnung und Rohstoffe, Erdöl, Luftfahrt und Seetransport. Aufgabe der *Exekutivkomitees* ist es, den Bedarf und die dafür notwendigen Ressourcen festzustellen, *um im gemeinsamen Interesse beider Länder die bestmögliche Verwendung der Ressourcen der beiden Länder an Rohstoffen, Produktionsmitteln und so weiter zu sichern, und auf beide Länder gleichmäßig die Einschränkungen zu verteilen, die sich aus der Notwendigkeit ergeben könnten, die Programme zu beschränken.* Eine weitere Aufgabe ist die Ausarbeitung gemeinsamer alliierter Importprogramme, die dann über eine einzige Einkaufsorganisation abgewickelt werden.

Ein *französisch-englischer (Minister-)Rat* sichert auf nationaler Ebene die Arbeit und Unabhängigkeit des Koordinierungskomitees ab, womit diese Organisation wirkliche Macht besitzt. Die *Exekutivkomitees* stehen unter der Autorität eines *Koordinierungskomitees*, das aus ihren Vorsitzenden gebildet wird. An dessen Spitze steht ein Franzose, weil der Sitz der Organisation London ist. Im Dezember 1939 ernennen Chamberlain und Daladier Jean Monnet zum Präsidenten des *Koordinierungskomitees für die französisch-britische*

Kriegsversorgung. Monnet wird damit laut britischen Zeitungsmeldungen „der erste Bundesfunktionär der Neuen Welt".

Nach anfänglichen Schwierigkeiten und Widerständen, vor allen aus Kreisen der britischen Militärs, gelingt es, das gemeinsame Projekt „Verstärkung des militärischen Potentials" auf die Schiene zu bringen. So wird, um nur einen Aspekt herauszugreifen, mit den Amerikanern die Produktion und Lieferung von zunächst achttausend Kampfflugzeugen bis Sommer 1940 verabredet. Um dieses Volumen zu bewerkstelligen, werden in den USA zusätzliche Produktionskapazitäten durch eine Zweckentfremdung der Automobilfabriken geschaffen.

So bizarr es klingen mag: Der II. Weltkrieg wird letztendlich in den amerikanischen Automobilfabriken gewonnen!

Am 28. März 1940 verpflichten sich England und Frankreich wechselseitig, keinen separaten Waffenstillstand mit Deutschland zu schließen.

The Anglo-French Union

Nachdem am 9. April 1940 unter dem Decknamen „Unternehmen Weserübung" Hitlers Truppen das neutrale Dänemark und Norwegen überfallen haben, ist es am 10. Mai 1940 soweit. In Europa herrscht strahlendes Wetter. Genau das sind die Bedingungen, die sich die Deutschen seit langem erhofft und denen die Bevölkerung in Frankreich und den Nachbarländern angsterfüllt entgegengesehen haben.

Es sind die idealen Bedingungen für einen Angriff der deutschen Luftwaffe und für einen Vormarsch der deutschen Panzer gen Westen. Der Westfeldzug der deutschen Armee beginnt. An diesem Morgen marschieren deutsche Truppenverbände in Belgien, den Niederlanden und Luxemburg ein. Das eigentliche Ziel heißt Frankreich!

Anders als die französische Generalität erwartet, durchbrechen wenige Tage später deutsche Panzerdivisionen in den Ardennen die Maginot-Linie, begünstigt durch den Umstand, dass sich der belgische König Leopold und auch die belgische Regierung, insbesondere Paul Henri Spaak, zuvor im Namen der Neutralität geweigert hatten, den französischen Schutzwall bis zum Meer, d.h. an der belgischen Grenze entlang, verlängern zu lassen. Die Schlacht von Sedan entscheidet das Schicksal der französischen Armee. Tausende von belgischen und französischen Flüchtlingen suchen einen „Unterschlupf" im Zentrum Frankreichs. In Frankreich, insbesondere in der französischen Administration, macht sich Resignation breit. Am 21. März 1940 hat Paul Reynaud die Nachfolge Édouard Daladiers als Ministerpräsident Frankreichs angetreten. In London zieht an diesem 10. Mai 1940 Winston Churchill als Nachfolger von Neville Chamberlain in 10 Downing Street ein.

Am 5. Juni verlässt die französische Regierung Paris und flüchtet nach Bordeaux. Bordeaux wird (zunächst) die Hauptstadt eines zerfallenden Landes, wenig später dann Vichy. Am 14. Juni besetzen deutsche Truppen Paris.

Die Situation in Frankreich spitzt sich dramatisch zu. Die französische Armee ist förmlich von den deutschen Truppen überrannt worden. Innerhalb der französischen Regierung macht sich Defätismus breit. Der Ruf nach einem Waffenstillstand mit Nazi-Deutschland wird immer lauter.

Die Ereignisse in Frankreich lassen für Jean Monnet und seine Kollegen in London nur einen Ausweg offen: Eine Initiative, *die überzeugt und die materiellen und psychologischen Widerstände, die einer Aktionseinheit der Alliierten entgegenstehen, aus dem Weg räumt.*

Man entwickelt eine wahrhaft revolutionäre Idee: Eine totale Union von England und Frankreich, eine **Anglo-French-Union!** Eine „totale Union" bedeutet für sie: nur ein Kabinett, nur ein Parlament, nur eine Armee, schlichtweg eine Art Fusion beider Länder!

In einem Memorandum fassen sie ihre Überlegungen zusammen: *Selbst wenn die französischen Truppen mehr und mehr zurückgeworfen werden, selbst wenn die Front nicht mehr gehalten werden kann, selbst wenn der Kampf nur noch auf wenigen Inseln eines verzweifelten Widerstands fortzuführen ist, kann Frankreich den Krieg immer noch gemeinsam mit England fortsetzen. Auch wenn sich das Schlimmste ereignen und die Deutschen ganz Frankreich einnehmen sollten, könnten noch wenigstens seine Flotte und seine Luftwaffe an der Seite Englands kämpfen, und ein bedeutender Teil der französischen Truppen und des Materials könnte eingeschifft und mit den englischen Truppen vereint werden. In diesem Falle könnten die beiden Länder den Kampf fortsetzen, bis endlich die weit überlegenen Mittel der alliierten Weltreiche und der Vereinigten Staaten den Sieg herbeiführen würden. Dieser Plan wird nicht zu verwirklichen sein, wenn die beiden Länder nicht schon in dieser Schlacht und danach wie ein Volk handeln und kämpfen und wenn die beiden Nationen sich dieser Einheit nicht voll bewusst sind.*

Hieraus leiten sie als Handlungsmaxime ab: *Eine dramatische Erklärung der beiden Regierungen, in der sie die Interessengemeinschaft der beiden Länder betonen, sich wechselseitig verpflichten, die zerstörten Gebiete gemeinsam wiederaufzubauen und ihre Absicht kundtun, sich für die gesamte Dauer des Krieges zu einem gemeinsamen Kabinett zusammenzuschließen – mit einer parallelen Vereinigung der beiden Parlamente.*

Das ist die Idee. Zur Umsetzung dieser Idee bedarf es jetzt, dass sich sowohl Winston Churchill auf britischer Seite als auch Paul Reynaud auf französischer Seite diesen Vorschlag zu eigen machen.

Am Freitag, dem 14. Juni 1940, gelingt es Monnet dank seiner persönlichen Verbindungen, Winston Churchill, der eigentlich nur angetreten ist, das britische Empire zu verteidigen, zumindest für seine Idee einer französisch-englischen Union zu interessieren. Churchill verspricht, wenn auch widerwillig, die Sache am nächsten Tag in seinem Kriegskabinett behandeln zu lassen. Zugleich erhält der ständige Sekretär des Foreign Office, Robert Vansittart, von ihm den Auftrag, gemeinsam mit Monnet und Salter ein beschlussfähiges Dokument zu erarbeiten. So entsteht der Plan einer unauflöslichen Union Frankreichs und Großbritanniens mit dem Inhalt, dass jeder Franzose, jeder Engländer in jedem der beiden Länder sämtliche Bürgerrechte genießen soll. Weiterhin soll eine Zollunion geschaffen und eine gemeinsame Währung eingeführt werden. Die Schäden, die in beiden Ländern entstehen, sollen gemeinsam behoben werden.

Am Nachmittag des 15. Juni konfrontiert Churchill erstmalig sein Kriegskabinett mit der Initiative und dem inzwischen fertigen Text. Was auch immer Churchill als Reaktion erwartet haben mag, es überrascht ihn doch, dass die Mitglieder seines Kriegskabinetts sich mit dieser Idee anfreunden können. Man verständigt sich darauf, den Plan am nächsten Tag in einer weiteren Sitzung förmlich zu beraten und zu beschließen.

In seinen Memoiren schreibt Churchill hierzu: *Meine erste Reaktion war ablehnend. Ich stellte eine Anzahl von Fragen, die gleichzeitig Einwände waren, und man konnte mich keineswegs überzeugen. Dennoch wurde die Sache am Ende einer langen Sitzung vorgebracht, die das Kriegskabinett an diesem Tage abhielt. Ich war einigermaßen überrascht zu sehen, dass Männer aller Parteien, ernsthafte, solide, erfahrene Politiker, sich leidenschaftlich für ein unabsehbares Unternehmen einsetzten, dessen Konsequenzen und dessen Komplikationen in keiner Weise geklärt worden waren. Ich widersetzte mich nicht, im Gegenteil, ich gab dieser Welle von Großzügigkeit nach, die unser Tun auf eine so hohe Stufe von Uneigennützigkeit und Mut hob.*

Auf französischer Seite weiß zu diesem Zeitpunkt noch niemand etwas von der Initiative. Dies soll sich aber noch am gleichen Abend ändern. Gegen Mittag hat sich General de Gaulle, zu diesem Zeitpunkt Kriegsminister im Kabinett Reynaud, bei Monnet telefonisch gemeldet. De Gaulle ist nach London gekommen, um über Fragen des Transportes der französischen Truppen nach Nordafrika und England zu verhandeln. Bei einem gemeinsamen Abendessen in seinem Privathaus weiht Monnet de Gaulle in seine Pläne ein und versucht ihn zu überzeugen, dass ein derartiger Vorschlag der britischen Regierung, gerichtet an die französische Regierung, trotz allem Defätismus, der sich in den Reihen der französischen Administration und Militärführung breitgemacht habe, neuen Kampfgeist entfachen könne. De Gaulle zeigt sich, was die Realisierung des Planes anbelangt, den er im Grundsatz begrüßt, angesichts des politischen Klimas in Bordeaux skeptisch. Dennoch verspricht er, seine ganze Autorität einbringen zu wollen, um Reynaud für das Vorhaben zu gewinnen.

Es erweist sich in den nächsten Tagen und Stunden als hilfreich, dass zwischen de Gaulle und Churchill „die Chemie" stimmt. Beide sind sich eine Woche zuvor erstmalig in London begegnet und seither voneinander sehr beeindruckt. Für de Gaulle ist Churchill „geschaffen für große Aufgaben" und umgekehrt bezeichnet Churchill de Gaulle als „einen Mann meines Schlages".

Dass der gleiche Charles de Gaulle zwei Jahrzehnte später alles daransetzen wird, den Beitritt Großbritanniens in die EWG zu verhindern, steht auf einem anderen Blatt und spielt in dieser Situation noch keine Rolle.

Vielmehr setzt sich de Gaulle nach dem Gespräch mit Monnet sofort mit Churchill in Verbindung, um ihn zu überzeugen, dass der Vorschlag einer Union umgehend in Gestalt einer feierlichen Proklamation der französischen Regierung unterbreitet werden muss, um das Schlimmste, nämlich einen drohenden Waffenstillstand mit Deutschland zu verhindern.

Inzwischen ist es Sonntag, der 16. Juni 1940. Ein Tag, der dramatisch verlaufen und am Ende doch als „der Tag der verpassten Gelegenheiten" von Jean Monnet bezeichnet werden wird.

Monnet und Vansittart treffen sich ein weiteres Mal, um dem Text, den das britische Kriegskabinett am Vortag grundsätzlich genehmigt hat, die abschließende Gestalt zu geben, ihn in die Form einer Proklamation zu gießen. Am Nachmittag soll hierüber das Kriegskabinett unter der Leitung Churchills abschließend beraten und entscheiden.

Das Problem: Das britische Kabinett kann einen Antrag nur offiziell diskutieren, wenn er in einem roten Aktendeckel, dem sogenannten *red binding*, vorgelegt wird. Ein solches könnte das Foreign Office bereitstellen, nur das hat an diesem Sonntag geschlossen. Also besinnt man sich der Tugend der Improvisation und behilft sich mit einem weißen Umschlag, den man kurzerhand zum *red binding* erklärt.

Vorher noch hat de Gaulle im Beisein von Monnet mit dem französischen Ministerpräsidenten Paul Reynaud in Bordeaux telefoniert, um ihn in das Vorhaben einzuweihen. Wörtlich erklärt de Gaulle: *„Von englischer Seite wird etwas Wichtiges vorbereitet, um Frankreich zu helfen. Ich kann jetzt nicht deutlicher werden; Sie sollten jedoch keine wichtigen Entscheidungen treffen, ehe Sie nicht den Tenor der Botschaft der britischen Regierung kennen."*

Die Antwort Reynauds dokumentiert die Dramatik und die Dringlichkeit: *„Inzwischen zählt jede Minute. Heute Nachmittag haben wir eine entscheidende Ministerratssitzung. Ich kann sie noch ein wenig hinauszögern, doch auf keinen Fall länger als bis 16.30 Uhr. Machen Sie also schnell und machen Sie es gut. Die Sache müsste schon von beträchtlicher Tragweite sein, um den Be-*

strebungen entgegenzuwirken, die für sofortige Verhandlungen mit den Deutschen sind."

„*Das sind sie*", lautet die Antwort de Gaulles.

Was aber Reynaud in diesem Telefonat de Gaulle verschweigt, ist, dass sich die französische Regierung, offensichtlich unter dem Druck der Defätisten, allen voran Marshall Phillipe Pétain, in der Nacht zuvor bereits bei der britischen Regierung um eine schriftliche Verhandlungsvollmacht für ein Waffenstillstandsabkommen mit den Deutschen nachgesucht hat. Und das britische Kriegskabinett hat an diesem Morgen auch schon geantwortet und Reynaud ebenfalls per Telegramm wissen lassen, dass er Waffenstillstandsbedingungen sondieren könne, jedoch nur unter dem Vorbehalt, dass die französische Flotte *out of the reach of the enemy* bleibt. Das Fatale daran ist, dass die französische Seite jetzt zwei widersprüchliche britische Karten in der Hand hält, die Reynaud am Nachmittag je nach Belieben ausspielen kann: Einerseits die Ermächtigung, das Bündnis mit den Engländern zu lösen – was, obwohl an harte Bedingungen geknüpft, von der Kapitulationspartei sofort ausgenützt werden könnte. Andererseits gibt es das Angebot einer totalen Solidarität, das aber noch übermittelt werden muss.

Als Monnet und die anderen, die um die französisch-englische Union ringen, eher beiläufig von der telegraphischen Korrespondenz erfahren, wird eiligst versucht, über den britischen Botschafter in Bordeaux, Sir Ronald Campbell, bei Reynaud das britische Antwortschreiben zurückzuziehen. Zu spät!

In diesen Minuten beginnt in 10 Downing Street die alles entscheidende Sitzung des Kabinetts. Nach intensiver

Beratung und einigen Modifikationen des Textes steht fest: England bietet Frankreich eine totale Union im Sinne des maßgeblich von Monnet formulierten Planes an.

Nun gilt es, den gerade vom britischen Kabinett beschlossenen Text der durchaus als historisch zu bezeichnenden Proklamation ins Französische zu übersetzen. Danach ist es aber zu spät, diesen Text noch nach Frankreich zu übermitteln. Also greift de Gaulle um 16.30 Uhr selbst zum Telefon und lässt sich mit Reynaud verbinden, um ihm den Text der Proklamation zu diktieren. Der britische Botschafter hört auf Seiten Reynauds mit und schildert später, wie sich zunehmend die Miene Reynauds aufhellt als er hört, was de Gaulle ihm nun mitteilt:

„In dieser schweren Stunde der modernen Weltgeschichte erklären sich die Regierungen des Vereinigten Königreichs und der Französischen Republik als unauflöslich vereint und unbeugsam entschlossen, gemeinsam das Recht und die Freiheit zu verteidigen gegen die Unterjochung durch ein System, das die Menschheit auf die Bedingungen von Robotern und Sklaven reduziert. Die beiden Regierungen erklären, dass Frankreich und Großbritannien nicht länger mehr zwei Nationen, sondern eine einzige franko-britische Union sein werden.

Die Verfassung dieser Union wird gemeinsame Organisationen für die Verteidigung, die Außenpolitik und die Wirtschaft enthalten.

Jeder französische Bürger genießt ab sofort alle Bürgerrechte in Großbritannien, jeder Brite wird Bürger Frankreichs.

Die beiden Länder werden gemeinsam die Behebung der Kriegsschäden übernehmen, gleichgültig, wo sie entstanden sind; die Mittel des einen wie des anderen werden gleichermaßen und einheitlich zu diesem Zweck verwendet.

Für die Dauer des Krieges wird es nur ein einziges Kriegskabinett geben, dem alle Streitkräfte Großbritanniens und Frankreichs, sei es zu Lande, zu Wasser oder in der Luft, unterstellt sind. Es wird seinen Sitz dort nehmen, wo es seines Erachtens am besten regieren kann. Die beiden Parlamente werden offiziell fusionieren. Die Nationen, die das britische Empire bilden, stellen bereits neue Armeen auf. Frankreich wird seine Streitkräfte zu Lande, zu Wasser und in der Luft verfügbar halten. Die Union appelliert an die Vereinigten Staaten mit der Bitte, die ökonomischen Mittel der Alliierten zu stärken und der gemeinsamen Sache mit ihrem gewaltigen Material zu Hilfe zu kommen.

Die Union wird ihre ganze Kraft gegen die Macht des Feindes konzentrieren, wo immer der Kampf auch stattfindet. Und so werden wir siegen!"

Nachdem Reynaud das alles gehört und notiert hat, will er noch wissen, ob Churchill persönlich den Text gebilligt hat. Churchill, der das Telefonat mit angehört hat, greift selbst zum Hörer und sagt: *„Halten Sie durch! De Gaulle bricht sofort auf und bringt Ihnen den Text […] Wir müssen uns schnellstens treffen […] Morgen früh in Concarneau. Ich komme mit Attlee, dem Ersten Lord der Admiralität, dem Generalstabschef und unseren besten Experten. Bringen Sie Ihrerseits ein paar fähige Generäle mit […] Auf Wiedersehen!*

Zu diesem Treffen wird es nicht mehr kommen. Es sind nämlich nicht nur Churchill, der an der Seite de Gaulles, und nicht nur Sir Campbell, der an der Seite Reynauds dieses Telefonat mitgehört haben. Offenbar haben auch andere Mitglieder der französischen Regierung, die einen

57

Pakt mit Hitler favorisieren, das Telefonat abgehört und gehen jetzt in die Offensive. Paul Reynaud wird Opfer einer Intrige.

Wenige Minuten nach dem Telefonat beruft ihn der französische Präsident Lebrun ab und überträgt die Regierungsgewalt auf Phillipe Pétain. Die Defätisten und damit die Befürworter eines einseitigen Waffenstillstands mit Hitler haben obsiegt.

Churchill hat sich schon im Zug niedergelassen, als er von dieser dramatischen Wendung in Frankreich erfährt, *„With a heavy heart"* steigt er wieder aus und kehrt zurück nach Downing Street No. 10.

De Gaulle, der ein Flugzeug genommen hat, erhält die Nachricht bei seiner Landung in Bordeaux. Am Telefon erklärt er Monnet, dass für ihn in Frankreich nun alles verloren und jede weitere Bemühung nutzlos sei. Damit sollte er recht behalten, denn auch weitere Versuche, das Projekt „Anglo-French-Union" doch noch auf den Weg zu bringen, scheitern. Und so ist der 16. Juni 1940 das, als was ihn Jean Monnet in seinen „Erinnerungen" bezeichnet hat: *Der Tag der verpassten Gelegenheiten.*

Mit der Regierungsübernahme Petains in Frankreich am 16. Juni 1940 und der von ihm am 22. Juni erklärten Kapitulation verliert das französisch-britische Koordinierungskomitee seine Existenzgrundlage. Es wird aufgelöst. Monnet erklärt in einem Brief an Petain seine Demission. In einem gleich lautenden Brief an Churchill bietet er an, in den Dienst der britischen Regierung zu treten, *um so weiterhin den wahren Interessen meines Landes* (Frankreich) *zu dienen.*

Churchill antwortet am 16. Juli:

Lieber Monsieur Monnet,

ich akzeptiere Ihre Demission als Präsident des
französisch-britischen Koordinierungskomitees.

Mit Freude nehme ich Ihren Wunsch, der britischen
Regierung und damit auch den wahren Interessen
Ihres Landes zu dienen, zur Kenntnis. Ich habe
den Rat des Ministers ohne Portefeuille über die
Möglichkeit eingeholt, Ihrer Kompetenz und Ihrer
Erfahrung möglichst viel Spielraum zu geben. Wir
sind beide zu der Überzeugung gelangt, dass es
das Beste wäre, Sie begäben sich in die Vereinigten Staaten, um dort in Verbindung mit dem Leiter
der britischen Einkaufskommission die Aufgaben
weiterzuführen, die die amerikanischen Lieferungen betreffen und die uns zu der Zeit, da Sie
Präsident des französisch-britischen Koordi-
nationskomitees waren, so wertvoll gewesen sind.

Ihr ergebener W. Churchill

Ende August 1940 verlässt Jean Monnet London in Richtung USA. Er wirkt dort bis 1943 maßgeblich an der Entwicklung und Realisierung des von Präsident Roosevelt
initiierten **Victory Program** mit, in dessen Zentrum die
Umstellung der US-Wirtschaft auf die Kriegsproduktion
steht.

Die nächste Etappe auf dem Lebensweg des Jean Monnet ist Algier, wo er sich am 23. Februar 1943 dem *Comité français de Libération nationale* (CFCN) anschließt. Später wird er Mitglied der provisorischen Regierung Frankreichs in Algier.

Am 6. September 1943 scheidet Monnet aus der provisorischen Regierung unter der Führung von Charles de Gaulle aus. Er kehrt nach Washington zurück, um die Präsidentschaft des French Supply Council zu übernehmen, einer Organisation, die sich um die Versorgung Frankreichs mit Konsumgütern und Ausrüstungsgegenständen aus amerikanischer Produktion kümmert.

Als Charles de Gaulle sich im August 1945 zur Amtseinführung von Harry S. Truman als amerikanischer Präsident in Washington aufhält, trifft er auch mit Jean Monnet zusammen. Ihm bietet sich dabei die Gelegenheit, de Gaulle seine Ideen über die Zukunft Frankreichs darzulegen. De Gaulle, der über die Größe Frankreichs und dessen weltpolitischen Bedeutung fabuliert, hält er entgegen: *„Sie sprechen von ‚Grandeur‘, doch die Franzosen sind heute klein. Es wird keine Größe geben, ehe nicht die Franzosen die Statur angenommen haben, die es rechtfertigt, von Größe zu sprechen. So sind sie nun einmal. Dafür ist es notwendig, dass sie moderner werden, denn sie sind nicht modern. Es braucht vor allem Produktion, Produktivität, man muss das Land unter materiellen Gesichtspunkten umbauen. "*

De Gaulle, der aufmerksam zugehört hat, antwortet: *„Sie haben sicher recht, aber wollen Sie es versuchen? "*

„Ich weiß nicht, was ich tun könnte, aber ich werde mich bemühen ", lautet die Antwort Monnets. Es sollte die Geburts-

stunde des **Monnet-Plans** sein, eines Plans, mit dem Frankreich das erste westliche Land wird, das sich nach dem Krieg vorbehaltlos einer Politik der Modernisierung und des wirtschaftlichen Wachstums verschreibt.

Als Monnet im November 1945 nach Paris zurückkehrt, findet er ein wirtschaftlich und moralisch am Boden liegendes Land vor. Diese Situation ist jedoch nicht allein dem II. Weltkrieg geschuldet, sondern auch der vor dem Krieg weit verbreiteten Laissez-Faire-Haltung der Franzosen gegenüber dem Wettlauf um technischen Fortschritt seit Beginn des 20. Jahrhunderts. Mangelnder Unternehmungsgeist, Nachlässigkeit in puncto Produktinvestitionen und Modernisierung lassen für Monnet den Umbau des Landes, wie er ihn gegenüber de Gaulle als notwendig reklamiert hat, als wahre Herkulesaufgabe erscheinen.

Am 5. Dezember 1945 legt er de Gaulle seinen Plan de Modernisation et d'Equipement vor. Dieser betont die Notwendigkeit von Modernisierung und Wiederaufbau im Gleichklang, damit Frankreich wieder den Anschluss an die technische Revolution findet, der bereits vor dem Krieg abgerissen war.

Organisatorisch sieht der Vorschlag vor, dass ein Planungsrat bestimmt, welche Bereiche der französischen Wirtschaft zunächst zum Objekt von Modernisierungsstudien gemacht werden sollen. Für jeden dieser Bereiche wird dann eine Modernisierungskommission, bestehend aus Verantwortlichen der Administration, Experten und Vertretern der Arbeitgeberverbände sowie Gewerkschaften, gebildet, die zunächst eigenverantwortlich den Bedarf, die vorhandenen Ressourcen und die sich daraus ergebenden Möglichkeiten ermitteln. Auf diesem Ergebnis gründend entwickelt die jeweilige Modernisierungskommission eigene Vorschläge und Pläne.

Dem Ganzen übergeordnet als Koordinierungs- und Entscheidungsorgan ist ein **Commissariat général du Plan**, welches mit weitreichenden Vollmachten ausgestattet ist.

Nur zwei Wochen später stimmt der Ministerrat dem Vorschlag zu. Die darauf am 3. Januar 1946 erlassene Direktive folgt in allen Punkten den Empfehlungen Monnets.

Wie nicht anders zu erwarten, wird Jean Monnet als sogenannter Planungskommissar zum Chef des Commissariat général du Plan berufen, ein Amt, das er bis 1952 ausübt. Wenn gelegentlich zu lesen ist, Jean Monnet sei ein Mitarbeiter Robert Schumans gewesen, so ist dies schlichtweg falsch. Das Commissariat général du Plan war dem französischen Präsidenten, bzw. dem Ministerpräsidenten direkt unterstellt.

Im Verlauf der nächsten Monate ernennt Monnet Modernisierungskommissionen für die Industriebereiche Kohle, Strom, Verkehr, Baustoffe, Stahl und Landmaschinen. Später kommen Öl, Chemie, Dünger, Schiffbau und Kunstfaser hinzu.

Ein Jahr nach Gründung des Kommissariats billigt das Kabinett ohne Diskussion den ersten nationalen Plan.

Um Missverständnissen vorzubeugen: Das, was Monnet unter „Plan" versteht, ist keineswegs vergleichbar mit den berühmten, oder wohl eher berüchtigten Fünfjahresplänen, wie sie früher in den kommunistisch regierten Ländern üblich waren. Im Gegensatz dazu definieren die Pläne des Kommissariats keine zu erreichenden Produktionsmengen, sondern benennen lediglich die Ziele und liefern hierfür einen Orientierungsrahmen. Der Monnet-Plan beschränkt sich insoweit auf die Beschreibung von Strategien und Instrumente, mit denen der Staat bestimmte Vorhaben fördern kann.

Ein wesentlicher Aspekt dabei ist der Einsatz staatlicher Investitionen, einschließlich der Mittel, die über die Marshall-Hilfe von den Amerikanern bereitgestellt werden. Angesichts eines akuten Kapitalmangels und des Fehlens eines langfristig operierenden Kapitalmarktes sind alle großen Investitionen vom Staat zu tragen. Der enorme Investitionsbedarf macht es dann aber erforderlich zu entscheiden, wo und auf wessen Kosten die knappen Mittel investiert werden sollen. Monnet setzt die Priorität auf Kapitalinvestitionen in große Industriezweige, was zunächst zu Lasten des Privatkonsums, des Wohnungsbaus und der Dienstleistungen geht. Eine Politik, die bei der Bevölkerung nicht nur auf Gegenliebe stößt.

Seinen Sitz findet das Kommissariat in einem kleinen Privathaus in der Rue de Martignac in Paris, nahe der Kirche Saint-Clotilde. Und hier wartet an diesem **9. Mai 1950** Jean Monnet auf eine Nachricht aus der Sitzung des französischen Kabinetts. Seine Anspannung dürfte in diesen Minuten trotz aller Überzeugung, das Richtige getan zu haben, groß sein. Geht es doch um nicht viel weniger als um die Entscheidung, ob seine Idee von der Konstruktion Europas Wirklichkeit werden kann.

Seine Vorstellungen dazu hat er schon 1944 während seines USA-Aufenthaltes in einem Beitrag für die amerikanische Zeitschrift „Fortune" dargelegt:

Es wird keinen Frieden in Europa geben, wenn die Staaten auf der Basis nationaler Souveränität wiederhergestellt werden, mit all dem, was eine Politik des Machtstrebens und wirtschaftliche Protektion mit sich bringt. Wenn die Länder Europas sich aufs Neue gegenseitig abschließen, wird erneut die Schaffung großer Armeen notwendig werden. Manche Länder könnten es durch einen zukünftigen Friedensvertrag; anderen würde es untersagt werden. Wir haben mit diesem diskriminierenden Vorgehen 1919 Erfahrungen gesammelt, und wir kennen die Konsequenzen. Es würde wieder intereuropäische Allianzen geben: Wir kennen ihren Wert. Soziale Reformen würden verhindert und verzögert durch die Höhe der Militärbudgets. Europa würde sich einmal mehr in der Angst wiedererschaffen.

Die Länder Europas sind zu klein, um ihren Völkern den Wohlstand zu sichern, den die Voraussetzungen möglich machen und die folglich notwendig sind. Dazu braucht man viel größere Märkte [...] Dieser Wohlstand und die unerlässlichen sozialen Entwicklungen setzen voraus, dass die Staaten Europas sich zu einer Föderation zusammenschließen oder zu einer „europäischen Entität", die eine wirtschaftliche Einheit entwickelt [...] Die anderen, Engländer, Amerikaner, Russen, haben ihre Welten für sich, auf die sie sich zeitweilig zurückziehen können. Frankreich ist an Europa gebunden. Es kann sich dem nicht entziehen. Von der Lösung des europäischen Problems hängt die Existenz Frankreichs ab.

Aber dies setzt voraus, dass Europa geeint ist, und zwar nicht nur in einer Kooperation, sondern durch eine von den europäischen

Nationen gebilligten Übertragung von Souveränitäten auf eine Art
zentrale Union, eine Union, die die Macht hätte, die Zollbarrieren
abzubauen, einen großen europäischen Markt zu schaffen und das
Wiederaufleben des Nationalismus zu verhindern.

Auf diesen Überzeugungen gründet das Projekt, das sich in
diesen Minuten in den Unterlagen Robert Schumans befindet, und welches er ohne eine Antwort aus Bonn nicht
seinen Kabinettskollegen vorstellen will. Da die Antwort
aus Bonn auf sich warten lässt, nutzen wir die Zeit zu einem
Rückblick auf die Entstehungsgeschichte des Schuman-
Planes.

Die „simple Lösung"

Jean Monnet hat natürlich die Interviews Adenauers vom
7. und 8. März 1950 gelesen.

Im Grunde decken sich Adenauers Vorstellungen mit seinen. Natürlich kann eine solche Union, wie Adenauer sie
vorschlägt, den französischen Wunsch nach Sicherheit be-
friedigen und das Wiedererwachen des Nationalismus in
Deutschland verhindern. Für Monnet entbehrt der Vorschlag Adenauers jedoch die Antwort auf die Frage nach
der Methode zur Erreichung dieses Zieles. Eine globale
Union schaffen zu wollen, um damit ein besonderes Problem zu verdecken und zum Verschwinden zu bringen, ist
für ihn kein realistischer Standpunkt.

Nach Ansicht von Jean Monnet muss man vielmehr *von*
den Schwierigkeiten ausgehen, sich auf sie berufen, um von da
aus den Anfang zu einer allgemeinen Lösung zu finden. Die

Union wird dann schrittweise durch die Dynamik der ersten Realisierung folgen. Man darf nicht versuchen, das deutsche Problem mit den gegenwärtigen Gegebenheiten zu regeln. Man muss die Gegebenheiten ändern, indem man sie umbildet.

Nur, wenn man die Umstände änderte, konnte man die Lage offen gestalten, für deren Blockade sie die Ursache oder der Anlass waren, hält er in seinen „Erinnerungen" fest. Und weiter: *Wenn man bei uns die Furcht vor einer deutschen industriellen Vorherrschaft beseitigen konnte, wäre das größte Hindernis für die Einigung Europas weggeräumt. Eine Lösung, die der französischen Industrie die gleiche Ausgangsbasis wie der deutschen einräumte, während man diese von den aus der Niederlage entstandenen Diskriminierungen befreite, würde die ökonomischen und politischen Bedingungen für eine Entente schaffen, die für Europa unerlässlich war. Darüber hinaus könnte sie sogar das Ferment einer europäischen Einheit werden.*

Wenn man das Problem der Souveränität ohne Gedanken an Revanche und Vorherrschaft anging, wenn vielmehr Sieger und Besiegte übereinkamen, sie gemeinsam über einen Teil ihrer zusammengefassten Reichtümer auszuüben, welch solides Band würde damit zwischen ihnen geschaffen, welche Möglichkeiten würden eröffnet und welch ein Beispiel würde den anderen europäischen Völkern geboten!

Die zusammengefassten Reichtümer waren in erster Linie Kohle und Stahl, die sich Frankreich und Deutschland ungleich, aber auf ergänzende Weise miteinander teilten.

Aber Kohle und Stahl waren sowohl der Schlüssel für wirtschaftliche Macht wie auch für das Arsenal, in dem die Waffen für den Krieg geschmiedet werden. Diese doppelte Macht gab ihnen damals eine gewaltige symbolische Bedeutung. Sie über die Gren-

zen hinweg zu fusionieren, würde ihnen ihren unheilvollen Nimbus nehmen und sie – im Gegenteil – zu einem Unterpfand des Friedens machen.

Seinen darauf gründenden Vorschlag, der zur Grundlage des Schuman-Planes werden sollte, nennt Monnet eine „simple Lösung": Kohle- und Stahlproduktion mehrerer Länder unter eine gemeinsame europäische Ordnung stellen! Das französisch-deutsche Problem würde somit zu einem europäischen Projekt gemacht.

Diesen Vorschlag hat er am 14. April 1950 dem Kabinettschef Schumans, Bernard Clappier, erläutert, der hieran sofort Interesse findet. Für Monnet ist es das Startsignal, seine Überlegungen weiter zu vertiefen und auszuformulieren. Schon am nächsten Tag, Samstag, den 15. April 1950, hat er sich mit dem Jura-Professor Paul Reuter, der zu den Beratern im französischen Außenministerium gehört, getroffen und ihn in seine Überlegungen eingeweiht. Reuters Aufgabe ist es, sich bis zum nächsten Tag Gedanken über eine Organisationsform für die Verwaltung des gemeinsamen Vermögens aus der Fusion von Kohle und Stahl zu machen.

Am Sonntag, den 16. April 1950 kommt es im Büro von Monnet zu einem weiteren Gespräch, an dem jetzt auch noch Etienne Hirsch, ein langjähriger Mitarbeiter Monnets teilnimmt.

Am Abend dieses Tages hat Monnet mit seiner Equipe einen ersten Textentwurf erstellt:

Der Weltfriede kann nicht geschützt werden ohne
schöpferische Anstrengungen, die der Gefahr, die
ihn bedrohen, angemessen sind. Der Beitrag, den
ein organisiertes und lebendiges Europa zur
Zivilisation leisten kann, ist für die Aufrecht-
erhaltung friedlicher Beziehungen unerlässlich …
Europa soll auf föderalistischer Grundlage
organisiert werden. Eine französisch-deutsche
Union ist dabei ein wesentliches Element […] Die
Einrichtung gemeinsamer Basen für die wirtschaftliche Entwicklung soll die erste Etappe
einer französisch-deutschen Union werden […]
Die französische Regierung schlägt vor, die
Gesamtheit der französisch-deutschen Stahl- und
Kohleproduktion unter eine internationale
Behörde zu stellen, die für die Beteiligung
anderer Länder Europas offen ist […] Sie hat die
Aufgabe, die Grundbedingungen der Produktion
zu vereinheitlichen und so die schrittweise Ausdehnung von effektiver Kooperation auf andere
Bereiche zu friedlichen Zwecken zu ermöglichen
[…] Die Behörde, die mit der Durchführung
der gesamten Verwaltung beauftragt wird, ist
auf der Basis einer paritätischen französisch-
deutschen Repräsentation aufgebaut und
geleitet […]

Mit dem letzten Satz wird erstmalig das Prinzip der Gleichberechtigung Frankreichs und Deutschlands postuliert, und
das nur fünf Jahre nach dem Ende des II. Weltkrieges.

Im Laufe der nächsten Tage wird aus der *Internationalen Behörde* eine *gemeinsame* **Hohe Behörde** mit supranationalem Status, deren Entscheidungen in allen Mitgliedstaaten rechtsverbindlich sein sollen. Ein weiterer, neuer Begriff wird geboren: **Der gemeinsame Markt** – ein Raum ohne Zollschranken, ohne Diskriminierungen, aber mit Regelungen im gemeinsamen Interesse.

Monnet bringt das Konzept auf die griffige Formel: **Durch die Zusammenlegung der Basisproduktionen und die Einrichtung einer Hohen Behörde, deren Entscheidungen für Frankreich und Deutschland und die sich anschließenden Länder verbindlich sind, werden die ersten konkreten Grundlagen einer europäischen Föderation geschaffen, die unerlässlich ist für die Wahrung des Friedens!**

Was besonders zu betonen ist: Der *Schuman-Plan* ist von Beginn an und bis zu seiner Fertigstellung am 6. Mai 1950 nicht das Werk von Expertenkommissionen oder eines großen Stabes von Mitarbeitern. Insgesamt sind an seiner Erstellung, Schuman eingeschlossen, lediglich acht überzeugte Europäer beteiligt. Und nur diese acht Personen sind bis zum Morgen des 9. Mai 1950 in das Projekt eingeweiht. Allein das ist schon eine historische Leistung.

Am 28. April 1950 ist der Entwurf von Monnet, Reuter und Hirsch endgültig fertig. Bis zur Außenministerkonferenz in London sind es jetzt nur noch zwölf Tage. In der Einstiegsformel heißt es: *„Die französische Regierung schlägt vor …"*

Nun stellt sich ein anderes Problem, die französische Regierung weiß noch nichts von ihrem Glück.

Für Monnet gilt es also, einen Mann zu finden, der die Macht und den Mut hat, diesen Plan umzusetzen, ihn zu seiner Sache zu macht. Robert Schuman scheint ihm der richtige Mann zu sein.

Robert Schuman –
Der „lebende Heilige"

Es hätte nicht viel gefehlt und statt eines Rechtsanwaltes und Politikers Robert Schuman hätte es einen Geistlichen mit Namen Robert Schuman gegeben. Sein Lebensweg entscheidet sich am 30. August 1911. An diesem Tag verunglückt seine Mutter auf dem Weg zu einem Verwandtenbesuch im Heimatdorf ihres Mannes tödlich. Robert Schuman bricht beim Erhalt der Nachricht zusammen, war doch seine Mutter der Anker in seinem Leben, nachdem er bereits in frühester Jugend seinen Vater verloren hatte. Er denkt darüber nach, seine Ausbildung als Rechtsanwalt abzubrechen und stattdessen in ein Kloster zu gehen, also einer weltlichen Karriere zu entsagen und sich ganz in den Dienst der katholischen Kirche zu stellen, in der er von Kindheit an fest verwurzelt ist.

Der Gedanke, ins Kloster zu gehen überrascht nicht, wenn man um die tiefe Religiosität Robert Schumans von Kindheit an weiß. In seiner Familie galt er, insbesondere bei der jüngeren Generation, als ein „lebender Heiliger". Und es sind nicht nur seine Familienangehörigen, die ihn als einen solchen empfinden.

André Philip, Sozialist protestantischer Konfession und mehrfacher Minister der IV. Republik, beschrieb ihn *einen geweihten Menschen, der seine persönliche Würde abgelegt und seinen Ehrgeiz abgestreift hatte, den die totale intellektuelle Ehrlichkeit und Demut beseelten, der nur danach suchte, zu dienen, dort und in dem Augenblick, wo er sich berufen fühlte.*

Gaetano Martino, Nachfolger Schumans im Amt des Präsidenten des Europäischen Parlaments, hat ihn so beschrieben: *Robert Schuman war ein Mann des Glaubens. Er hat seinem Werk jenen tiefen, unzerstörbaren Glauben eingehaucht, der ihn selber bewegte. Das erklärt, warum so viel Ausdauer, soviel Standfestigkeit und so viel innere Wärme in diesem Menschen steckte, der nach außen kühl, furchtsam und bescheiden erschien. Die Kraft, die in ihm wohnte, war die des Glaubens.*

In seinem Buch „Robert Schuman – Christ und Staatsmann" hebt der luxemburgische Autor Victor Conzemius besonders hervor: *Robert Schuman hat sein Bekenntnis zum Christentum nie verleugnet, nicht abzuschwächen oder zu verbergen versucht. Er hat es aber auch nicht mit selbstgefälliger – pompöser – Geste zur Schau gestellt. Seine nach innen gekehrte, meditative Frömmigkeit hatte in ihrer diskreten Verhaltenheit und zugleich weltverändernder Dynamik benediktinische Züge. Er lebte ganz mit dem kirchlichen Kalender. Er brachte es fertig, auch als Ministerpräsident fast täglich zur Messe zu gehen.*

In der Tat: Der Heilige Benedict von Nursia war so etwas wie eine Leitfigur im Leben des Robert Schumans, was sein Sozius in der gemeinsamen Rechtsanwaltskanzlei, Georges Ditsch, einmal mit den Worten bestätigt hat: „*Robert Schuman lebt wie ein Benediktiner, aber einer, der sich an die Regeln hält.*"

Einen Einblick in das Wesen Robert Schumans liefert auch eine von seinem Neffen Guy de Muyser berichtete Begebenheit: Eines Abends kehrt der Außenminister Robert Schuman sehr spät von einer Veranstaltung zu seiner Wohnung in Paris zurück. Im Treppenhaus stellt er fest, dass er seinen Wohnungsschlüssel vergessen hat. Jeder hätte Verständnis gehabt, wenn er nun bei der Concierge geklingelt und um den Zweitschlüssel gebeten hätte. Nicht so Robert Schuman. Er verbringt stattdessen die Nacht auf den kalten Treppenstufen des Hauses und wartet, bis er in der Frühe Geräusche aus der Wohnung der Concierge vernimmt. Erst dann bittet er um den Zweitschlüssel für seine Wohnung. Von seinem Neffen, dem er später sein nächtliches Abenteuer schildert, erstaunt befragt, warum er denn nicht sofort bei der Concierge geklingelt habe, sagt er: *„Die Dame arbeitet so hart und hat ihren Schlaf verdient. Warum sollte sie unter meiner Unachtsamkeit leiden?“*

Dass Robert Schuman nach dem Tod seiner Mutter im August 1911 doch nicht ins Kloster geht, sondern vielmehr zunächst seine anwaltliche und wenige Jahre später seine politische Tätigkeit aufnimmt, ist seinem Straßburger Freund Henri Eschenbach zu verdanken. Ihn fragt Schuman in seiner inneren Zerrissenheit um Rat. In einem Brief an Schuman schreibt Eschenbach: *Die Pflicht […] verbietet dir, dich vollständig von deinem Schmerz absorbieren zu lassen. Die Religion, das Vaterland, das Recht im nobelsten Sinne und schließlich auch die Freundschaft brauchen dich als einen beherzten Menschen. Denn in unserer Gesellschaft ist das Laienapostolat eine dringende Notwendigkeit. Ich kann mir keinen besseren*

Apostel vorstellen als dich [...] *Du wirst im Laienstand bleiben, so wirst du erfolgreicher das Gute wirken können, denn das ist doch deine einzige Sorge* [...] *Es scheint mir, dass die Heiligen der kommenden Zeit Heilige im Straßenanzug sein werden.* Das Laienapostolat wird zum Bezugsrahmen im Leben und Wirken Robert Schumans.

Am 1. Juni 1912 eröffnet er in Metz seine Rechtsanwaltskanzlei. Die Zeiten sind friedlich. Europa befindet auf dem Gipfel seiner Macht. Die Europäer haben in ihren Kolonialreichen die Welt unter sich aufgeteilt. Wirtschaftlich geht es den Völkern Europas so gut wie nie zuvor. Man gibt sich sorglos und mimt friedliches Miteinander. Wenn überhaupt gibt es nicht viele, die in diesen Jahren 1912/1913 ernsthaft daran denken, dass dieser Frieden und Wohlstand nur von kurzer Dauer sind und Europa bereits zwei Jahre später in Flammen steht. Niemand hat augenscheinlich ein Interesse am Krieg.

Es passt in diese Zeit, was sich zu Beginn des Jahres 1913 in Wien abspielt. Europas zukünftige Diktatoren geben sich hier gleichzeitig ein Stelldichein. So entsteigt in den ersten Januartagen am Wiener Nordbahnhof ein leicht verwahrlost aussehender Russe dem Zug aus Krakau. Sein Name: Jossif Wissarionowitsch Dschugaschwili. In Wien angekommen ändert er seinen Namen in „Josef Stalin".

In Wien will er während der nächsten vier Wochen seinen Aufsatz „Der Marxismus und die nationale Frage" fertigstellen. Zur Entspannung lustwandelt er täglich durch den Park von Schloss Schönbrunn. Dabei hätte er die Chance gehabt, dem Mann zu begegnen, mit dem er

23 Jahre später einen für Europa verhängnisvollen Pakt schließen sollte.

So nutzt auch ein 23-jähriger gescheiterter Maler, dem die Kunstakademie die Aufnahme verweigert hat, den Park für seine täglichen Spaziergänge. Sein Name: Adolf Hitler!

Wie Stalin wartet dieser auf seine große Chance. Hätte die Kunstakademie ihm doch nur eine Chance gegeben, der Menschheit wäre viel Leid erspart geblieben.

Vielleicht sind beide sich im Park begegnet, vielleicht haben sie sich höflich gegrüßt. Überliefert ist hierzu nichts. Fest steht jedenfalls, dass sie sich beim Abschluss des „Hitler-Stalin-Paktes" im Jahre 1939 nicht persönlich begegnet sind.

Ebenfalls 1913 verdingt sich ein 21-jähriger Draufgänger und Frauenheld als Testfahrer für Mercedes in Wien. Sein Name: Josip Broz! Unter dem Namen „Tito" wird er später in die Geschichte eingehen.

Und noch ein anderer wartet in diesen Tagen in Wien auf seine Chance – der österreichische Thronfolger Franz Ferdinand!

Seit 65 Jahren sitzt nun schon sein Onkel, Kaiser Franz Joseph, auf dem Thron und macht trotz seiner 83 Lenze keine Anstalten, zugunsten seines Neffen abzudanken. Zugegeben, es klingt zynisch, aber Franz Ferdinand soll seine Chance bekommen, Eingang in die Geschichtsbücher zu finden, wenn auch höchst unfreiwillig und zu einem hohen Preis. Am 28. Juni 1914 fällt er gemeinsam mit seiner Ehefrau in Sarajevo einem Attentat des Terroristen Gavrilo Princip zum Opfer.

Die Schüsse von Sarajevo bieten Österreich den Anlass, Serbien am 28. Juli 1914 den Krieg zu erklären. Deutsch-

land folgt diesem Beispiel und erklärt am 1. August des
Jahres 1914 Russland den Krieg und wenige Tage später, am
3. August, Frankreich. Der I. Weltkrieg ist entfesselt.

Für Robert Schuman markiert die Kriegserklärung des
Deutschen Reichs einen Wendepunkt in seinem Leben.
Zwar ist er aus gesundheitlichen Gründen vom aktiven Mi-
litärdienst befreit, dennoch trägt er als Deutscher eine deutsche Uniform. Er wird für die Verwaltung des Militärkran-
kenhauses in Saint-Clément zuständig. Von 1915 bis zum
Ende des Krieges kümmert er sich in der deutschen Militär-
verwaltung um die Rationierung der Verpflegung und die
Flüchtlinge.

Der Ausgang des I. Weltkrieges ist bekannt. Durch das
Waffenstillstandsabkommen vom 11. November 1918 fällt
das ehemalige „Reichsland Elsass-Lothringen" zurück an
Frankreich – Robert Schuman wird automatisch französischer Staatsbürger.

Aber nicht nur seine Staatsbürgerschaft ändert sich. Aufgrund der Folgen des I. Weltkrieges für das Elsass und das
Departement Moselle orientiert er sich, wenn auch recht
unfreiwillig zunächst, beruflich neu – die Karriere des Politikers Robert Schuman nimmt Gestalt an.

Aufgabenstellung und Herausforderung sind klar definiert: Es gilt, die über 40 Jahre zum Deutschen Reich
zählenden Gebiete politisch, wirtschaftlich und gesell-
schaftlich in Frankreich zu integrieren. Dass solch ein
Unterfangen nicht mit einem Federstrich möglich ist,
zeigt das Beispiel der Wiedervereinigung Deutschlands
nach 1989.

Deshalb sucht die U.R.L. (Union Républicaine Lorraine) für ihre Liste zur Wahl der französischen Nationalversammlung 1919 einen Kandidaten, der folgende Kriterien erfüllt: hervorragende Sprachkenntnisse in Deutsch und Französisch, vorzugsweise Jurist und, wenn möglich, noch katholisch. Ein Anforderungsprofil, das geradezu maßgeschneidert auf Robert Schuman passt. Und so zieht der jetzt 33-Jährige am 8. Dezember 1919 als Abgeordneter des Departement Moselle in die französische Nationalversammlung ein.

Als Berichterstatter des Rechtsausschusses konzentriert er sich auf die Einführung des französischen Zivil- und Handelsrechts sowie des Schuldrechts in Elsass-Lothringen. Die Einführung des französischen Rechts betrifft ihn in doppelter Funktion, einmal als Abgeordneter, der diesen Transformationsprozess politisch mitgestaltet, zum anderen als Rechtsanwalt, der er nach wie vor ist, und der sich eines neuen „Handwerkszeugs" bei seiner beruflichen Tätigkeit bedienen muss.

Aber es geht nicht nur um die Einführung einer neuen Rechtsordnung, Robert Schuman setzt sich insbesondere dafür ein, dass der moselanische Katholizismus in der laizistisch geprägten französischen Republik erhalten bleibt. Dass ihm das geradezu eine Herzensangelegenheit ist, muss angesichts seiner bereits bekannten Religiosität nicht sonderlich betont werden. Im Ergebnis ist es ein großes Stück weit ihm zu verdanken, dass die Integration Elsass-Lothringens in das zentralistische Frankreich gelingt, und zwar unter Beibehaltung von Sonderregelungen für diese Departements.

Und was schon seinen Lebensumständen als „Grenzgänger" geschuldet ist, für Robert Schuman steht fest, dass allein eine Aussöhnung der Erbfeinde Deutschland und Frankreich Europa auf Dauer befrieden kann. Schon aus diesem Grund unterstützt er die Initiative von Aristide Briand (der zwischen 1909 und 1932 allein elf Mal Regierungschef und 23 Mal Minister in der III. Republik war) und des deutschen Außenministers Gustav Stresemann, ein deutsch-französisches Bündnis zu schaffen.

In seiner berühmten Rede vom 5. September 1929 vor dem Völkerbund in Genf machte Aristide Briand als Außenminister Frankreichs – unterstützt von seinem deutschen Amtskollegen Gustav Stresemann – den europäischen Regierungen den Vorschlag, eine Europäische Union im Rahmen des Völkerbundes zu gründen. Wie Aristide Briand, der als Regierungschef ob seiner Kritik am Versailler Vertrag bei der französischen Bevölkerung in Ungnade fällt und deshalb seinen Hut nehmen muss, hält Schuman diesen „Friedensvertrag" wegen seiner harten Bedingungen gegenüber dem Deutschen Reich für ein Dokument der Kurzsichtigkeit und ein Armutszeugnis für die Weisheit der Alliierten.

Aber noch ist seine Zeit als „Vater Europas" nicht gekommen, oder vielmehr: Noch ist die Zeit für die Idee der Einigung Europas und für die Aussöhnung der „Les ennemis par nature", der „Erbfeinde", nicht reif! Im Gegenteil!

Erst muss noch ein zum Führer des Deutschen Reiches avancierter, gescheiterter Kunstmaler diesen Kontinent in ein neuerliches Schlachtfeld, diesmal apokalyptischen Ausmaßes, verwandeln.

Hatte Robert Schuman – den politischen Verhältnissen geschuldet – im I. Weltkrieg noch aufseiten und in Uniform des Deutschen Reiches „gedient", steht er jetzt im Dienst der französischen Regierung. Zur Vorbereitung auf den zu erwartenden Angriff deutscher Truppen evakuiert die französische Regierung im September 1939 die Zivilbevölkerung in Lothringen und im Elsass, soweit sie vor oder in der Umgebung der „Maginot-Linie", dem französischen Schutzwall gegen das Deutsche Reich, leben. 300 000 Menschen, eine aus heutiger Sicht unvorstellbare Größenordnung, sind davon betroffen. Sie sollen einstweilen in den Departements im Zentrum und Südwesten untergebracht werden.

Robert Schuman übernimmt in der Funktion des „Unterstaatssekretärs für Flüchtlinge" in der Regierung von Paul Reynaud die Koordinierung. Wahrlich keine leichte Aufgabe.

Mit dem Einmarsch der deutschen Truppen in Belgien stößt die Dienststelle Schumans endgültig an ihre Leistungsgrenzen. Tausende von belgischen und französischen Flüchtlingen suchen einen Unterschlupf im Zentrum Frankreichs. In Frankreich, insbesondere in der französischen Administration, macht sich Resignation breit.

Am 5. Juni verlässt die französische Regierung Paris und flüchtet nach Bordeaux. Schuman ist natürlich dabei. Bordeaux wird (zunächst) die Hauptstadt eines zerfallenden Landes, wenig später dann Vichy. Am 14. Juni besetzen deutsche Truppen Paris.

Am Abend des 18. Juni richtet General Charles de Gaulle mit Zustimmung Churchills – wir erinnern uns an die

Geschichte des 16. Juni – von London aus via BBC einen leidenschaftlichen Appell an das französische Volk: *„Quoi qu'il arrive, la flamme de la résistance française ne doit, pas s'étende et ne s'étaindra pas!"* („Was auch immer geschehen mag, die Flamme des französischen Widerstandes darf nicht erlöschen und wird auch nicht erlöschen!"). Dieser Aufruf erscheint in den folgenden Tagen auch in den Zeitungen des nicht besetzten Teils Frankreichs. Historiker bezeichnen diese Rede de Gaulles übrigens als seine bedeutsamste.

Philippe Pétain, im I. Weltkrieg noch als „der Held von Verdun" gefeiert, ist seit 1930 politisch auf der Seite rechter, antiparlamentarischer Kräfte aktiv und gilt als der neue starke Mann Frankreichs. Der Appell de Gaulles hält ihn nicht davon ab, am 22. Juni mit dem Deutschen Reich ein Waffenstillstandsabkommen abzuschließen, und zwar mit dem Inhalt, den ihm die deutschen Besatzer diktieren. Der entehrendste Passus dieses Waffenstillstandsabkommens dürfte der Artikel 19 gewesen sein. Frankreich willigt darin ein, alle Deutschen auszuliefern, die aus Hitler-Deutschland geflohen waren. Da die meisten von ihnen bereits bei Kriegsbeginn von der Republik als Feinde in Lager gesteckt worden sind, kann man dieser Verpflichtung leicht entsprechen.

Mit diesem 22. Juni endet der Westfeldzug Hitlers. Das Ziel ist erreicht. 60 Prozent des französischen Territoriums sind von der deutschen Wehrmacht besetzt. Elsass-Lothringen ist, wenn auch nicht de jure, so doch zumindest de facto wieder deutsch.

Im nicht besetzten Teil Frankreichs regiert von Vichy aus – mit Duldung Hitlers – Marshall Pétain, der sich von der französischen Nationalversammlung am 10. Juli 1940 absolute Vollmachten hat übertragen lassen und sich fortan „Chef de l'Etat" nennt. In Wahrheit ist er – wie er in der Folgezeit bestätigt – nichts anderes als ein Handlanger der Nazis. Die III. Französische Republik ist Geschichte, jetzt regiert das autoritäre Vichy-Regime.

Am 14. August 1945 wird ein französisches Kriegsgericht nach der Befreiung des Landes Philippe Pétain wegen der Kollaboration mit den Nazis zum Tode verurteilen, ein Urteil, das Charles de Gaulle später als Präsident in lebenslängliche Haft und Verbannung auf die Insel Île d'Yeu umwandeln wird.

Und was ist mit Robert Schuman?

Nun, man wird wohl mit an Sicherheit grenzender Wahrscheinlichkeit davon ausgehen können, dass ihm als Mitglied der Regierung die Pläne für eine „französisch-britische Union" bekannt waren. Offenbar gehörte er aber zum Lager der Defätisten um Philippe Pétain. In dem Buch „Robert Schuman – une vie", das das Maison Schuman in Scy-Chazelles für die Besucher bereithält, liest sich das so: *Da er begriffen hatte, dass die militärische Niederlage Frankreichs unvermeidbar war, schloss er sich der realistischen Haltung der Befürworter eines Waffenstillstandes an, die sich um Marshall Pétain versammelt hatten. Aus diesem Grund behielt Pétain Robert Schuman beim Waffenstillstand in der Regierung an seiner Seite. Robert Schuman folgte der Regierung und den Abgeordnetenkammern nach Clermont-Ferrand und anschließend nach Vichy, wo* er am 10. *Juli 1940 zustimmte, dass Marshall Pétain alle legislativen Rechte übertragen wurden.*

Dies wirft natürlich Fragen auf.

Robert Schuman hatte die Deutschen im I. Weltkrieg hautnah erlebt, und seine Loyalität gegenüber den Deutschen war angesichts seiner Kenntnis um die Gräueltaten gegenüber der belgischen Zivilbevölkerung erschüttert. Warum also empfand er trotz seiner Kenntnis um die Politik und die Absichten Hitlers einen Waffenstillstand mit diesem Regime als „realistischere Lösung", obwohl die Engländer auf Initiative seines Landsmannes Jean Monnet eine französisch-britische Union als Ausweg ins Spiel gebracht hatten?

Und selbst, wenn man dafür noch Verständnis aufbringen kann, warum hat Schuman, der sich als Demokrat verstanden hat und für den das Christentum die Quelle der Demokratie war, zugestimmt, dass Pétain absolute Vollmachten übertragen werden?

Vor allem aber: Wie hat es Schuman mit seinem Gewissen vereinbaren können, Mitglied einer Regierung zu bleiben, die sich freiwillig zur Auslieferung von Flüchtlingen verpflichtet hat, deren Todesurteil damit ausgesprochen war?

Alle diese Fragen werden wohl unbeantwortet bleiben. Allein, es bleibt die Erkenntnis, dass auch „lebende Heilige" vor Irrtümern nicht gefeit sind.

Robert Schumans Loyalität gegenüber Pétain zahlt sich nicht aus. Pierre Laval, den Pétain kurze Zeit später als Mi-

nisterpräsident einsetzt und der Schuman hasst, entlässt ihn
kurzerhand aus der Regierung. Und nun begeht Schuman
einen weiteren Fehler, der für ihn einschneidende Folgen
haben soll. Er kehrt noch im Sommer 1940 nach Lothringen zurück, folgt damit einer „Einladung" der deutschen
Besatzer, die die Flüchtlinge aufgefordert haben, in das unter Nazi-Herrschaft stehende Elsass und das Departement
Moselle zurückzukehren. In Metz angekommen, bieten
ihm die deutschen Behörden an zu kollaborieren. Das wiederum lehnt Schuman kategorisch ab mit der Konsequenz,
dass er noch am gleichen Tag von der Gestapo verhaftet
und für die nächsten Monate in Einzelhaft genommen
wird. Einer Deportation in ein Konzentrationslager entgeht
er nur knapp dank der Hilfe eines hohen deutschen Funk-
tionärs. Im April wird Schuman in Neustadt an der Wein-
straße unter Hausarrest gestellt. Zuvor hat der Gauleiter der
Westmark, Josef Bürckel, noch vergeblich versucht, Robert
Schuman für das 3. Reich, und zwar als Senatspräsident
beim Oberlandesgericht Zweibrücken, zu gewinnen. Im
August 1942 gelingt ihm unter abenteuerlichen Bedingungen die Flucht. Er gelangt über Mulhouse, Belfort, Be-
sançon und Dijon zu der vom heiligen Martin von Tour
gegründeten Benediktiner-Abtei Ligugé bei Poitiers.

Nach der Befreiung Frankreichs kehrt er Ende November 1944 nach Metz zurück, auch um seine politische Tätigkeit wieder aufzunehmen. Dies bleibt ihm jedoch zunächst
versagt.

Vielmehr wird er von den Behörden der von den Alliierten eingesetzten Regierung wie ein ehemaliger Minister
Pétains und ein Parlamentarier, der für die Ermächtigung

gestimmt hat, behandelt. Die Folge: Robert Schuman wird für nicht wählbar erklärt!

Charles de Gaulle, der inzwischen mit Unterstützung der Alliierten die Regierungsgewalt in Frankreich übernommen hat, sorgt 1945 dafür, dass das Verfahren gegen Robert Schuman eingestellt wird. Freunde sind die beiden dennoch nie geworden – im Gegenteil!

Einstweilen wird am 21. Oktober 1946 in Frankreich die IV. Republik aus der Taufe gehoben, die bis zum 4. Oktober 1958 währt.

Robert Schuman tritt 1945 der „Mouvement Républicaine Populaire" (MRP) bei, nachdem er erkannt hat, dass die Gründung einer eigenen Partei wenig Aussicht auf Erfolg hat und andererseits die MRP, die aus dem Widerstand hervorgegangen ist, erfahrene Politiker sucht. Im Zuge einer Regierungsbeteiligung der MRP übernimmt er 1946 das Amt des Finanzministers, das er bis 1947 bekleidet. Es folgt seine Wahl zum französischen Ministerpräsidenten, womit er der erste Franzose in dieser Position ist, der als „Deutscher" geboren wurde. Seine Regierungszeit ist überschattet von einer mehrere Wochen andauernden Streikwelle, die das Land lähmt. Obwohl es ihm gelingt, die Lage wieder in den Griff zu bekommen, ist seine Regierung so instabil, dass er bereits im Juli 1948 zurücktritt.

Nun mag aus heutiger Sicht diese Amtszeit als Regierungchef äußerst kurz anmuten. Ein Eindruck, der sich schnell relativiert angesichts der Tatsache, dass die Franzosen während der 12-jährigen Lebensdauer der IV. Republik nicht weniger als 25 Regierungen haben kommen und gehen sehen. Stabile politische Verhältnisse sehen wahrlich anders aus.

Wenige Wochen nach seinem Rücktritt als Premier übernimmt er das Amt des französischen Außenministers, das er bis zum Januar 1953 in sechs aufeinanderfolgenden Regierungen ausübt. In dieser Funktion wirkt er maßgeblich an der Gründung des *Europarates* am 5. Mai 1949 in London mit.

Europäische Geschichte schreiben sollte Robert Schuman aber erst mit dem nach ihm benannten „Schuman-Plan". Dass es sein Plan werden sollte, den Jean Monnet in den letzten Tagen mit seinen Kollegen entwickelt hat, ist eher einem Zufall zu verdanken. Von dem deutschen Philosophen Georg Wilhelm Friedrich Hegel wissen wir jedoch, dass *der Zufall die Form ist, in der sich das Notwendige durchsetzt.*

„Ich habe den Plan gelesen, ich mache mit!"

Eben dieses Notwendige für Europa setzt sich durch, als am Freitag, dem 28. April 1950, Bernard Clappier erneut Jean Monnet in dessen Büro in der Rue Martignac aufsucht. Monnet bittet Clappier, den Textentwurf zu lesen. Clappiers Reaktion ist kurz und bündig: *„Das ist hervorragend. Erlauben Sie mir, dies Schuman zu zeigen."*

Wie jeden Freitag, so auch an diesem 28. April, will Schuman mit dem Abendzug nach Metz fahren, wo er die Wochenenden in seinem Privathaus in Scy-Chazell verbringt.

Clappier, der um die Gepflogenheiten seines Chefs weiß, hat sich direkt vom Büro Monnets zum Gare de l'Est begeben, um Schuman abzupassen. In dessen Zugabteil überreicht er Schuman das Dokument mit den Worten: *„Würden Sie dieses Papier von Monnet lesen? Es ist wichtig!"*

Am Montagmorgen, dem 1. Mai 1950, holt Clappier Schuman an gleicher Stelle wieder ab. Kaum hat Schuman den Zug verlassen, erklärt er: *„Ich habe den Plan gelesen, ich mache mit!"*

Mit diesen Worten wird Robert Schuman zum Bauherrn Europas. Ohne seine Bereitschaft, sich die Initiative Jean Monnets zu eigen zu machen und die politische Verantwortung dafür zu übernehmen, wäre das Projekt mit an Sicherheit grenzender Wahrscheinlichkeit in den Schubladen der französischen Administration versandet. Das Notwendige hat sich durchgesetzt!

Schuman übernimmt nicht nur die politische Verantwortung, sondern bringt sich mehr noch persönlich gemeinsam mit seinem Kabinettschef in die weitere Ausformulierung der Initiative ein. Aus seiner Feder stammen Sätze wie:

Frankreich, das sich schon mehr als zwanzig Jahre zum Vorkämpfer eines vereinigten Europas gemacht hat, hatte immer zum Ziel, dem Frieden zu dienen. Europa wurde nicht geschaffen, wir hatten Krieg.

Europa kann nicht auf einmal und auch nicht durch eine Gesamtkonstruktion geschaffen werden. Es wird geschaffen durch konkrete Realisierungen, die zunächst eine faktische Solidarität herstellen.

Am Samstag, den 6. Mai 1950, um 15.00 Uhr, ist das Dokument fertig.

Am Nachmittag weihen Schuman und Monnet die Minister René Mayer und René Pleven (ab dem 12. August 1950 Ministerpräsident) in den Plan ein. Mayer schlägt als Ergänzung noch die Passage vor: *Europa wird dann mit vermehrten Mitteln die Verwirklichung einer seiner wesentlichen Aufgaben verfolgen können: die Entwicklung des afrikanischen Kontinents.*

Damit ist das Dokument vollständig.

Es sind dann Mayer und Pleven, die dafür sorgen, dass der Ministerrat bereits am Dienstag, den 9. Mai 1950 tagt, also einen Tag vor der Außenministerkonferenz. Nur so ist gewährleistet, dass Schuman seinen Plan als französischen Vorschlag in London einbringen kann.

Und wieder kommt dem Projekt der Zufall zu Hilfe. Es findet sich ein weiterer Verbündeter ein: Der amerikanische Außenminister Dean Acheson, der auch bei der Planung des European Recovery Program (dem allseits bekannten Marshallplan) eine entscheidende Rolle gespielt hat. Acheson hat am Sonntag, den 7. Mai, einen Zwischenstopp auf seiner Reise nach London in Paris eingelegt, um sich in Ruhe mit Robert Schuman für die Konferenz abzustimmen. Schuman und Monnet weihen Acheson in das Projekt ein, bitten ihn jedoch, in jedem Falle bis zur offiziellen Bekanntgabe Stillschweigen zu bewahren. Dieses Stillschweigen, vor allem aber auch seine Unterstützung in der Sache, versichert Acheson. Der Preis für dieses Schweigegelübde sind einige unschöne Worte, die er sich dann am 10. Mai auf der Konferenz von seinem britischen Amtskollegen Ernest Bevin anhören muss.

Nach seiner Unterredung mit Schuman ist Acheson weiter nach London gereist, wo er bei einem Essen mit Bevin am 9. Mai Augenzeuge der britischen Reaktion auf den Schuman-Plan werden soll.

Bonn, 9. Mai 1950, immer noch später Vormittag

Wir kehren zurück nach Bonn in die Kabinettssitzung der Bundesregierung. Konrad Adenauer hat die Sitzung kurzfristig unterbrochen, um die beiden Briefe des französischen Außenministers zu lesen.

Ein Umschlag enthält einen persönlichen, von Hand geschriebenen Brief Robert Schumans an Adenauer. Der zweite Umschlag enthält das offizielle Dokument – versehen mit einem offiziellen Begleitschreiben an die deutsche Bundesregierung.

In seinem persönlichen Schreiben an Adenauer erklärt Schuman, der Zweck seines Vorschlages sei nicht wirtschaftlicher, sondern eminent politischer Natur. In Frankreich bestehe die Furcht, dass Deutschland, wenn es sich wieder erholt habe, Frankreich angreifen werde. Er könnte sich denken, dass umgekehrt auch in Deutschland der Wunsch nach Sicherheit bestehe. Aufrüstung mache sich zuerst fühlbar in einer höheren Produktion von Kohle und Stahl. Wenn man eine Entwicklung schaffe, wie er sie vorschlage, die jedes der beiden Länder in den Stand versetze, die ersten Anzeichen einer Aufrüstung wahrzunehmen, so würde die Schaffung dieser Möglichkeit in Frankreich eine ganz besondere Beruhigung zur Folge haben.

Das war mehr als die „Geste", die er anlässlich seines Gespräches mit den Hohen Kommissaren am 22. März erbeten hatte, bekennt Adenauer später. Für ihn ist das der Durchbruch, um das Problem der Saarkonventionen und die Frage des Beitritts der Bundesrepublik im deutschen Parlament behandeln zu lassen. Schumans Plan entspricht genau seinen eigenen Vorstellungen. Deshalb lässt er sofort nach der Lektüre der Briefe und des Planes Schuman über dessen Abgesandten wissen: *„Ich stimme Ihrem Vorschlag aus ganzem Herzen zu!"*

Paris, 9. Mai 1950, *früher Nachmittag*

Mittag ist vorüber. Die Ministerratssitzung in Paris neigt sich dem Ende zu. Die Tagesordnung ist abgearbeitet. Robert Schuman hat bisher geschwiegen. Die ersten Ministerkollegen wollen bereits den Raum verlassen, als Bernard Clappier den Raum betritt und Schuman die Antwort Adenauers übermittelt. Schuman bittet seine Kabinettskollegen, noch einmal Platz zu nehmen.

Was er in den folgenden Minuten seinen Kollegen erklärt, bleibt ein Geheimnis. Genauso bleibt es ein Geheimnis, ob die anwesenden Regierungsmitglieder schon zu diesem Zeitpunkt die Tragweite des Schumanschen Vorschlages erfasst haben. In jedem Fall gelingt es Schuman mit Unterstützung von Mayer und Pleven ein positives Votum zu erhalten. Der Schuman-Plan ist jetzt ein Vorschlag der französischen Regierung!

Mit den Worten *„Es ist erreicht, es kann losgehen"* informiert Clappier Jean Monnet über den Ausgang der Ministerrats-sitzung.

Jetzt gilt es, umgehend das Projekt spektakulär publik zu machen und die Weltöffentlichkeit zu informieren. Kurzfristig werden die in Paris akkreditierten, ausländischen Journalisten und die französische Presse zu einer Pressekonferenz um 18.00 Uhr eingeladen. Der Salon de l'Horloge im Quai d'Orsay, dem französischen Außenministerium, wird in einen Pressesaal umfunktioniert. Die Anspannung, die bei allen Beteiligten herrscht, spiegelt sich in einer aus heutiger Sicht kaum vorstellbaren Panne wider. Man hatte zwar die schreibende Presse eingeladen, Fotografen und den Rundfunk jedoch vergessen. Das Ergebnis: Es gibt von der Vorstellung des Schuman-Planes am 9. Mai 1950 kein Originalfoto und kein Tondokument! Später wurde die Szene mit Robert Schuman noch einmal nachgestellt und entsprechendes Material produziert.

Die Zeit zwischen Ministerratssitzung und Beginn der Pressekonferenz hat Schuman genutzt, um die Botschafter der europäischen Länder über seinen Plan zu informieren.

In London wird der französische Botschafter, René Massigli, beim Foreign Office vorstellig und bittet, von Außenminister Ernest Bevin empfangen zu werden. Dieser sitzt zu diesem Zeitpunkt mit seinem amerikanischen Amtskollegen Acheson zusammen. *„Was will der bloß von mir?"*, soll

Bevin Acheson gefragt haben. Entsprechend seiner Zusage gegenüber Schuman hüllt sich Acheson in Schweigen. Von Massigli erhält Bevin die zunächst noch inoffizielle Entscheidung der französischen Regierung übermittelt. Nach der Lektüre offensichtlich sehr erregt, verkündet Bevin gegenüber Acheson: *„Ich glaube, dass sich zwischen unseren Ländern bald etwas ändern wird. "*

Am nächsten Morgen wird er Acheson und Schuman mit Zornesausbrüchen bedenken und unterstellen, bei dem Schuman-Plan handele es sich um ein antibritisches Komplott, das Schuman und Acheson unter Einbeziehung von Adenauer geschmiedet hätten. Diese Reaktion Bevins ist, wenn auch in der Sache eher unangemessen, durchaus nachvollziehbar. Große Teile der britischen Presse kommentieren den Schuman-Plan als das Ende der britischen Unabhängigkeit.

Anders fallen dagegen die Reaktionen der italienischen, belgischen, luxemburgischen und niederländischen Regierungen aus. Von dort wird grundsätzliche Bereitschaft an einer Mitwirkung bei der Umsetzung des Planes signalisiert. Auch das öffentliche Echo in diesen Ländern ist eher positiv.

Paris, 9. Mai 1950, 18.00 Uhr

Etwa 200 Journalisten haben sich im Salon de l'Horloge des französischen Außenministeriums um 18.00 Uhr auf Einladung Schumans eingefunden. Es herrscht dichtes Gedränge. Mit ruhiger, zögernder Stimme leitet Robert Schuman die Vorstellung des Projektes, das fortan den Namen „Schuman-Plan" tragen soll, mit den Worten ein: *„Es handelt sich nicht um leere Worte, sondern um einen mutigen Akt, um einen konstruktiven Akt. Frankreich hat gehandelt, und die Folgen seiner Aktion können immens sein. Wir hoffen, dass sie es sein werden. Es hat vor allem für den Frieden gehandelt. Damit der Frieden eine Chance hat, muss es erst Europa geben."*

Alsdann verliest Robert Schuman den mit seinem Namen verbundenen Plan, der zur „Geburtsurkunde" Europas werden sollte:

```
Der Friede der Welt kann nicht gewahrt werden
ohne schöpferische Anstrengungen, die der Größe
der Bedrohung entsprechen.

Der Beitrag, den ein organisiertes und lebendi-
ges Europa für die Zivilisation leisten kann,
ist unerlässlich für die Aufrechterhaltung
friedlicher Beziehungen. Frankreich, das sich
seit mehr als 20 Jahren zum Vorkämpfer eines
vereinten Europas machte, hat immer als wesent-
liches Ziel gehabt, dem Frieden zu dienen.
Europa ist nicht zustande gekommen, wir haben
Krieg gehabt.

Europa lässt sich nicht mit einem Schlag her-
stellen, und auch nicht durch eine einfache Zu-
sammenfassung; es wird durch konkrete Tatsachen
```

entstehen, die zunächst eine Solidarität der Tat
schaffen. Die Vereinigung der europäischen Nationen erfordert, dass der jahrhundertealte Gegensatz zwischen Frankreich und Deutschland ausge-
löscht wird. Das begonnene Werk muss in erster
Linie Deutschland und Frankreich erfassen.

Zu diesem Zweck schlägt die französische Regierung vor, in einem begrenzten, doch entscheidenden Punkt sofort zur Tat zu schreiten. Die
französische Regierung schlägt vor, die Gesamtheit der französisch-deutschen Kohle- und
Stahlproduktion unter eine gemeinsame Hohe Behörde zu stellen, in einer Organisation, die
den anderen europäischen Ländern zum Beitritt
offensteht.

Die Zusammenlegung der Kohle- und Stahlproduktion wird sofort die Schaffung gemeinsamer
Grundlagen für die wirtschaftliche Entwicklung
sichern – die erste Etappe der europäischen Föderation – und die Bestimmung jener Gebiete ändern, die lange Zeit zur Herstellung von Waffen
gewidmet waren, deren sicherste Opfer sie gewesen sind. Die Solidarität der Produktion, die
so geschaffen wird, wird bekunden, dass jeder
Krieg zwischen Frankreich und Deutschland nicht
nur undenkbar, sondern materiell unmöglich ist.

Die Schaffung dieser mächtigen Produktionsge-
meinschaft, die allen Ländern offensteht, die
daran teilnehmen wollen, mit dem Zweck, allen
Ländern, die sie umfasst, die notwendigen
Grundstoffe für ihre industrielle Produktion zu
gleichen Bedingungen zu liefern, wird die realen Fundamente zu ihrer wirtschaftlichen Vereinigung legen. Diese Produktion wird der gesamten Welt ohne Unterschied und Ausnahme zur
Verfügung gestellt werden, um zur Hebung des
Lebensstandards und zur Förderung der Werke des
Friedens beizutragen. Europa wird dann mit vermehrten Mitteln die Verwirklichung einer seiner
wesentlichsten Aufgaben verfolgen können: die
Entwicklung des afrikanischen Erdteils.

So wird einfach und rasch die Zusammenfassung
der Interessen verwirklicht, die für die Schaffung einer Wirtschaftsgemeinschaft unerlässlich
ist und das Ferment einer weiteren und tieferen
Gemeinschaft der Länder einschließt, die lange
Zeit durch blutige Fehden getrennt waren.

Durch die Zusammenlegung der Grundindustrien
und die Errichtung einer neuen Hohen Behörde,
deren Entscheidungen für Frankreich, Deutschland und die anderen teilnehmenden Länder bindend sein werden, wird dieser Vorschlag den

ersten Grundstein einer europäischen Föderation
bilden, die zur Bewahrung des Friedens unerlässlich ist.

Um die Verwirklichung der so umrissenen Ziele
zu betreiben, ist die französische Regierung
bereit, Verhandlungen auf folgenden Grundlagen
aufzunehmen. Die der gemeinsamen Hohen Behörde
übertragenen Aufgaben werden sein: die Modernisierung der Produktion und die Verbesserung der
Qualität; die Lieferung von Stahl und Kohle auf
dem französischen und deutschen Markt sowie auf
dem aller beteiligten Länder zu gleichen Bedingungen; die Entwicklung der gemeinsamen Ausfuhr
in die anderen Länder; der Ausgleich im Fortschritt der Lebensbedingungen der Arbeiterschaft dieser Industrien.

Um diese Ziele zu erreichen, müssen in Anbe-
tracht der sehr verschiedenen Produktionsbedin-
gungen, in denen sich die beteiligten Länder
tatsächlich befinden, vorübergehend gewisse
Vorkehrungen getroffen werden, und zwar: die
Anwendung eines Produktions- und Investitions-
planes, die Einrichtung von Preisausgleichsme-
chanismen und die Bildung eines Konvertierbar-
keitsfonds, der die Rationalisierung der
Produktion erleichtert.

Die Ein- und Ausfuhr von Kohle und Stahl zwischen den Teilnehmerländern wird sofort von aller Zollpflicht befreit und darf nicht nach verschiedenen Frachttarifen behandelt werden. Nach und nach werden sich so die Bedingungen herausbilden, die dann von selbst die rationellste Verteilung der Produktion auf dem höchsten Leistungsniveau gewährleisten. Im Gegensatz zu einem internationalen Kartell, das nach einer Aufteilung und Ausbeutung der nationalen Märkte durch einschränkende Praktiken die Aufrechterhaltung hoher Profite anstrebt, wird die geplante Organisation die Verschmelzung der Märkte und die Ausdehnung der Produktion gewährleisten. Die Grundsätze und wesentlichen Vertragspunkte, die hier umrissen sind, sollen Gegenstand eines Vertrages werden, der von den Staaten unterzeichnet und durch die Parlamente ratifiziert wird.

Die Verhandlungen, die zur Ausarbeitung der Ausführungsbestimmungen unerlässlich sind, werden mithilfe eines Schiedsrichters geführt werden, der durch ein gemeinsames Abkommen ernannt wird. Dieser Schiedsrichter wird darüber zu wachen haben, dass die Abkommen den Grundsätzen entsprechen, und hat im Falle eines unausgleichbaren Gegensatzes die endgültige Lösung zu bestimmen, die dann angenommen werden wird.

Die gemeinsame Hohe Behörde, die mit der Funktion der gesamten Verwaltung betraut ist, wird sich aus unabhängigen Persönlichkeiten zusammensetzen, die auf paritätischer Grundlage von den Regierungen ernannt werden. Durch ein gemeinsames Abkommen wird von den Regierungen ein Präsident gewählt, dessen Entscheidungen in Frankreich, in Deutschland und in anderen Teilnehmerländern bindend sind. Geeignete Vorkehrungen werden Einspruchsmöglichkeiten gegen die Entscheidungen der Hohen Behörde gewährleisten. Ein Vertreter der Vereinten Nationen bei dieser Behörde wird damit beauftragt, zweimal jährlich einen öffentlichen Bericht an die Organisation der Vereinten Nationen zu erstatten, der über die Tätigkeit des neuen Organismus, besonders was die Wahrung seiner friedlichen Ziele betrifft, Rechenschaft gibt.

Die Einrichtung einer Hohen Behörde präjudiziert in keiner Weise die Frage des Eigentums an den Betrieben. In Erfüllung ihrer Aufgabe wird die gemeinsame Hohe Behörde die Vollmacht berücksichtigen, die der Internationalen Ruhrbehörde übertragen ist, ebenso wie die Verpflichtungen jeder Art, die Deutschland auferlegt sind, solange diese bestehen."

Natürlich wollen die anwesenden Journalisten mehr über die Details des Planes wissen. Schuman weicht den Fragen aus, wohl wissend, dass eben diese technischen Details überhaupt noch nicht geklärt sind. Mit dem Hinweis auf seinen wartenden Zug nach London beendet er die Pressekonferenz. Ein Journalist ruft ihm noch zu: *„Dann ist das also ein Sprung ins kalte Wasser!"* Schumans Antwort ist kurz, knapp und bringt es auf den Punkt: *„Genau das ist es, ein Sprung ins Unbekannte!"*

Bonn, 9. Mai 1950, 20.00 Uhr

Nachdem Schuman vor wenigen Minuten seinen Plan in Paris öffentlich gemacht hat, tritt in Bonn Bundeskanzler Konrad Adenauer um 20 Uhr vor die Presse.

Am späten Vormittag hat das Bundeskabinett nach eingehender Erörterung des Angebotes Robert Schumans den Beschluss gefasst, über einen Beitritt der Bundesrepublik Deutschland zum Europarat kurzfristig im Deutschen Bundestag abstimmen zu lassen. Man ist nun der Überzeugung, dass dieser angesichts der unerwarteten Entwicklung mehrheitsfähig ist.[1]

---

1 Am 15. Juni 1950 beschließt der Deutsche Bundestag mit großer Mehrheit den Antrag auf Beitritt der Bundesrepublik zum Europarat. Am 13. Juli 1950 erfolgt die feierliche Aufnahme der Bundesrepublik Deutschland in den Europarat (das Saarland war bereits am 30. März 1950 aufgenommen worden). Sieben Jahre später ist auch das Geschichte. Nach einem Referendum tritt das Saarland 1957 der Bundesrepublik Deutschland bei.

Adenauer erklärt vor der versammelten Presse, er habe von den alliierten Regierungen eine Geste erwartet, die es ihm möglich mache, im Bundestag eine große Mehrheit für einen Beitritt der Bundesrepublik Deutschland zum Europarat zu bekommen. Diese Geste habe es heute in Gestalt einer Einladung des französischen Außenministers Robert Schuman gegeben, an dem von ihm heute vorgestellten Projekt zur Zusammenlegung der Grundproduktion von Kohle und Stahl innerhalb einer europäischen Organisation mitzuwirken. Für ihn, Adenauer, bedeute dies einen großherzigen Schritt Frankreichs gegenüber Deutschland, weil der Vorschlag Schumans auf der Basis der Gleichberechtigung erfolge. Am Ende seines Statements stellt Adenauer fest: *„Die Zusammenlegung der Grundproduktion von Kohle und Stahl schafft eine echte Voraussetzung dafür, dass zwischen Frankreich und Deutschland in Zukunft jeder Konflikt ausgeschaltet ist!"*

Die folgenden Jahrzehnte sollten ihm Recht geben. So endet der 9. Mai 1950, der deshalb eine Zeitenwende in der Geschichte Europas markiert, weil mit ihm eine neue Ära in und für Europa eingeläutet wird – **die Ära der Vereinigung der Völker Europas in Frieden und Freiheit.**

Alles war innerhalb weniger Stunden von zwei Staatsmännern auf den Weg gebracht worden, die politischen Mut und Weitblick bewiesen haben – Eigenschaften, die man heute bei der politischen Klasse häufig vergebens sucht.

Gemeinsam mit den Außenministern Italiens und der Benelux-Staaten legen Adenauer und Schuman dann ein knappes Jahr später, am 18. April 1951, mit der Gründung der **Europäischen Gemeinschaft für Kohle und Stahl** den Grundstein für – um im Duktus Jean Monnets zu bleiben – *„ein Europa, das zuvor nie existiert hat und erst erschaffen werden musste"*.

Von welchem Europa hier die Rede ist und warum gerade Jean Monnet zu seinem „Erfinder" geworden ist, zu diesen Fragen liefern die folgenden Kapitel eine Erklärung.

II.
Europa als Idee

Wenn Jean Monnet einst davon gesprochen hat, *Europa habe nie existiert, man habe es erst erschaffen (erfinden) müssen*, so hat er dies selbstverständlich nicht im geographischen Sinne verstanden, mithin nicht den Teil der eurasischen Erdplatte gemeint, der im Westen vom Atlantik, im Osten vom Uralgebirge begrenzt wird. Jener Subkontinent, der – je nach Zuordnung – 47 Staaten beheimatet und der seinen Namen einer phönizischen Prinzessin verdankt, die sich einst vom Göttervater Zeus in Gestalt eines Stieres hat ent- und verführen lassen.

Mit dem Namen „Europa" verbinden wir mehr als nur eine geographische Bezeichnung – „Europa" ist zum Synonym einer politischen Idee geworden. Der französische Philosoph Bernard-Henri Lévy spricht gar davon, dass, *Europa kein Ort, sondern vielmehr eine Idee ist – eine Kategorie des Geistes und nicht des Seins.*

Dass „Europa" (auch) mit Geist und Geisteshaltung zu tun hat, wird spätestens dann klar, wenn sich jemand als „überzeugter Europäer" zu erkennen gibt. Damit wird selten die geographische Herkunft als vielmehr eine bestimmte Geisteshaltung zum Ausdruck gebracht. Es ist das Bekenntnis zu dem, was man gemeinhin die Idee Europa nennt – die Idee von der Einheit des Kontinents, die Idee von der Vereinigung der Völker Europas in Frieden und Freiheit.

In der Tat: Ein solches Europa hat bis zur Mitte des letzten Jahrhunderts nicht existiert. Im Gegenteil!

Ein Blick in die Geschichtsbücher beweist: Seit dem Mittelalter hat der Kontinent den europäischen Völkern vor allem als Schauplatz unzähliger blutiger Bruderkriege um Unabhängigkeit, Macht und Herrschaft gedient, selten als Raum friedlicher Koexistenz. „Friedfertigkeit" gehörte nie zu den hervorstechendsten Tugenden der Europäer. Was, wollte man zumindest der Diagnose des berühmtesten Arztes der Antike, Hippokrates (460–370 v.Chr.), folgen, genetisch bedingt zu sein scheint. Hippokrates hat seinerzeit die medischen Kriege, also die Auseinandersetzungen zwischen den griechischen Poleis und dem Perserreich, zum Anlass genommen, sich mit den Gegensätzen zwischen Orient und Okzident eingehender zu befassen. Dabei kam er zu dem Ergebnis, dass der europäische Mensch mutig, aber auch kriegerisch und angriffslustig sei, der asiatische Mensch dagegen weise, kultiviert und friedfertig. Inwieweit die Charakterisierung der Asiaten zutrifft, sei einmal dahingestellt. Mit seiner Einschätzung der Europäer hat er zumindest nicht ganz falsch gelegen.

Und dennoch prophezeite Victor Hugo vor 150 Jahren, dass *der Tag kommen werde, an dem sich Frankreich, Italien, England, Deutschland und die anderen europäischen Nationen zu ei-*

*ner höheren Einheit vereinigen und eine europäische Brüderlichkeit
errichten werden.*

Und dennoch hat – trotz aller blutigen Bruderkriege –
seit Jahrhunderten der Traum von der Einheit des Kontinents die Europäer nicht losgelassen.

Was, so muss man also fragen, verbindet die Europäer von
Kreta bis Island, von Lissabon bis Prag, oder um den Bogen
noch weiter zu spannen, bis Moskau derart, dass Victor
Hugo und andere europäische Geistesgrößen die Einheit
Europas, die Vereinigung der Völker Europas zu *einer höheren
Einheit und Brüderlichkeit* für möglich gehalten haben und
eine solche tatsächlich möglich geworden ist?

Die Antwort: Europa ist eine geistig-kulturelle Einheit.
Europa ist eine Kulturgemeinschaft! Das unterscheidet
Europa von anderen Kontinenten. Wenn sich auch die politischen Grenzen in Europa im Laufe der Jahrhunderte
ständig verändert haben, die geistig-kulturelle Einheit Europas ist hiervon meist unbeeindruckt geblieben. Das
schafft, um ein Wort des Friedensnobelpreisträgers Willy
Brandt aufzugreifen, überhaupt erst die Voraussetzung dafür, dass „*zusammenwachsen (vereinigt werden) kann, was zu-
sammengehört*".

Das Fundament der Kulturgemeinschaft Europa findet
sich in der griechisch-römischen Antike. Prof. Theodor
Heuß, der erste Bundespräsident der Bundesrepublik
Deutschland, hat dazu das gleichsam anschauliche wie zu-
treffende Bild geprägt: „*Europa ist geistig-kulturell auf drei
Hügeln erbaut: dem Areopag in Athen, Symbol für das griechische
Denken über Demokratie, dem römischen Capitol, Symbol für das
römische Denken über Bürger und Staat, der res publica, und Gol-*

*gatha, Sinnbild für das christliche Denken von Freiheit, Gerechtig-
keit und Menschlichkeit. Europa ist aus allem gewirkt und man
darf sie alle drei, man muss sie als Einheit sehen.* "

Soll heißen: Areopag, Capitol und Golgatha stehen für
Traditionen, Werte und Denkrichtungen, die im Laufe der
Jahrhunderte verschmolzen sind, sich gegenseitig befruch-
tet und erweitert haben und heute nicht mehr voneinander
trennbar sind.

Europa ist von einer 2000-jährigen, christlichen Tradition geprägt, von antiker und mittelalterlicher Philosophie,
vom Humanismus der Renaissance und von den großen
Denkern der Aufklärung wie Kant oder Voltaire.

Bernard-Henri Lévy nennt Europa eine Kategorie des
Geistes. Ausdruck Europas als Kategorie des Geistes sind
„Erfindungen" wie die Menschenrechte, der Individualis-
mus, der Liberalismus, Demokratie und Rechtsstaatlichkeit,
um nur einige zu nennen. Diese bilden den europäischen
Wertekanon und prägen den *european way of life.*

Kurzum: Europa ist der Kontinent der humanitären Wer-
te, der *Magna Charta,* der *Bill of Rights,* der Aufklärung; es ist
die Quelle für Ideen wie individuelle Freiheit, politische
Demokratie, Rechtsstaatlichkeit, kulturelle Freiheit und
Menschenrechte. Dies sind europäische Ideen, nicht asiatische, nicht afrikanische, nicht nahöstliche.

Dieser Wertekanon bildet das geistig-kulturelle Fundament der europäischen Nationen und spiegelt zugleich das
gemeinsame geistig-kulturelle Erbe der Europäer wider –
**die europäischen Völker bilden eine Werte- und Kultur-
gemeinschaft!**

Was dabei nur allzu oft in Vergessenheit gerät: Dieser Wertekanon ist weder vom Himmel gefallen noch den Europäern angeboren. Im Gegenteil, er ist das Ergebnis einer fast drei Jahrtausende währenden politischen und geistigen Kulturgeschichte, eines von Brüchen und Rückschlägen gezeichneten Zivilisationsprozesses; er ist von Generationen von Europäern unter großen Opfern, nicht selten gegen die eigenen Brüder, erkämpft, errungen und behauptet, aber auch immer wieder verraten worden. Und die Gefahr des Verrates eigener Werte besteht vor wie nach. Umso mehr sollte man sich die Mahnung Jacques Le Goffs zu Herzen nehmen: *„Europa wird ein Europa der Werte sein, oder es wird nichts sein!"*

Wenn hier von der geistig-kulturellen Einheit Europas die Rede ist, so steht dies keineswegs im Widerspruch zu der so oft betonten kulturellen Vielfalt Europas. Vielmehr verhält es sich mit der geistig-kulturellen Einheit Europas wie mit einem Baum: So vielschichtig und verzweigt sich das Geäst auch aus dem Stamm heraus entwickelt haben mag, alles entspringt einer Wurzel. In seiner Gesamterscheinung bleibt der Baum eine Einheit!

Für das geistig-kulturelle Europa bedeutet das: Aus gemeinsamen Wurzeln ist ein Stamm gemeinsamer Werte erwachsen und ein Geäst vielfältiger kultureller Traditionen. In der Gesamtschau bleibt es dennoch eine Einheit. In Europa nennt man das die „Einheit in der Vielfalt".

Aus dieser geistig-kulturellen Einheit begründet sich die Idee Europa, die Idee von der Vereinigung der Völker Europas in und für Frieden, Freiheit und Wohlstand.

Nun hat es in der Geschichte Europas durchaus Versuche gegeben, die Völker zu „vereinigen", doch waren die Mittel hierfür weder friedlich noch das Ergebnis für die Betroffenen besonders freiheitlich.

Für diese anti-europäischen und im Ergebnis untauglichen Versuche, Europa durch Gewalt und Unterdrückung zu „vereinigen", legen die „Europa-Projekte" Napoleon Bonapartes und Adolf Hitlers Zeugnis ab. Dabei kann man Napoleon noch zu Gute halten, dass seine Soldaten die Ideen der Französischen Revolution in ihren Tornistern durch Europa getragen haben. Was manch einen überraschen mag, der französische Mediävist Jacques Le Goff (und andere) zählen zu diesen antieuropäischen Projekten auch das Europa Karls des Großen. Immerhin wird in dessen Namen alljährlich an Christi Himmelfahrt im Rathaus zu Aachen der Karlspreis für besondere Verdienste um die Einigung Europas verliehen.

In seinem Buch „Die Geburt Europas im Mittelalter" spricht Le Goff von einem „fehlgeleiteten Europa", weil die Vision Karls des Großen keine europäische, sondern vielmehr eine „nationalistische" war. Ihm ging es allein darum, sein Frankenreich um immer weitere Gebiete zu vergrößern. Dabei galt für ihn stets das Gesetz des Stärkeren, bei dem der Einsatz von Gewalt und Grausamkeiten an der Tagesordnung waren. So bleibt bei der allgemeinen Huldigung Karls des Großen als ein „Vater Europas" allzu gern unerwähnt, dass der mit dem Segen von Papst Leo III. an Weihnachten im Jahre 800 in Rom zum Kaiser Gekrönte in seiner 46 Jahre währenden Regentschaft nur in zwei Jahren (790 und 807) keine Eroberungskriege geführt hat. Wie

„nationalistisch" seine Vision in Wahrheit gewesen ist, belegt sicherlich auch seine Absicht, den Kalendermonaten
fränkische Namen zu geben. Deshalb kann man es nach
Meinung des italienischen Mediävisten Sabatino Lopez
*„nicht ein Vorspiel zu Europa nennen, was man genau genommen
als Fehlstart definieren muss. Wer heute von Europa spricht, denkt
nicht an eine Einheitsreligion oder einen universellen Staat, sondern an einen Komplex politischer Institutionen, weltlichen Wissens, künstlerischer und literarischer Traditionen, wirtschaftlicher
und gesellschaftlicher Interessen, die ein Mosaik freier Meinungen
und unabhängiger Völker untermauern. Unter diesem Gesichtspunkt wird uns das Karolingerreich als ein bemerkenswerter, aber
letztlich fehlgeschlagener Versuch erscheinen."*

Die Lehre der Geschichte lautet: Europa kann nicht
durch Gewalt vereinigt, kann nicht hegemonial regiert
werden. Oder wie es der niederländische Schriftsteller Cees
Nooteboom einmal formuliert hat: *„Die Vielfältigkeit ist von
einem Körper allein nicht zu verdauen."*

Dass die Idee von der Einheit Europas stets mit dem Wunsch
nach *Frieden,* nach *ewigem Frieden,* verbunden war, *Frieden*
als das herausragende Motiv für die Vereinigung der Völker
Europas gegolten hat (und immer noch gilt), erklärt sich
unschwer aus der Geschichte der Europäer.

Frieden war in Europa nie ein Normalzustand. Europa
war bis zur Mitte des vergangenen Jahrhunderts das ewige
Dilemma von Krieg und Frieden. Und, das haben die Ereignisse in der Ukraine jüngst gezeigt, ist es immer noch.
Aller Sehnsucht zum Trotz, den „ewigen Frieden" hat keines der unzähligen Friedensabkommen im Laufe der Ge-

schichte den Europäern auch nur annähernd gebracht. Im Gegenteil, vielfach schufen die Friedensabkommen die Ursachen für neuerliche Konflikte.

„Si vis pacem, para bellum" („Willst du Frieden, bereite den Krieg vor"), dieses Dogma galt den Europäern bis zur Mitte des vergangenen Jahrhunderts als das effektivste Mittel der Friedenssicherung. Als Garant für nachhaltigen Frieden hat sich dieses Prinzip wahrlich nicht bewährt. Was sicherlich auch der Tatsache geschuldet ist, dass es die Europäer im Verhältnis untereinander selten bei der bloßen Vorbereitung des Krieges zur Friedenssicherung belassen haben. Krieg galt nicht erst seit Clausewitz als ein probates Mittel der Politik. Die gegenteilige Erkenntnis, dass sich mit Krieg keine gute Politik machen lässt, haben die Europäer teuer bezahlen müssen. Umso erstaunlicher ist es, mit welcher Leichtfertigkeit jetzt wieder die Vokabel „Krieg" im Zusammenhang mit der Bewältigung politischer und terroristischer Herausforderungen im Mund geführt wird, ein früherer französischer Präsident gar von einem „totalen Krieg" spricht, den es zu führen gelte. Diese Vokabel sollte eigentlich bei den Franzosen, und nicht nur bei ihnen, einen Aufschrei der Entrüstung auslösen. Doch weit gefehlt.

Für die US-amerikanische Außenpolitik gilt das Clausewitzsche Prinzip offensichtlich vor wie nach. So bekennt die ehemalige Außenministerin Madeleine Albright in ihrem Buch „Der Mächtige und der Allmächtige – Gott, Amerika und die Weltpolitik" frank und frei, *das Hauptanliegen der amerikanischen Außenpolitik besteht darin, andere Länder dazu zu bringen, das zu tun, was wir wollen. Für diese Aufgabe stehen dem Präsidenten des Landes oder dem Außenmi-*

nisterium verschiedene Instrumente zur Verfügung, angefangen vom Einsatz militärischer Gewalt über anstrengende Verhandlungen mit den Kontrahenten bis hin zur Überzeugung durch logische Argumente. Ein Schelm ist, wer angesichts dieser Reihenfolge Böses denkt.

„Si vis pacem, para bellum", dieses Dogma hat für die Europäer zumindest im Umgang miteinander an Bedeutung verloren. Seit fast sieben Jahrzehnten, auch wenn diese Pauschalierung natürlich historisch wegen der Teilung Europas bis zu Beginn der 1990er Jahre nicht korrekt ist, ist es den Europäern gelungen, im Umgang miteinander ohne „Säbelrasseln" auszukommen. Daran ändern auch die markigen Worte eines früheren deutschen Finanzministers nichts, gegen Luxemburg wegen der dortigen Steuergesetzgebung *„die Kavallerie losschicken zu wollen".*

Diese sieben Jahrzehnte friedlicher Koexistenz gehören zu den Folgen des 9. Mai 1950. Warum das so ist, erklärt ein späteres Kapitel.

Kommen wir einstweilen zu dem nicht minder bedeutsamen weiteren Motiv für die Vereinigung der Völker Europas – der *Freiheit!*

Konrad Adenauer hat im Rahmen eines Vortrages im Jahre 1961 von einem *„großen gemeinsamen Haus der Freiheit für alle Europäer"* gesprochen, das es zu schaffen gelte.

In der Tat: Europa als Idee ist untrennbar mit der Idee der (individuellen) Freiheit verbunden, einer Idee, die sich mit der Epoche der Aufklärung in Europa Bahn bricht und maßgeblich zur Herausbildung des europäischen Wertekanons beigetragen hat. Ja, man kann sogar sagen: Die Idee

Europa nährt sich aus dem Geist der Aufklärung, eben jener Epoche (ca. 1690–1800) in der Geschichte Europas, die Immanuel Kant als den *„Ausgang des Menschen aus seiner selbstverschuldeten Unmündigkeit"* bezeichnet hat.

Schon der griechische Philosoph Aristoteles war zu der Erkenntnis gelangt: *„Das Ziel menschlichen Strebens ist das Glück. Der Mensch wird nur glücklich, wenn er alle seine Fähigkeiten und Möglichkeiten entfalten und bemühen kann."*

Hiervon inspiriert entwickelt der englische Philosoph John Locke in seinen zum Ende des 17. Jahrhunderts erschienen Werken *„An Essay concerning Human Understanding"* und *„Two Treaties on Government"* u.a. Thesen, die – weil sie einen Paradigmenwechsel im Denken und Bewusstsein um die Natur des Menschen bedeuten – zum Ausgangspunkt nachhaltiger gesellschaftlicher und politischer Umwälzungen in Europa (und nicht nur dort) werden: *Alle Menschen sind von Natur aus gleich und haben deshalb denselben politischen Status unabhängig von ihrer gesellschaftlichen Stellung und ihres Besitzes; jeder Mensch hat das Recht auf seine Freiheit, sein Leben und sein Eigentum. Er muss dieses Recht auch bei anderen Menschen respektieren.*

In Frankreich sind es François-Marie Arouet – besser bekannt unter dem Namen „Voltaire" – und Jean-Jacques Rousseau, die diese Gedanken aufgreifen und weiterentwickeln. Voltaire wird für die Franzosen zum Vorkämpfer für Vernunft, Toleranz und Menschenrechte. Auf seinen Sarg schreibt man später: *„Er verlieh dem Menschengeist starke Impulse, er bereitete uns auf die Freiheit vor."* Rousseau weiß gleich mit dem ersten Satz seiner 1762 erschienen politischen Schrift *„contrat social"* („Der Gesellschaftsvertrag"), die später während der Französischen Revolution zur Bibel der Jakobiner und ihres Anführers Robespierre werden sollte, für Furore zu sorgen: *„Der Mensch ist frei geboren und überall liegt er in Ketten."*

Auch der Schlachtruf der Französischen Revolution „*Liberté, Égalité, Fraternité*" („Freiheit, Gleichheit, Brüderlichkeit") ist diesem Werk entlehnt.

In Deutschland ist es vor allem Immanuel Kant, der seine Definition der Aufklärung mit der Aufforderung verbindet: „*sapere aude*" (frei übersetzt: „Habe Mut, dich deines eigenen Verstandes zu bedienen").

Das Bedauerliche dabei ist nur, dass es einst wie heute zuweilen weniger am Mut als vielmehr am Verstand selbst mangelt.

Die mit der Aufklärung von Europa ausgehende Mitteilung an die Welt lautete: **Alle Menschen sind gleich geschaffen und von Natur aus mit bestimmten unveräußerlichen Rechten ausgestattet: Leben, Freiheit und dem Streben nach Glück!**

Diese Mitteilung wird gehört, wenn auch nur in der westlichen, christlich geprägten Welt, und dies zunächst auch nur jenseits des Atlantiks. Es ist Thomas Jefferson, einer der Gründerväter der USA, der sich von dem neuen Denken inspirieren lässt und bei der Formulierung der amerikanischen Unabhängigkeitserklärung im Jahre 1776 in vielen Passagen nahezu wörtlich auf die Texte John Lockes zurückgreift.

Über diesen Umweg finden diese Gedanken dann dank des französischen Generals und Politikers Marquis de Lafayette, der im amerikanischen Unabhängigkeitskrieg an der

Seite George Washingtons gekämpft hatte, 20 Jahre später im Zuge der Französischen Revolution Eingang in die *Erklärung der Bürger- und Menschenrechte* der französischen Nationalversammlung. Am Ende einer langwierigen und heftigen Debatte in der französischen Nationalversammlung steht am 26. August 1789 die Verkündung der Erklärung, mit der diese Bürger- und Menschenrechte europäisches Allgemeingut werden:

1. *Die Menschen werden frei und gleich an Rechten geboren und bleiben es.*
2. *Der Zweck jeder staatlichen Vereinigung ist die Erhaltung der natürlichen und unverjährbaren Menschenrechte. Diese Rechte sind Freiheit, Eigentum, Sicherheit und Widerstand gegen Unterdrückung.*
3. *Die Freiheit besteht darin, alles tun zu können, was einem anderen nicht schadet. Die Grenzen der Freiheit können allein durch das Gesetz bestimmt werden.*
4. *Das Gesetz darf nur solche Handlungen verbieten, die der Gesellschaft schaden.*
5. *Das Gesetz ist der Ausdruck des allgemeinen Willens. Alle Bürger haben das Recht, persönlich oder durch ihre Vertreter an seiner Gestaltung mitzuwirken.*
6. *Alle Bürger sind vor dem Gesetz gleich, weshalb sie alle gleichermaßen, ihren Fähigkeiten entsprechend und ohne einen anderen Unterschied als den ihrer Eigenschaften und Begabungen, zu allen öffentlichen Ämtern und Stellungen zugelassen sind.*
7. *Niemand darf wegen seiner Anschauungen belangt oder bedrängt werden.*

8. Die freie Äußerung von Gedanken und Meinungen ist eines der kostbarsten Menschenrechte.

Das selbstbestimmte Individuum wird zum Protagonisten der europäischen Zivilisation!

In diesem Geist der Aufklärung findet unser heutiges Verständnis von Freiheit seine Quelle. Demzufolge bedeutet Freiheit: in individueller Selbstbestimmung, ausgestattet mit unverzichtbaren und unteilbaren Rechten, frei von äußeren Zwängen und Unterdrückung, das Leben nach eigenen Vorstellungen zu gestalten – verbunden mit der Teilhabe an politischen und gesellschaftlichen Entscheidungsprozessen.

Wie aber wird in diesem Sinne – und das ist die entscheidende Frage bei der Bestimmung des Wesensgehaltes der Idee Europa – dieses Europa zu einem „gemeinsamen Haus der Freiheit für alle Europäer"?

Soll heißen: Welchen Instrumentes bedarf es für eine Vereinigung/Union der Völker Europas, deren Angehörige in freier Selbstbestimmung gleichberechtigt in Frieden und Freiheit zusammenleben können? Gewalt und Hegemonie scheiden bekanntlich aus.

Die Antwort auf diese Frage kannte bereits der im Jahr der Französischen Revolution geborene deutsche Wirtschaftstheoretiker Friedrich List: „*Das höchste Ziel der rationalen Politik ist die Vereinigung der Nationen unter dem Rechtsgesetz!*"

Übrigens: Um die integrative Bedeutung des Rechts wusste schon Karl der Große, was ihm als Europäer zur

Ehre gereicht. Zu seinen europäischen Meriten zählt zweifelsohne der Versuch, ein für alle Bewohner seines Reiches einheitliches Rechtswesen zu schaffen.

So erließ Karl der Große für das gesamte Reichsgebiet Vorschriften, die sich auf die wichtigsten Regelungsbereiche bezogen und überall und für jedermann Gültigkeit besaßen. Franken, Burgunder, Langobarden und Goten waren zuvor jeweils eigenen Gesetzen unterworfen. Diese Rechtsvielfalt wollte Karl der Große zum Beispiel durch ein einziges Bodenrecht ersetzen, das für alle im Reich lebenden Männer und Frauen Gültigkeit besitzen sollte. Dass diese Reform nie über das Versuchsstadium hinausgekommen ist, ändert nichts an ihrem revolutionären Charakter, weil sie erstmals den Ansatz für eine europäische Rechtsgemeinschaft erkennen lässt.

„Das höchste Ziel der rationalen Politik ist die Vereinigung der Nationen unter dem Rechtsgesetz!" Auf unsere Fragestellung bezogen bedeutet diese Erkenntnis von Friedrich List: Die Einheit Europas, die Vereinigung der Völker in Frieden und Freiheit, ist nur möglich, wenn sie mit der Stärke des Rechts und nicht mit dem Recht des Stärkeren verbunden wird.

Einheit bedingt Gleichheit, d.h. ohne Gleichheit und Gleichberechtigung aller Völker ist eine Einheit nicht denkbar. Einheit und Gleichheit schafft das Recht, denn Rechtseinheit und Rechtsgleichheit sind untrennbar miteinander verknüpft. Die Gleichheit vor dem Gesetz zählt zu den Grundprinzipien der Menschenrechte, denn die Gleichheit vor dem Gesetz ist die einzige Art von Gleichheit, die die Freiheit garantiert und fördert.

Mit der Idee Europa verbunden führt das zu der Gleichung: Nur wenn alle Europäer, und zwar unabhängig von ihrer nationalen Zugehörigkeit, vor dem Gesetz gleichgestellt sind, erfüllt sich die Idee von der „Vereinigung der Völker Europas in Frieden und Freiheit".

Bildlich gesprochen: Das Haus Europa wird dann für die Europäer zu einem gemeinsamen Haus der Freiheit, wenn es auf dem Verständnis und Bewusstsein um das gemeinsame geistig-kulturelle Erbe, dem gemeinsamen Wertekanon, gründet und als Dachkonstruktion eine gemeinsame, alle Mitbewohner gleichberechtigende und -verpflichtende Rechtsordnung hat.

Kurzum: **Europa als Idee, das ist die Idee eines gesellschaftlichen und politischen Ordnungsmodells, welches die europäischen Nationen unter dem Dach einer gemeinsamen Rechts- und Werteordnung, deren Zentrum die universellen Menschenrechte bilden, vereinigt.**

Damit unterscheidet sich Europa – verstanden als Idee eines politischen und gesellschaftlichen Ordnungsmodells – entscheidend vom Nationalstaat als politisches Ordnungsmodell. Im Gegensatz zur Idee Europa gründet dieser nicht auf dem Prinzip der **Integration**, sondern auf dem Prinzip der **Ab- und Ausgrenzung**.

Verantwortlich dafür ist das Dogma der nationalen Souveränität, also der Anspruch, die inneren Angelegenheiten in völliger Unabhängigkeit von äußeren Einwirkungen zu gestalten und eine auf den Eigennutz, die „nationalen Interessen", ausgerichtete Außenpolitik – notfalls mit militärischen Mitteln – zu betreiben.

Abgrenzung deshalb, weil sich der Nationalstaat geografisch definiert, der Staat als politische Institution seine Legitimation aus dem ihm gehörenden Territorium ableitet, auf dem er das Gewaltmonopol zur Durchsetzung der von ihm selbst geschaffenen Gesetze innehat. Mit seiner eigenen Rechtsordnung grenzt er sich von dem Nachbarstaat ab. Deutlich sichtbarer Ausdruck dieses Prinzips der Abgrenzung sind die zwischenstaatlichen Grenzen, die zur exakten Definition des räumlichen Geltungsbereiches der staatlichen Rechtsordnung dienen; Grenzen, die im Verlauf der Geschichte nicht selten auch Ausdruck unversöhnlicher Feindschaft waren; Grenzen, zu deren Verteidigung im Bedarfsfalle auf militärische Mittel zurückgegriffen wurde und bei deren Überschreiten man sich besonderer Kontrollen zu unterziehen hat.

Ausgrenzung deshalb, weil jeder Staat auf der Grundlage seiner Rechtsordnung einen bestimmten Kreis von Menschen als seine Staatsangehörigen qualifiziert und alle anderen als Ausländer oder Fremde ansieht, mit der Konsequenz, dass beide Gruppen rechtlich ungleich behandelt werden (Stichwort: Ausländerdiskriminierung). Der Staat behält bestimmte Rechte seinen Staatsangehörigen vor oder unterwirft Fremde einem Sonderrecht. Den Status des Staatsbürgers und damit auch die Möglichkeit der Teilhabe am öffentlichen und politischen Leben an seinem Wohnort, d.h. seine Einbürgerung, kann der Ausländer/Fremde nur durch einen vom Willen der staatlichen Behörden abhängenden Akt der Verleihung erlangen – durch eine Art „Gnadenakt".

Nun sind die Unterscheidung zwischen Einheimischen oder Zugehörigen auf der einen Seite und Ausländern oder Fremden auf der anderen Seite sowie die Ungleichbehandlung beider Gruppen nicht erst eine Erfindung der Nationalstaaten. Solches hat es schon in unterschiedlicher Ausprägung in früheren Epochen gegeben, doch ist das Ausmaß des Diskriminierungseffektes, wie wir ihn heute kennen, ein Produkt der Nationalstaatsidee.

Wer kennt ihn nicht, den Slogan: *„Irgendwo ist jeder Ausländer!"* Bei genauerer Betrachtung muss es eigentlich heißen: *Wir sind (von einer Ausnahme abgesehen) überall Ausländer!*

Gerade in Zeiten, in denen es wieder en vogue zu sein scheint, das hohe Lied des Nationalstaates als alleinseligmachende Verwirklichung politischer und gesellschaftlicher Einheit anzustimmen, ihn als die wahrhaft einzig gültige Verwirklichung derselben zu propagieren, in Zeiten, in denen der Ungeist des Nationalismus in Europa wieder aufersteht, gilt es zur Kenntnis zu nehmen:

Genauso wenig wie es in der Natur des Menschen liegt, Franzose, Brite, Deutscher oder … zu sein, entspringt der Nationalstaat einer natürlichen Ordnung oder Notwendigkeit, geschweige denn ist er das unveränderliche Maß aller politischen Dinge.

Im Gegenteil: Er ist in Wahrheit ein, wie es der amerikanische Ökonom, Soziologe und Publizist Jeremy Rifkin in seinem Buch „Der Europäische Traum" formuliert, *artifizielles Konstrukt.*

Man mag es kaum glauben, aber der Nationalstaat ist eine relativ junge Institution. Europa als ein Konglomerat von

Nationalstaaten ist eine Erscheinungsform, die sich weitestgehend erst im 19. Jahrhundert herausgebildet hat. Insgesamt war die politische Landkarte Europas im Laufe der Geschichte einem steten Wandel unterworfen. Mal erschien der Kontinent als ein Flickenteppich mit vielen kleinen und kleinsten „staatlichen" Einheiten, dann wieder prägten große Staatsgebilde das politische Landschaftsbild. Man muss aber gar nicht so weit in die Geschichte zurückgehen, um festzustellen, dass es sich bei dem Nationalstaat eben nicht um ein natürliches Phänomen handelt. Nach dem Fall der Berliner Mauer im Jahre 1989 sind in Europa und in seiner Peripherie viele neue Nationalstaaten entstanden, in denen sich erhebliche Minderheitsprobleme auftun – Probleme, die durchaus Sprengkraft besitzen.

Gleichsam ist es ein Mythos, dass der Nationalstaat eine natürliche, geradezu harmonische Symbiose aus einer Nation, verstanden als ein Kollektiv von Menschen mit einer gemeinsamen Sprache, gemeinsamen kulturellen Traditionen und Abstammung, und der politischen Institution Staat darstellt.

Nicht wenige europäische Nationalstaaten sind in Wahrheit „Multinationalstaaten". Das Königreich Belgien in der Zusammensetzung von Flamen, Wallonen und der deutschsprachigen Minderheit im Osten legt hierfür ein beredtes Zeugnis ab. Seit 1830 ist Belgien ein souveräner Nationalstaat, eine belgische Nation hat es, wie der flämische Dichter René de Clercq (1877–1932) bemerkt, nie gegeben: „*Es gibt einen belgischen König, ein belgisches Theater, eine belgische Flagge, ein belgisches Lied, aber Belgier, die gibt es nicht.*" Ähnlich liest es sich in einem Brief des wallonischen Politikers

Jules Destrée an König Albert I. aus dem Jahre 1912: *„Sire, Sie regieren über zwei Völker. Es gibt in Belgien Wallonen und Flamen. Es gibt keine Belgier."*

Aktuell sind es die Basken und die Schotten, die den Mythos von der natürlichen, geradezu harmonischen Symbiose aus *der* Nation und *dem* Staat als charakteristisches Merkmal des europäischen Nationalstaates widerlegen. Es kommt also nicht von ungefähr, wenn der Nationalstaat nicht nur von Philosophen eher als eine imaginäre Gemeinschaft, eben als ein „artifizielles Konstrukt", wahrgenommen wird.

Als geradezu entlarvend erweist sich, was der Premier des Piemont, Massimo d'Azeglio, anlässlich der Staatsgründung Italiens im Jahre 1861 gesagt hat: *„Wir haben Italien geschaffen, jetzt müssen wir nur noch Italiener schaffen!"*

„Was ist eine Nation?", fragt zum Ende des 18. Jahrhunderts der deutsche Dichter und Kultur-Philosoph Johann Gottfried Herder und liefert die Antwort postwendend nach: *„Ein großer, ungejäteter Garten voll Unkraut, ein Sammelplatz von Torheiten und Fehlern wie Vortrefflichkeit und Tugend."*

Wie aber erfindet man eine Nation, wo es vorher keine gegeben hat?

Mit seinem Ausspruch hat Massimo d'Azeglio kurz, knapp, dennoch sehr präzise eben diese Herausforderung beschrieben, vor der die politischen und wirtschaftlichen Eliten jeweils bei der Bildung eines Nationalstaates standen.

Jeremy Rifkin liefert hierfür in seinem bereits erwähnten Buch diese Erläuterung:

Es bedurfte der „Erfindung" einer packenden Geschichte über eine gemeinsame Vergangenheit, die die Menschen beschäftigte und sie von ihrer gemeinsamen Identität und Bestimmung überzeugte. So haben sich alle Nationalstaaten Ursprungsmythen mit Helden und Heldinnen und schweren Prüfungen und Leiden geschaffen, derer man oft mit elaborierten Ritualen gedachte (und immer noch gedenkt). Es galt, dem Volk ein neues Leitbild zu geben in Form einer hehren Vergangenheit und Bestimmung zukünftiger Größe. Dabei erforderte ein einziger homogener Nationalmythos nicht selten die rücksichtslose Unterdrückung jahrhundealter lokaler Geschichten. Ein entscheidendes Kriterium war die Einführung einer einzigen, dominanten Sprache, damit die Menschen miteinander kommunizieren konnten. Dafür wiederum bedurfte es eines nationalen Bildungssystems, das die Bildungsinhalte standardisierte. So lernte fortan jede Generation von Schulkindern dieselben Inhalte auf dieselbe Weise in einer gemeinsamen Sprache und bald glaubten die Leute, dass sie tatsächlich Teil einer gemeinsamen Geschichte und einer gemeinsamen Bestimmung seien.

Die Erfindung einer Nation, wo es vorher keine gab, bezeichnet der Philosoph und Kulturanthropologe Ernest Gellner als „*die Urform des Nationalismus*".

Der Nationalstaat als politisches Ordnungsmodell und der Nationalismus als Ideologie sind untrennbar miteinander verbunden. Die Ideologie des Nationalismus legitimiert das Prinzip der Aus- und Abgrenzung und dient als Mittel zur bewussten Identifizierung und Solidarisierung der Bürger mit dem Staat. Letztendlich ist der Nationalismus lediglich ein anderes Wort für nationalen Egoismus, mit dem die Interessen der eigenen Nation zum Maß aller Dinge erhoben und die Interessen der Gemeinschaft dem Recht des Einzelnen übergeordnet werden. Karl Raimund Popper bezeichnet in seinem Werk „Die offene Gesellschaft und ihre Feinde" den Nationalismus *als ein Relikt eines ur-ins-tinktiven Gefühls der Zusammengehörigkeit, dominiert von Leidenschaft und Vorurteilen, als den Ersatz von individueller durch kollektive Verantwortung.*

Wie viel Leiden diese Leidenschaft schafft, wohin der Nationalismus in seiner extremen Ausprägung führt, hat die europäische Geschichte der ersten Hälfte des 20. Jahrhunderts eindrucksvoll vor Augen geführt. Die Überhöhung der eigenen Nation wurde zur Legitimierung des Imperialismus, der Herrschaft über andere Völker, und der Ausgrenzung, bis hin zur Vernichtung und Vertreibung ethnischer Minderheiten. Die Bilder von Auschwitz und anderen Konzentrations- und Vernichtungslagern sind mahnende Erinnerung. Es hat sich quasi als ein Naturgesetz erwiesen: Am Ende bedeutet Nationalismus immer Krieg!

Denjenigen, die heute für nationalistische Parolen empfänglich sind, die glauben wollen, die Rückbesinnung auf die Nation und den Staat sei der goldene Weg zur Bewältigung aller Krisen, denen sollte ein Wort des spanischen Philosophen José Ortega y Gasset zu denken geben: „*Alle Nationalismen sind Sackgassen und der Nationalismus ist nur eine Manie, der Vorwand, der sich bietet, um der Verpflichtung zur Erfindung großer neuer Unternehmungen zu entgehen. Die einfältigen Mittel, mit denen er arbeitet, und die Leute, die er begeistert, verraten nur allzu deutlich, dass er das Gegenteil einer schöpferischen historischen Bewegung ist.* "

Nicht nur der Nationalismus als Ideologie ist eine Sackgasse, der Nationalstaat als politisches Ordnungsmodell ist es nicht minder. Als Bezugsrahmen für ein friedliches und freiheitliches Zusammenleben der europäischen Völker hat er sich, was die Geschichte eindrucksvoll belegt, ad absurdum geführt.

Genauso wenig empfiehlt er sich als Bezugsrahmen für die Bewältigung der sich mit der sogenannten Globalisierung den Europäern stellenden Herausforderungen.

Europa ist geographisch betrachtet ein Winzling, demographisch ein Schwächling, wirtschaftlich und damit auch weltpolitisch eine untergehende Macht. Wer dennoch glaubt, allein der Nationalstaat sei das geeignete Ordnungsmodell für die Europäer, den Herausforderungen des 21. Jahrhunderts gerecht zu werden, befindet sich schlichtweg auf dem Holzweg und verspielt die Zukunft unserer Kinder. Bedauerlicherweise erweist sich aber oftmals der Glaube stärker als die Erkenntnis – und Leichtgläubigkeit siegt nicht selten über die Logik.

Kehren wir deshalb noch einmal kurz zur Idee Europa zurück.

„*Was ist Freiheit?*", fragt Albert Schweitzer, der berühmte deutsch-französische Arzt, Philosoph, Theologe und Nobelpreisträger, in seinem Buch „Kultur und Ethik" und gibt zur Antwort: „*Es ist in Wirklichkeit ein leerer Wahn, wenn die menschlichen, wirtschaftlichen und finanziellen Kräfte dafür fehlen.*"

Frieden, Freiheit und Wohlstand bedingen einander. So garantiert Wohlstand nicht zuletzt den inneren und äußeren Frieden. Zufriedene Menschen sind friedfertig. Die Kultur gedeiht im Wohlstand, der soziale Fortschritt ist weniger mühsam. Ein gemeinsames europäisches Haus der Freiheit ist ohne ein gewisses Maß an Wohlstand, und zwar gleichsam für alle Bewohner, nicht vorstellbar. Das macht ihn zu einem Gebot der Solidarität.

Den inneren Zusammenhang zwischen Wohlstand und Freiheit, zwischen Wohlstand und Frieden, aber auch zwischen Wohlstand und Demokratie hat die Geschichte der ersten Hälfte des 20. Jahrhunderts den Europäern nachdrücklich vor Augen geführt.

Die Weltwirtschaftskrise nach dem Börsenkrach von 1929, die Massenarbeitslosigkeit, die Ungleichheiten und Ungerechtigkeiten des Laissez-faire-Kapitalismus hatten so viele Menschen empfänglich gemacht für die Verheißungen autoritärer Regimes. Faschismus und Kommunismus hatten von sozialer Verelendung profitiert, von der großen Kluft zwischen Arm und Reich.

Die daraus nach dem Krieg zu ziehende Lehre lautete: Wenn es mit den Demokratien aufwärtsgehen sollte, musste man die Lebensbedingungen der Menschen verbessern. Deshalb gelte es notfalls durch Interventionsmechanismen und Reglementierungen in das Wirtschaftsgeschehen einzugreifen, um Unausgewogenheit zu korrigieren bzw. die Ungerechtigkeiten und Unzulänglichkeiten des Marktes auszugleichen.

Eben diese Erkenntnis hat zu einer Erfindung geführt, die Helmut Schmidt in einem 2001 erschienen Zeitungsartikel als *die bisher letzte große kulturelle Errungenschaft der Europäer und einen unverzichtbaren Bestandteil der den Staaten der EU gemeinsamen politischen Kultur* bezeichnet hat. Die Rede ist vom europäischen Sozialstaatsmodell.

Hatte zuvor der Nachtwächterstaat, dessen einzige Funktion die Gewährleistung der Sicherheit seiner Bürger war, als das Maß aller Dinge gegolten, so setzt sich nach dem Ende des II. Weltkrieges überall im westlichen Europa die Auffassung durch, dass der moderne Staat für das materielle, soziale und kulturelle Wohlergehen mitverantwortlich ist. Dies, darin war man sich in weiten Teilen Europas einig, kann nur gelingen, wenn man das Primat der Politik gegenüber der Wirtschaft herstellt, mithin eine gänzlich neue Rolle des Staates als politischer Institution definiert.

Das Modell des Sozial- oder Wohlfahrtstaates hat den europäischen Gesellschaften über viele Jahrzehnte bis heute einen zuvor nie gekannten sozialen Frieden beschert, weil es gleichermaßen Solidarität, Verantwortung und Wettbewerb vereint. Dieses sollte den Anhängern des neo-liberalen Zeitgeistes zu denken geben, die den Wohlfahrtsstaat als ein Relikt der Nachkriegszeit abtun und ihn als nicht mehr zeitgerecht, weil (angeblich) nicht finanzierbar verteufeln.

Für Europa als Idee bedeutet dies, dass die Vereinigung der Völker Europas unter dem Dach einer gemeinsamen Werte- und Rechtsordnung nicht nur dem Gebot von Frieden und Freiheit, sondern gleichsam dem Gebot der Solidarität und sozialen Gerechtigkeit als Grundlage für Wohlstand folgt.

Freiheit, Gleichheit, Brüderlichkeit wurde einst zum Schlachtruf der Französischen Revolution – *Freiheit, Gleichheit, Brüderlichkeit* symbolisiert die Idee Europa!

III.
Die „Alchemie" des Jean Monnet

Die Idee Europa ist bekanntermaßen keine „Erfindung"
des 20. Jahrhunderts. Der Traum von der Einheit des Kontinents bewegt seit Jahrhunderten die Menschen und hat
viele große europäische Geister inspiriert. Keines der vielen
Konzepte hat sich jedoch letztendlich als realisierbar erwiesen und ist über das Stadium des intellektuellen Luftgebil-
des hinausgekommen.

Warum also wird Jean Monnet zum „Erfinder" jenes Europa, das zuvor nie existiert hat und das für ihn weniger
eine Gemeinschaft von Staaten als vielmehr eine Union der
Bürger sein sollte? Eine Union der Bürger, für die, das war
sein Credo, es gelte, *Menschen zu vereinen, statt Staaten zu
koalieren.*

Viele Komponenten haben dabei eine Rolle gespielt.
Maßgeblich geworden sind vor allem zwei: Das Zeitmo-
ment und die „Alchemie" des Jean Monnet.

*„Nichts auf der Welt ist so mächtig wie eine Idee, deren Zeit ge-
kommen ist"* – auch dieser Satz Victor Hugos sollte sich in
Sachen Europa bewahrheiten.

So zynisch es auch klingen mag, ohne das millionenfache Leid des II. Weltkrieges hätte sich die Idee von einem neuen politischen und gesellschaftlichen Ordnungsmodell in den Köpfen und Herzen der Europäer kaum Bahn brechen können.

Zum Vermächtnis des Krieges zählten vor allem von Hoffnungslosigkeit und totaler Erschöpfung gezeichnete europäische Nationen – gleichgültig, ob sie sich als Sieger fühlen konnten oder als Besiegte fühlen mussten. Eine Rückkehr zu den Verhältnissen von vor 1939 kam aus vielerlei Gründen nicht in Betracht. Charles de Gaulle hat die Stimmungslage in Frankreich auf den Punkt gebracht: „*Während der Katastrophe, unter der Last der Niederlage, hatte sich im Denken der Menschen ein großer Wandel ereignet. Viele sahen in dem Desaster von 1940 ein allgemeines Versagen der herrschenden Klasse und der staatlichen Ordnung.*"

Was de Gaulle für Frankreich beschreibt, galt nicht minder andernorts. Und die Probleme, auch das war vielen bewusst, hatten nicht erst 1940 begonnen. Ein ganzes politisches und gesellschaftliches System hatte versagt, und es waren Politiker und Geschäftsleute der Zwischenkriegszeit, die den Boden für den II. Weltkrieg bereitet und ihr Land in die Katastrophe geführt hatten.

Mit anderen Worten: Damit sich die Stärke der Idee Europa entfalten konnte, bedurfte es erst der Apokalypse des II. Weltkrieges und des Mutes, aus der Geschichte die richtigen Lehren zu ziehen. Diesen Mut haben Robert Schuman und Konrad Adenauer am 9. Mai 1950 bewiesen.

Um Europa zu einigen, bedarf es jedoch nicht nur Mut, sondern vor allem, wie Cees Nooteboom in seinem Essay „Wie wird man Europäer" bemerkt, *einer äußerst geheimnisvollen Alchemie.*

Einer „Alchemie", so ist zu konkretisieren, mit der es gelingt, die beiden Antipoden, das „Ordnungsmodell Europa" und das „Ordnungsmodell Nationalstaat" so miteinander zu verbinden, dass bei aller Unterschiedlichkeit Europa im Sinne Konrad Adenauers für die Europäer zu einem gemeinsamen Haus der Freiheit (und des Friedens) wird.

Auch wenn fünf Jahre nach Ende des II. Weltkrieges endlich die Zeit für die Idee Europa gekommen ist – für ein neues politisches Ordnungsmodell, welches das nationalstaatliche Prinzip der Aus- und Abgrenzung durchbrechen soll – so sind und bleiben, wie Robert Schuman in seinem 1963 kurz vor seinem Tod erschienen Buch „Pour l'Europe" schreibt, *die europäischen Nationalstaaten eine historische Wirklichkeit, sie verschwinden zu lassen, psychologisch unmöglich.*

Jean Monnet wird deshalb zum „Erfinder Europas", weil mit seiner „Alchemie" die Idee Europa so mit dem System der Nationalstaaten verknüpft werden konnte und kann, dass Europa als Union der Bürger heute für über 500 Millionen Bürger aus 28 Staaten Teil ihrer Lebenswirklichkeit geworden ist.

Dass es die Politikwissenschaft vorzieht, nicht von der „Alchemie" des Jean Monnet, sondern von der „Methode Monnet" zu sprechen, versteht sich von selbst. Vielleicht ist aber der Begriff „Alchemie" – so despektierlich er auch klingen mag – gar nicht so abwegig. Das Ziel der Alchemisten war die Transmutation, die Verwandlung unedler Metalle in Gold. Immerhin ist es nicht zuletzt der „Methode Monnet" zu verdanken, dass sich Europa von einem ewigen Kriegsschauplatz in einen Hort des Friedens und der Freiheit verwandelt hat.

Auf eine einfache Formel gebracht, lässt sich die „Methode Monnet" umschreiben mit:

Integration durch Transformation!

Was es damit auf sich hat, was „integriert" und was „transformiert" wird, soll nachfolgend aufgeschlüsselt werden.

Zuvor jedoch noch ein Wort zu den Beweggründen und Überzeugungen Jean Monnets, aus denen sich diese Formel begründet.

Jean Monnet wird zuweilen unterstellt, er habe bei allem europäischen Idealismus in Wahrheit nur nationale Interessen und Ziele verfolgt; insbesondere seine Initiative zur Gründung einer Europäischen Gemeinschaft für Kohle und Stahl (Schuman-Plan) habe letztendlich nur die Instrumentalisierung der Europapolitik für nationale Zwecke bedeutet. Dem ist entgegenzuhalten: Mehr noch als Franzose war Jean Monnet, wie sein Lebensweg und seine Initiativen ohne Zweifel belegen, Kosmopolit, vor allem aber ein überzeugter Europäer. Für ihn, das hat er immer wieder deutlich gemacht, war der Nationalstaat, nicht einmal der französische, kein politisches Ordnungsmodell menschlichen Zusammenlebens mit Ewigkeitsgarantie, nationalstaatliche Unabhängigkeit und Souveränität kein unüberwindbares und für alle Zeit unabänderliches Dogma. Er selbst hat er die Nationalstaatsidee als „*Idee der Abgrenzung*" gebrandmarkt und damit als in einer sich ständig verändernden Welt mit immer neuen Herausforderungen für die Europäer nicht zukunftsfähig identifiziert.

In seinem Beitrag für die Zeitschrift *Fortune* aus dem Jahre 1944 erteilt Jean Monnet bereits mit dem Eingangssatz dem souveränen Nationalstaat als politischem Ordnungsmodell für ein friedliches Europa eine eindeutige Absage: *Es wird keinen Frieden in Europa geben, wenn die Staaten auf der Basis nationaler Souveränität wiederhergestellt werden, mit all dem, was eine Politik des Machtstrebens und wirtschaftliche Protektion mit sich bringt.*

Dieser Satz lässt zudem keinen Zweifel daran zu, dass sein ganzes Sinnen und Trachten, seine ganze Konzentration einer nachhaltigen Friedensordnung für Europa gegolten haben.

Wir erinnern uns an seinen Versuch, nach dem I. Weltkrieg die Politiker von einer Fortführung des von ihm initiierten und mit Erfolg während des Krieges arbeitenden Systems der *Executives*, und zwar für Sieger und Besiegte gleichermaßen, zu überzeugen. Dies war der Erkenntnis geschuldet, dass nur ein gemeinsamer Wiederaufbau und allen europäischen Nationen zu Gute kommender Wohlstand den Wunsch nach Rache und Revanche beseitigen, mithin dem Frieden eine Chance geben können. Die Bündelung von Kräften und Ressourcen im gemeinsamen Interesse und zum gemeinsamen Nutzen galt ihm als Königsweg.

Und wenn Jean Monnet später davon spricht, dass *heute die Völker lernen müssen, gemeinsam nach Regeln und unter frei verfassten Institutionen zu leben, weil die souveränen Nationen der Vergangenheit nicht mehr der Rahmen sind, in dem sich die Probleme der Gegenwart und Zukunft lösen lassen,* so zeigt dies, wie sehr seine konzeptionellen Überlegungen mit der Idee Europa im Einklang stehen.

Schon aus diesen Überzeugungen heraus wird er nach seinem Ausscheiden als Präsident der Hohen Behörde der Europäischen Gemeinschaft für Kohle und Stahl im Jahre 1955 zum Initiator des *Comité d'Action pour les Etats-Unis de l'Europe* (Aktionskomitee für die Vereinigten Staaten von Europa). Mit diesem internationalen Forum aus führenden Vertretern von Parteien unterschiedlichster Couleur und Gewerkschaftlern etabliert sich unter seiner Leitung eine länderübergreifende pro-europäische moralische Autorität, die es ihm ermöglicht, seinen europapolitischen Ideen eine breite politische Basis zu verschaffen. Der Name des bis 1975 existierenden Komitees ist zugleich Programm.

Hier begegnen sich übrigens 1969 zum ersten Mal zwei Politiker, die in den 1970er Jahren gemeinsam – der eine als französischer Staatspräsident, der andere als Kanzler der Bundesrepublik – das europäische Einigungswerk maßgeblich voranbringen sollten: Valéry Giscard d'Estaing und Helmut Schmidt. In der Rückschau erscheint es geradezu symbolisch, dass beide sich in Monnets *Comité* kennengelernt haben, wird doch die europäische Integration später zum Hauptfeld ihrer Zusammenarbeit und Jean Monnet dabei für beide zum Spiritus rector.

Nein, es sind nicht nationale, also französische Interessen, aus denen sich seine Initiativen speisen. Dreh- und Angelpunkt ist für ihn stets das allgemeine, das „gemeinsame Interesse", ein Begriff, den er erstmalig im Rahmen seiner Initiative „Wheat Executive" im Jahre 1916 verwendet. Die Notwendigkeit, dieses gemeinsame Interesse zu erkennen und in das Zentrum des politischen Denkens und Handelns zu stellen, ist sein Credo. Dass er damit auch nationalen Interessen Frankreichs dient, liegt in der Natur der Sache.

Statt partikulärer nationaler Interessen ist für Monnet allein das allgemeine, das gemeinschaftliche Interesse der Kompass der Politik.

Das „gemeinschaftliche Interesse" ist mit Jean Monnet zum Inbegriff des europäischen Einigungswerkes geworden, was offensichtlich von vielen der politisch Verantwortlichen noch immer nicht verinnerlicht worden ist. Wie erklärt es sich sonst, dass man in Sonntagsreden mit viel Pathos die „Schicksalsgemeinschaft Europa" beschwört, was nichts anderes bedeutet, als dass die Europäer das gleiche Schicksal teilen, man aber zurück im politischen Alltag sich im Gefeilsche um die Durchsetzung (vermeintlicher) nationaler Interessen verfängt? Hinterher erklärt dann jeder für sich vor den laufenden Kameras der heimischen Medien, wie großartig man „gesiegt" und mit welchem Erfolg man die nationalen Interessen gegenüber den anderen gewahrt hat. Dass darunter die Glaubwürdigkeit des Projektes leidet, schert wohl niemanden wirklich.

Was aber ist das „gemeinsame Interesse" der Europäer und wie lässt es sich bestimmen?

Wenig hilfreich ist es, allein auf eine vermeintlich gemeinsame Schnittmenge der „nationalen Interessen" abzustellen. Für Jean Monnet steht außer Frage, das gemeinsame Interesse der Europäer kann nicht ein Kompromiss zwischen nationalen Interessen sein. Ein solcher Ansatz redet einer Politik des kleinsten gemeinsamen Nenners das Wort, einem Phänomen, dem man in der Rückschau auf 65 Jahre europäische Integration leider allzu häufig begegnet.

Das Projekt „Europa" zwingt uns zu einer neuen, einer anderen Sichtweise, zu einem, wie es Walter Hallstein einmal genannt hat, *Bruch mit tief eingewurzelten Gewohnheiten des Denkens, Fühlens und Handelns.* Betrachtet man Europa nämlich aus einem nationalen Blickwinkel, sucht man das gemeinsame Interesse mit der durch das nationale Interesse getrübten Brille, so verengt sich nahezu zwangsläufig das Spektrum der als gemeinsam erkannten Interessen sehr schnell. Das Ergebnis ist dann zumeist ein Kompromiss in Gestalt des kleinsten gemeinsamen Nenners.

Begreift man Europa dagegen unvoreingenommen als eine gemeinschaftliche Aufgabe und sucht mit diesem Fokus nach den gemeinsamen Interessen, so eröffnet sich dem Suchenden ein sehr viel weiteres Spektrum ebensolcher. Für die Durchsetzung der „Idee Europa" entscheidend ist, dass Regierungen und Völker die Probleme, die sich ihnen stellen, nicht nur unter dem Blickwinkel des eigenen Interesses, sondern im Lichte des allgemeinen, des gemeinsamen Interesses sehen. Gegensätze zu überwinden und gegensätzliche Interessen nicht als gegensätzlich zu empfinden, sie vielmehr einer gemeinsamen Lösung zuzuführen, das gehört gleichermaßen zur „Idee Europa".

Weil es bei dem europäischen Projekt nicht um, wie es Monnet ausdrückt, eine Koalition von Staaten, sondern um eine Vereinigung der Menschen zu einer Union der Bürger geht, stehen deren gemeinsame Interessen im Zentrum. Mithin kann und darf nicht die Aufrechterhaltung des Gleichgewichts nationalstaatlicher Interessen, bei denen es sich in Wahrheit zumeist um die verbrämte Umschreibung reiner (nationaler) Wirtschaftsinteressen handelt, das Maß aller Dinge sein.

Was aber ist das gemeinsame Interesse der Europäer aus Deutschland, Frankreich, Italien, den Beneluxstaaten, Portugal, Estland, Polen …?

1944, ein Jahr vor Kriegsende, gibt es für Jean Monnet nur ein gemeinsames Interesse der europäischen Nationen und Bürger: Frieden, Wohlstand und soziale Gerechtigkeit!

In der Erkenntnis, *dass die Länder Europas zu klein sind, ihren Völkern diesen Wohlstand zu sichern und die notwendigen sozialen Reformen nicht finanzierbar sind, wenn die europäischen Staaten im Geiste des Nationalismus ihre wenigen Finanzmittel auf den Wiederaufbau ihrer Armeen konzentrieren,* bedarf es nach seiner Überzeugung *eines großen europäischen Marktes und des Zusammenschlusses der Staaten Europas zu einer Föderation oder zu einer europäischen Entität.*

Man sollte dabei eines nicht übersehen: Als Jean Monnet sich 1944 in den USA über die Notwendigkeit einer europäischen Föderation und eines großen europäischen Marktes auslässt, tobt jenseits des Atlantiks noch der totale Krieg. In Europa stehen die Zeichen alles andere als auf Versöhnung. Rache und Revanche sind das, was die Menschen in ihren Köpfen und Herzen bewegt.

Jean Monnet verbindet in seinem Beitrag aus dem Jahre 1944 ein Wirtschaftsprojekt (großer europäischer Markt) mit einem politischen Projekt (europäische Föderation).

Im Schuman-Plan geht er noch einen Schritt weiter. Dort heißt es: „*Durch die Zusammenlegung der Grundindustrien und die Errichtung einer neuen Hohen Behörde, deren Entscheidungen für Frankreich, Deutschland und die anderen teilnehmenden Länder bindend sein werden, wird dieser Vorschlag den ersten Schritt einer europäischen Föderation bilden.* "

Dies bedeutet im Lichte seiner vorstehenden Überlegungen nichts anderes, als dass Monnet das Wirtschaftsprojekt in den Dienst des politischen Projektes stellt.

Es versteht sich von selbst, dass die Idee einer europäischen Föderation keine Idee ist, für die Jean Monnet die geistige Urheberschaft reklamieren kann und auch sicherlich diese Absicht nie hatte. Selbst Napoleon Bonaparte wird nachgesagt, er habe am Ende seines Lebens seinem Sohn mit auf den Weg gegeben hat, Europa durch unauflösliche Föderativbande wieder zu vereinen. Allen in der Vergangenheit hierzu entwickelten Masterplänen und Verfassungsentwürfen war jedoch gemein, dass sie das Stadium einer Idee nie verlassen haben. Das ist vielleicht der Tatsache geschuldet, die in der Erklärung vom 9. Mai als Erkenntnis formuliert ist: „*Europa lässt sich nicht mit einem Schlag herstellen, und auch nicht durch eine einfache Zusammenfassung.* "

Dieser Erkenntnis trägt Rechnung, dass sich weder bei Monnet noch bei Schuman ein durchdeklinierter Verfassungsentwurf oder auch nur ein rudimentärer Konstruktionsplan für eine Europäische Föderation findet. Im

Gegenteil, wie die von ihnen angestrebte europäische Föderation letztendlich ausgestaltet sein soll, lassen beide offen.

Wir erinnern uns in diesem Zusammenhang an die Reaktion Monnets auf den Vorschlag Adenauers, eine deutsch–französische Union zu gründen. Für ihn wird die Union *schrittweise durch die Dynamik der ersten Realisierung erfolgen.*

Jean Monnets Herangehensweise an das Projekt „europäische Einheit" ist eine andere, eine gänzlich undogmatische, dafür aber umso pragmatischere.

Um es mit Konfuzius zu sagen: Für Jean Monnet ist der Weg das Ziel!

Womit sich zwangsläufig die Frage stellt, ob und inwieweit die Schaffung eines „großen europäischen Marktes" ein geeignetes Mittel zur Erreichung des politischen Zieles „Vereinigung der Völker Europas in Frieden und Freiheit" – einer Union der Bürger – in Gestalt einer europäischen Föderation sein kann.

Das, was Jean Monnet mit dem Begriff „großer europäischer Markt" verbindet, ist zweifelsohne nicht die Schaffung einer europäischen Freihandelszone, auf die die Briten das europäische Projekt immer noch reduzieren wollen. Eine solche gründet auf einer Kooperationsvereinbarung souveräner Staaten, einem Modell also, das Monnet als gänzlich untauglich für die Sicherung von Frieden und Freiheit in Europa identifiziert hat.

Das, was er einen „großen europäischen Markt" nennt, ist nichts anders als ein europäischer, also die nationalen

Märkte zu einer Einheit verschmelzender Binnenmarkt, ein Raum ohne Binnengrenzen, in dem der freie Verkehr von Waren, Personen, Dienstleistungen und Kapital gewährleistet ist – mithin ein Phänomen, das heute für über 500 Millionen Europäer Teil ihrer Lebenswelt ist.

Das spezifische Charakteristikum eines Binnenmarktes ist die – gleichgültig ob national oder europäisch ausgerichtete – einheitliche Rechtsordnung, d.h. die alle Aktivitäten und Akteure gleichermaßen betreffenden einheitlichen Regeln.

Das unterscheidet den Binnenmarkt eben entscheidend von einer Freihandelszone. Ein Binnenmarkt ist gleichsam ein wirtschaftliches wie ein rechtliches Phänomen. Das einheitliche Recht schafft einen Raum ohne Grenzen. Menschen leben nicht in Märkten, sondern in Gemeinschaften. Im Falle eines Binnenmarktes leben die Menschen in einer Rechtsgemeinschaft. Das tun sie zuvorderst in Nationalstaaten, deren Entstehung in den meisten Fällen, wie Jeremy Rifkin in seinem bereits erwähnten Buch darlegt, dem Bestreben politischer und wirtschaftlicher Eliten nach größeren (nationalen) Märkten geschuldet war. So haben Nationalstaat und nationale (Binnen-)Märkte gemeinsam eine Art Symbiose entwickelt. Nationale Märkte steigerten das Tempo des wirtschaftlichen Austausches und machten die Nutzung neuer Technologien möglich, der territoriale Nationalstaat schuf die Regeln und Gesetze, die das Funktionieren dieses Binnenmarktes sicherten. Fürstentümer und Stadtstaaten waren zu klein geworden, um das sich aus der technischen und ökonomischen Entwicklung ergebende Potenzial zu realisieren. Im

16. Jahrhundert gab es in Europa 500 separate politische Entitäten. Um 1900 beherrschten 25 Nationalstaaten den größten Teil Europas. Dass nur 50 Jahre später sich im Westen Europas sechs Staaten anschicken, ihre politischen und wirtschaftlichen Interessen in einer gemeinsamen Union zu bündeln, hätte sich zu Beginn des Jahrhunderts niemand träumen lassen.

Jean Monnet selbst spricht später davon, dass damit jener Prozess fortgesetzt wird, *aus dem im Verlauf einer früheren Phase der Geschichte unsere Formen des nationalen Lebens hervorgegangen sind* und bezeichnet diese Entwicklung als einen *Prozess der Transformation*.

Damit sind wir zurück bei der Formel: **Integration durch Transformation**.

Für den nationalen Binnenmarkt ist es der Staat als politische Institution, der Kraft seiner Souveränität die rechtlichen Rahmenbedingungen schafft, d.h. die Spielregeln für die Akteure definiert.

Für den „großen europäischen Markt", verstanden als europäischer Binnenmarkt, braucht es folglich Institutionen, die supranational, also auf einer Ebene oberhalb der nationalstaatlichen Organe, hierfür die notwendigen rechtlichen Rahmenbedingungen setzen. Dafür bedarf es wiederum *einer von den europäischen Nationen gebilligten Übertragung von Souveränitäten auf eine Art zentrale Union, einer Union, die die Macht hätte, die Zollbarrieren abzubauen, einen großen europäischen Markt zu schaffen und das Wiederaufleben des Nationalismus zu verhindern* (Jean Monnet).

Mit diesem konzeptionellen Ansatz einer Übertragung oder, wie er es später nennt, „Fusion" nationaler Souveränitäten, stellt Jean Monnet sämtliche traditionelle Paradigmen des politischen Denkens und Handelns geradezu auf den Kopf, sprengt er doch alle bisher üblichen Denkformen internationaler Zusammenarbeit und Rechtsbildung. Das über Jahrhunderte geltende Dogma der Unantastbarkeit und Unteilbarkeit staatlicher Souveränität wird durchbrochen. Die Souveränitätsübertragung/-fusion führt zwangsläufig zu einer Souveränitätsbeschränkung des einzelnen National-staates und damit zu dessen **Transformation** (Umwandlung). Er ist fortan nicht mehr im klassischen Sinne souverän, wird aber im Gegenzug Teil einer größeren Einheit (Union), ohne in dieser gänzlich aufzugehen. Die Folge ist eine unauflösli-che, zumindest kaum auflösbare, Vernetzung von nationaler und europäischer Politik. Robert Schuman verwendet in sei-nem Buch „Pour l'Europe" das Bild von *einem neuen Stock-werk, das auf dem alten Unterbau errichtet wird.*

Das, was durch Übertragung/Fusion nationaler Souverä-nitäten, also im Zuge der Transformation des Nationalstaa-tes **integriert**, zu einer größeren Einheit zusammengefasst wird, ist folglich der Anteil des Staates an der Setzung der Daten, der Bedingungen wirtschaftlichen Handelns inner-halb des Binnenmarktes. Integriert wird mithin nicht, wie allenthalben zu hören, die „Wirtschaft", nicht Produktion, nicht Handel oder Konsum, nicht das Handeln der Unter-nehmer, der Arbeitnehmer, der Kaufleute, der Verbraucher.

Das Ergebnis ist das Entstehen einer transnationalen, eu-ropäischen Rechtsgemeinschaft, deren Bedeutung für den einzelnen Bürger noch gesondert erörtert wird.

Menschen, die in einem Binnenmarkt leben, leben in ei-ner Rechtsgemeinschaft!

Apropos „Binnenmarkt": Auch wenn wir inzwischen mit einer begrüßenswerten Selbstverständlichkeit vom europäischen Binnenmarkt sprechen und sich dieser Begriff in unsere Begriffswelt fest eingefügt hat, des eigentlichen Wesens dieses Phänomens scheint man sich nur unzureichend bewusst. Oder wie erklärt es sich sonst, dass im Kontext des europäischen Binnenmarktes immer noch von Import und Export zwischen den EU-Mitgliedstaaten gesprochen wird?

„Import und Export" sind bekanntlich Synonyme für Außenhandel. Das Alter Ego des Binnenmarktes ist aber Binnenhandel!

Der Handel zwischen Paris und Mailand, zwischen Riga und Dublin, um nur einige Beispiele zu nennen, ist damit nicht anders zu beurteilen und sprachlich zu erfassen als der Handel zwischen Brüssel und Antwerpen, München und Köln oder London und Birmingham. Bei all diesen Beispielen handelt es sich um eine Erscheinungsform des Binnenhandels, europäisch oder national. Diese nüchterne Feststellung hat natürlich Auswirkungen auf das Selbstverständnis Deutschlands als „Exportweltmeister". Die deutsche „Exportquote" im europäischen Binnenmarkt beläuft sich auf ca. 70 Prozent der Gesamtexporte der deutschen Wirtschaft. Bei den anderen europäischen Volkswirtschaften sieht die Relation nicht sehr viel anders aus. Das alles spricht für einen gut funktionierenden europäischen Binnenmarkt, lässt aber – mit Verlaub – den Titel „Exportweltmeister" für Deutschland eher als Etikettenschwindel erscheinen. Als Teil der Europäischen Union kann sich Deutschland zumindest aber in deren Ruhm, Exportweltmeister zu sein, sonnen.

Wie sagte doch Walter Hallstein: *„Europa zwingt uns zu einem Bruch mit tief eingewurzelten Gewohnheiten des Denkens, Fühlens und Handelns!"*

Zu klären bleibt die im Schuman-Plan aufgestellte These, dass die *Errichtung einer Hohen Behörde, deren Entscheidungen für Frankreich, Deutschland und die anderen teilnehmenden Länder bindend sein werden, den ersten Grundstein einer europäischen Föderation bilden wird.*

Um noch einmal auf den Artikel von Jean Monnet aus dem Jahre 1944 zu reflektieren: Es geht um die Frage nach dem Zusammenhang zwischen einem *„großen europäischen Markt"*, der dafür vorgesehenen *Übertragung von Souveränitäten der europäischen Nationen auf eine zentrale Union* und dem Entstehen einer europäischen Föderation.

Mit der Übertragung/Fusion nationaler Souveränitäten auf gemeinschaftliche Institutionen, die von den beteiligten Staaten die Macht (Souveränität) eingeräumt bekommen, die notwendigen Entscheidungen zu treffen und Regeln zu schaffen, entsteht eine neue politische Ordnung. Ursprünglich staatliche Aufgaben und Zuständigkeiten werden auf eine überstaatliche politische Ebene verlagert und somit im Prinzip hoheitliche Aufgaben (Rechtsetzung) zwischen „zentraler Union" und Nationalstaat aufgeteilt. Eben dies entspricht im Kern dem Ordnungsprinzip des Föderalismus, in dem weitestgehend unabhängige Einheiten zusammen ein Ganzes bilden. Der Nationalstaat wird Teil einer größeren Einheit (Union), ohne gänzlich darin aufzugehen.

Zur Vermeidung von Irritationen und um keine schlafenden Hunde zu wecken, spricht man in Bezug auf die EU lieber von einem **multi-level-governance-system** denn von einem föderalen System. Das ist in Wahrheit reine Augenwischerei. Letztendlich ist die Europäische Union ein föderales Gemeinwesen. Hiervon wird noch ausführlicher die Rede sein.

Kommen wir noch einmal zurück auf den Satz in der Erklärung vom 9. Mai 1950, *Europa lässt sich nicht auf einen Schlag und auch nicht durch eine einfache Zusammenfassung herstellen.* Dieser Satz trägt vor allem dem funktionalistischen Element des strategischen Konzepts Jean Monnets Rechnung.

Der Funktionalismus gründet auf dem Prinzip, dass das Entstehen der Union über die Fusion staatlicher Souveränitäten in konkret abgrenzbaren Politikbereichen und schrittweise erfolgt. Damit soll ein dynamischer Prozess in Gang gesetzt werden, an dessen Ende der Rahmen für eine europäische Föderation entsteht. Die Wirtschaftspolitik bot sich schon deshalb als Aufhänger an, weil dieser Bereich zu den am wenigsten umstrittenen Gegenständen zählte und hier für jedermann die Notwendigkeit der Integration leicht erkennbar und vermittelbar war.

Dass dabei der Bereich Kohle und Stahl geradezu zwangsläufig den Auftakt bilden musste, liegt auf der Hand. Kohle und Stahl waren sowohl der Schlüssel für wirtschaftliche Macht wie auch das Arsenal, in dem die Waffen für den Krieg geschmiedet wurden. Diese doppelte Macht verlieh ihnen damals eine gewaltige symbolische Bedeutung. Für Jean Monnet galt es, Kohle und Stahl *ihren unheilvollen Nimbus zu nehmen und sie – im Gegenteil – zu einem Unterpfand des Friedens zu machen.*

Es ist also keine Zufälligkeit, dass das „Haus Europa" auf Kohle und Stahl errichtet worden ist. Es hätte jedoch noch ein breiteres Fundament geben können, wenn nicht nationale Egoismen wieder einmal die Oberhand gewonnen hätten. Hiervon wird zu berichten sein.

Fassen wir also zusammen: Die „besondere Alchemie", der sich Jean Monnet bei seinem Ansatz, Europa zu einen, bedient, seine Methode zur Verknüpfung der Idee Europa mit dem politischen Ordnungsmodell Nationalstaat, ist die schrittweise Fusion/Übertragung nationaler (zunächst wirtschaftspolitischer) Souveränitäten im Rahmen einer „Union". Deren Institutionen schaffen in der Verantwortung für das gemeinsame Interesse die für das Zusammenleben der Bürger notwendigen Regeln. Die Integration Europas folgt aus der Transformation des Nationalstaates!

Anders als die Alchemie der Gelehrten des Mittelalters, mit der die Transmutation unedler Metalle zu Gold und Silber versucht worden ist, hat sich die „Alchemie" Jean Monnets zur Einigung Europas als erfolgreich erwiesen!

Zu guter Letzt: Es wird immer wieder kolportiert, Monnet habe später sinngemäß gesagt: *„Wenn ich gewusst hätte, wie schwer es mit der Wirtschaft geht, ich hätte mit der Kultur begonnen!"* Sollte er dies wirklich so gesagt haben, so kann er es eigentlich nur als Bonmot gemeint haben. Es erscheint nämlich kaum denkbar, dass sich Jean Monnet fünf Jahre nach Kriegsende den Wiederaufbau und die friedliche Einigung Europas allein im Wege einer „Europäischen Kulturgemeinschaft" hätte vorstellen können. Und ob sich in der Kultur so etwas wie ein „gemeinsames Interesse" hätte ausmachen lassen, darf genauso bezweifelt werden. Dass dagegen das „gemeinsame kulturelle Erbe" der Europäer für die Vereinigung der Völker Europas, für die Union der Bürger, ein entscheidendes Fundament darstellt, davon war er zutiefst überzeugt.

Damit ist es an der Zeit, wieder in die Entstehungsgeschichte des Europas einzutauchen, als dessen „Erfinder" Jean Monnet am 2. April 1976 von den versammelten Staats- und Regierungschefs der EG zum „ersten Ehrenbürger Europas" erkoren wird.

IV.
Vom Plan zur Tat

Unmittelbar nach der Erklärung vom 9. Mai 1950 begibt sich Jean Monnet im Auftrag Schumans zu Sondierungsgesprächen nach Rom, Den Haag, Brüssel, Luxemburg und natürlich nach Bonn. In Alcide de Gasperi, dem italienischen Premier, findet er, wenn man so will, einen „Bruder im Geiste", der sich mit dem gleichen Engagement wie Schuman und Adenauer für das Projekt einsetzt.

Nicht ganz so vorbehaltlos einverstanden zeigt man sich in Den Haag mit der Monnetschen Konzeption einer **Hohen Behörde**. Monnet muss bei diesen Gesprächen die Notwendigkeit der Schaffung einer politischen Kontrollinstanz gegenüber der „*Hohen Behörde*" anerkennen, um die Akzeptanz der Niederländer zu erreichen. Es sollte — wie sich noch zeigen wird — nicht das einzige Zugeständnis bleiben, welches ihm die Benelux-Staaten im Laufe der späteren Beratungen zur Umsetzung des Planes abringen.

Allen Bedenken und Vorbehalten zum Trotz bekräftigen die sechs Regierungen nach den Gesprächen mit Monnet am 3. Juni 1950 in einem gemeinsamen Kommuniqué, *hinsichtlich der Friedensziele, der europäischen Solidarität und des*

*wirtschaftlichen und sozialen Fortschritts ein gemeinsames Vorge-
hen durch die Zusammenlegung ihrer Kohle- und Stahlproduktion und die Einrichtung einer neuen Hohen Behörde, deren Entscheidungen für die beteiligten Länder verbindlich sind, beschließen
zu wollen.*

Die erste Hürde ist genommen, der Weg ist frei für Verhandlungen, die zur Gründung der Europäischen Gemeinschaft für Kohle und Stahl (EGKS) am 18. April 1951 führen – Verhandlungen, die sich in Anlehnung an einen Satz
von Max Weber zum „Bohren dicker Bretter" auswachsen
sollten.

Spätestens an dieser Stelle mag man sich fragen, warum es
gerade Italien, die Niederlande, Belgien und Luxemburg
und natürlich Deutschland sind, die den französischen Vorschlag vom 9. Mai 1950 aufgreifen.

Dass die Länder jenseits des „eisernen Vorhanges" der
Einladung nicht folgen können/dürfen, bedarf sicherlich
keiner weiteren Erläuterung. Gleiches gilt in Bezug auf
Spanien, wo sich die Franco-Diktatur eingerichtet hat, und
für Portugal unter dem faschistischen Regime Salazars.

Dass es nur die sechs Außenminister Frankreichs,
Deutschlands, Italiens und der Benelux-Staaten sind, die am
16. April 1951 den Gründungsvertrag der ersten europäischen Gemeinschaft unterzeichnen, hängt – so sieht es zumindest der britische Historiker Tony Judt – vor allem mit
deren Zugehörigkeit zu einer christlich-demokratischen
Partei zusammen. Mit Alcide de Gasperi, Konrad Adenauer
und Robert Schuman kommen zudem die drei führenden
Politiker der drei größten Mitgliedstaaten aus Randregionen ihres jeweiligen Landes. Adenauer ist Rheinländer. De

Gasperi stammt aus dem Trentino (Tirol), das zum Zeitpunkt seiner Geburt (3. April 1881) zu Österreich-Ungarn gehört. Er studiert in Wien. Nach dem I. Weltkrieg fällt Südtirol infolge des Pariser Friedensvertrages an Italien. Während des II. Weltkrieges organisiert er die Gründung der zunächst illegalen *Democrazia Cristiana*. Von 1947 bis 1953 ist er italienischer Premierminister. Wenn man so will, verbindet ihn mit Robert Schuman das Schicksal des „Grenzgängers".

Für alle drei, genauso wie für ihre christdemokratischen Kollegen aus Luxemburg, Belgien und den Niederlanden, ist eine europäische Zusammenarbeit nicht nur in wirtschaftlicher, sondern auch in kultureller Hinsicht sinnvoll. Sie sehen darin eine Möglichkeit, jene Zivilisationskrise zu überwinden, die das kosmopolitische Europa ihrer Jugend erschüttert hat. Da Schuman und seine Kollegen aus Randregionen mit gemischter Bevölkerung und fungiblen Grenzen stammen, bereitet ihnen der Gedanke an eine partielle Aufgabe nationaler Souveränität kein sonderliches Kopfzerbrechen. Alle sechs EGKS-Staaten hatten gerade erst als besetzte Länder erlebt, wie ihre Souveränität ignoriert worden war, sehr viel mehr Souveränität hatten sie nicht zu verlieren. Und aufgrund ihres gemeinsamen christlich-demokratischen Interesses an sozialem Zusammenhalt und kollektiver Verantwortung konnte jeder von ihnen gut mit einer Hohen Behörde leben, die ihre Macht zum Wohl der Gemeinschaft ausüben würde, schlussfolgert Tony Judt in seinem Buch „Die Geschichte Europas".

Im Norden Europas sieht es ganz anders aus. Für das protestantische Skandinavien hat die Idee von einer Hohen

Behörde etwas leicht Autoritäres. Der schwedische Ministerpräsident Tage Erlander schrieb seine Ambivalenz gegenüber einem Beitritt der überwältigenden katholischen
Mehrheit in der neuen Gemeinschaft zu.

Es ist zu jener Zeit also nicht nur ein „eiserner Vorhang",
der Europa trennt. Der „konfessionellen Gardine", die Europas Norden von dem Süden trennt, wird möglicherweise
auch heute zu wenig Bedeutung beigemessen.

Dass Großbritannien der Einladung Schumans, dem Vorhaben, die Kohle- und Stahlproduktion der Länder im europäischen Schoß zusammenzulegen und sie einer überstaatlichen Autorität zu unterstellen, nicht Folge leisten würde,
hatte sich – wie bereits geschildert – schon auf der Konferenz der drei westlichen Siegermächte in London am
10. Mai 1950 abgezeichnet. Genauso wie der „Daily Ex-
press" in seiner Ausgabe vom 10. Mai 1950 auf seiner Titel-
seite von dem „Ende der britischen Unabhängigkeit"
spricht, würde Großbritannien sich dem Projekt anschließen, steht für die britische Regierung fest: Auch wenn man
Schumans Bemühen um die deutsch-französische Aussöhnung begrüßt und unterstützen will, einem Projekt, das in
ihren Augen die britische Unabhängigkeit antastet, wird
man sich niemals anschließen.

Der Versuch Schumans, die Briten mit einem Kompro-
missvorschlag, der statt einer hundertprozentigen Beteili-
gung lediglich eine Assoziierung vorsieht, doch noch ins
Boot zu holen, stößt bei Monnet auf massiven Widerspruch.
Monnet, der sich zwar nach eigenen Worten von ganzem
Herzen eine Beteiligung der Briten an dem Unternehmen

wünscht, macht unter Hinweis auf seine Erfahrungen unmissverständlich klar, dass es nicht gut sei, wenn die Engländer besondere Bedingungen erhalten. Es würde in ihren
Beziehungen zu anderen eine spezifische Lage entstehen
und sie hoffen lassen, sie könnten daraus Vorteile ziehen.
Monnet überzeugt letztendlich Schuman, dass alle wie auch
immer gearteten Sonderregelungen zugunsten der Briten
den französischen Vorschlag zu einer Karikatur verkommen
lassen würden. An dem Ziel einer partiellen Fusion von
nationaler Souveränität im Rahmen einer Hohen Behörde
als Einstieg in einen Prozess hin zu einer europäischen Föderation will Schuman genauso wenig wie Monnet irgendwelche Zweifel aufkommen lassen. Und genau das ist mit
den Briten nicht zu machen. Für sie lässt sich so etwas wie
eine europäische Föderation mit gemeinsamen Regeln,
Mehrheitsentscheidungen in der Beziehung zwischen den
Völkern und der Delegation von Macht an eine supranationale Autorität mit dem britischen Selbstverständnis nicht
in Einklang bringen.

In einem Manifest der in dieser Zeit regierenden Labour
Party heißt es, man lehne jede Form von supranationaler
Behörde ab und favorisiere stattdessen ein internationales
System zur Förderung frei ausgehandelter Abkommen. Das
Europa der Briten ist eine Freihandelszone, was sie gleich-
wohl nicht davon abgehalten hat, 1973 der EG beizutreten.
Als entlarvend erweist sich die Begründung in dem er-
wähnten Manifest von Labour: *„Wir sind durch Sprache, Her-
kunft, Sitten, Institutionen, politische und Interessenskonzeptio-
nen Australien und Neuseeland näher als Europa."*

Und zu guter Letzt: So kurz nach dem II. Weltkrieg weht auf der Insel ein neuer alter Wind. Der Mythos vom britischen Empire, als das die Briten das Commonwealth gern verstanden – haben? –, feiert gerade fröhliche Urständ. Das *Commonwealth of Nations* erstreckt sich zu dieser Zeit über weite Teile der westlichen Hemisphäre, Afrikas, Südasiens sowie über Neuseeland und Australien. Mehr noch als Teil Europas empfinden sich die Briten nach dem Krieg als Führungsmacht einer weltumspannenden anglophonen Gemeinschaft.

Zudem haben die Briten anders als die Kontinentaleuropäer keine Invasion oder Besetzung durch deutsche Truppen erlebt. Für sie ist der II. Weltkrieg ein Kampf zwischen Britannien und Deutschland gewesen, aus dem sie als Sieger hervorgegangen sind. Dieser Sieg – errungen durch die eigene Leidens- und Durchhaltefähigkeit, vor allem dank ihres unerschütterlichen Siegeswillens – hat sie in ihrem Glauben an das eigene Politik- und Gesellschaftsmodell bestätigt. Folglich ist es ihnen kaum vermittelbar, sich an einem Projekt wie einer europäischen Föderation oder ähnlichem zu beteiligen, von dem man annehmen muss, dass es zu einer schleichenden Mitsprache der Kontinentaleuropäer – eventuell gar des besiegten Deutschlands – in der britischen Politik führt.

Zu all dem steht auch nicht im Widerspruch, dass es Winston Churchill war, der in seiner berühmten Rede an die akademische Jugend am 19. September 1949 in Zürich erstmals von den „Vereinigten Staaten von Europa" spricht, die es zu schaffen gelte, um „*den verwirrten Völkern dieses unruhigen und mächtigen Kontinents ein erweitertes Heimatgefühl und ein gemeinsames Bürgerrecht zu geben*". Der erste Schritt für eine Neugründung der europäischen Familie, so Churchill weiter, sei eine Partnerschaft zwischen Frankreich und Deutschland, durch die Frankreich die moralische Führung Europas wieder erlangen könne …

Churchill spricht ausschließlich von einer Partnerschaft zwischen Frankreich und Deutschland und der moralischen Führung Frankreichs in Europa. Großbritannien hält er bei seinem Vorschlag „Vereinigte Staaten von Europa" bewusst außen vor. Für ihn steht nämlich unverbrüchlich fest, dass sein Land weder die moralische Führungsrolle in Europa anstreben sollte noch jemals Teil der von ihm selbst ins Spiel gebrachten „Vereinigten Staaten von Europa" sein werde. Genauso wie die USA und Russland sieht er Großbritannien und das Britische Commonwealth als *Freunde und Förderer des neuen Europas*.

Und dennoch suchen die Briten in den 1960er Jahren zwei Mal um eine Aufnahme in die 1957 gegründete Europäische Wirtschaftsgemeinschaft (EWG) nach. Dieser Sinneswandel ist vornehmlich der Erkenntnis geschuldet, dass der Glaube an die eigene politische Bedeutung nicht (mehr) in Kongruenz zur politischen Realität steht, mithin – wie so oft im Leben – auch hier eine erhebliche Lücke zwischen Anspruch und Wirklichkeit klafft. Die beiden Säulen, auf denen bisher der Weltmachanspruch Großbritanniens gründete, das Commonwealth und die besonderen Beziehungen zu den USA, sind brüchig geworden. Die Commonwealth-Staaten streben immer mehr nach politischer und wirtschaftlicher Eigenständigkeit und in den USA rühmt der 1960 zum Präsidenten gewählte John F. Kennedy

die „besonderen Beziehungen" der USA mit den Europäischen Gemeinschaften. Eine weitere Vorzugsbehandlung
der Briten knüpft er an die Bedingung ihres Beitritts zur
EWG. Innerhalb der EWG könnte, so das Kalkül Kennedys,
Großbritannien eine Art Relaisstation der amerikanischen
Außenpolitik und ihrer Interessen bilden. Für die Briten
bedeutet dies, sich von ihrem Traum, das Modell der Gemeinschaft torpedieren zu können, indem man stattdessen
in Westeuropa die Gründung einer reinen Freihandelszone
zwischen den OEEC-Ländern unter ihrer politischen Führung erzwingt, zu verabschieden

Die neue Maxime der britischen Politik lautet daher,
eine Beteiligung an der europäischen Einigung für die
Durchsetzung nationaler Ziele zu nutzen und um den britischen Einfluss in Europa und der Welt zu bewahren.

Aber es sind nicht nur politische Gründe, die die Briten
veranlassen, am 10. August 1961 in Brüssel ein Gesuch um
Aufnahme von Verhandlungen über einen möglichen
Beitritt in die EWG zu übergeben. Die wirtschaftliche Situation Großbritanniens hat sich gegenüber der in den
Mitgliedstaaten der EWG in den letzten Jahren erheblich
verschlechtert. Im Unterhaus begründet der britische Premier MacMillan den Beitrittsantrag seiner Regierung damit, dass die Krise der britischen Zahlungsbilanz und des
britischen Exportes dem Land keine andere Wahl lasse, als
der florierenden EWG beizutreten, wolle man nicht den
wirtschaftlichen Ruin des Landes riskieren.

Zunächst stößt das britische Beitrittsgesuch bei den Mitgliedern der EWG auf Begeisterung, glaubt man doch, die
Spaltung Westeuropas könne aufgehoben und mit Großbri-

tannien eine enorme wirtschaftliche wie politische Stärkung Europas erzielt werden. Auch die amerikanische Administration zeigt sich begeistert, hofft man doch mit Großbritannien in der EWG einen gewichtigen Fürsprecher für das eigene Programm einer weltweiten Handelsliberalisierung zu gewinnen.

Die Freude währt nicht allzu lange. Quasi als Anhang haben die Briten ihrem Beitrittsgesuch einen umfangreichen Forderungskatalog beigefügt, dessen Erfüllung sie zur Bedingung ihrer Mitgliedschaft machen. Die Zeitschrift „*Economist*" schreibt, der britische Antrag sei *mit einem Kranz von Wenn und Aber umwunden*. In der Tat, die Londoner Regierung geht mit der Vorstellung in die Gespräche, dass die Gemeinschaft sich an Großbritannien anpassen müsse. Das ist nun gar nicht nach dem Geschmack der Sechs, die den Briten zu verstehen geben, dass sich Großbritannien der Gemeinschaft, nicht aber die Gemeinschaft sich dem Beitrittskandidaten anpassen müsse, gleichgültig, wie sehr dessen Beitritt politisch erwünscht ist. Um es kurz zu machen: Es folgen schwierige und zähe Verhandlungen, an deren Ende es 1963 der französische Präsident, Charles de Gaulle, ist, der mit seinem Veto den Briten die Tür zur EWG vor der Nase zuschlägt. Er, der noch 20 Jahre zuvor das Schicksal der französischen Nation unauflöslich mit dem der Briten im Rahmen einer *Anglo-French-Union* verbinden wollte, wirft jetzt den Briten in einer Schärfe, wie sie bis dahin nur zwischen Politikern der beiden verfeindeten Blöcke vorstellbar schien, vor, sie seien ganz und gar uneuropäisch und nicht reif für den Eintritt in die EWG. „*Großbritannien darf nicht herein, weil es eine Form der europäi-*

schen Einheit ablehnt, die ich übrigens auch ablehne", ließ er verlauten. Die Wahrheit ist, de Gaulle fürchtete den Verlust der politischen Führungsrolle in der Gemeinschaft im Falle einer britischen Mitgliedschaft. Zudem war für ihn Großbritannien so etwas wie das „Trojanische Pferd" der Amerikaner, mit dessen Hilfe diese nach seiner Überzeugung aus einem Europa der Europäer eine atlantische Gemeinschaft unter amerikanischer Führung machen wollten.

Auch der zweite Beitrittsgesuch Großbritanniens, diesmal von der Labour-Regierung unter Harold Wilson 1966 in Brüssel hinterlegt, scheitert am Veto de Gaulles. Der „*Daily Mirror*" spricht in diesem Zusammenhang sogar von einem „Kalten Krieg", den de Gaulle zwischen dem Kontinent und der ihm vorgelagerten Insel entfacht habe.

1973, drei Jahre nach dem Tod Charles de Gaulles, ist es dann soweit: Großbritannien tritt, nachdem es den Sechs zuvor erhebliche Zugeständnisse abgerungen hat, gemeinsam mit Irland und Dänemark der EG bei.

Seitdem haben die Briten immer wieder unter Beweis gestellt, wie wenig ihnen in Wahrheit an der Einheit Europas gelegen ist. Gleichgültig, wer in 10 Downing Street residiert, gleichgültig, ob Tories oder Labour die Regierung stellen, sämtliche Erweiterungen der Befugnisse der EU-Organe oder andere Maßnahmen zur Vertiefung der Integration wurden seither von den Briten torpediert. Persönlichkeiten wie Edward Heath oder Roy Jenkins bildeten die Ausnahme, die die Regel bestätigt.

Die Grundattitüde der englischen Bevölkerung wie auch der politischen Klasse war, ist und wird auch in Zukunft eher ablehnend sein. London wird, das zeigt die Erfahrung, auch in Zukunft ein Bremser der europäischen Integration bleiben. Alles, was eine mögliche Verwässerung oder Verzögerung des Prozesses bedeuten könnte, wird von London dagegen nachdrücklich unterstützt.

Charles de Gaulle –
„der Mann, der die Zukunft verfehlte, weil er die Vergangenheit restaurieren wollte"

So jedenfalls schreibt der deutsche Publizist Theo Sommer in seinem, wenige Tage nach de Gaulles Tod am 9. November 1970 in der Wochenzeitung „*Die Zeit*" unter dem Titel „*Groß, auch wenn er scheiterte*" erschienenen Nachruf. Weiter heißt es dort: *Alles in allem hat Charles de Gaulle nicht viel Bleibendes bewirkt. Sein Anspruch war größer als seine Kraft und es lag etwas Manisches in der Art, wie er diesen Anspruch verfocht … Dass er voll verfehlter Ideen war, ist offenkundig. Niemand jedoch bestreitet, dass auch seine Fehler Format besaßen.*

Ähnlich hat es der Historiker Brian Crozier gesehen, für den der Ruhm de Gaulles seine Leistungen überstiegen hat.

Es ist nicht der Ort, das Lebenswerk de Gaulles, der wie kein anderer die Politik Frankreichs nach dem Krieg geprägt hat und dessen politisches Erbe heute noch die französische Politik beeinflusst, in all seinen Facetten zu hinterfragen. Wohl aber liefert seine Europapolitik einen hinreichenden Beleg für die Richtigkeit der eingangs zitierten These Theo Sommers.

Auch auf die Gefahr hin, mich bei vielen Franzosen, insbesondere den Anhängern de Gaulles, unbeliebt zu machen:

Es gehört sicherlich zu den glücklicheren Zufällen in der Geschichte Europas, dass de Gaulle erst zum Ende der 1950er Jahre wieder die politischen Geschicke seines Landes anvertraut bekommt. Als man ihn nämlich 1959 zum Präsidenten der V. Republik wählt, ist das Projekt Europa im Sinne Schumans, Monnets und anderer bereits unwiderruflich auf den Weg gebracht.

Wie lautete doch seine bizarr anmutende Argumentation gegen den Beitritt Großbritanniens in die EWG? *„Großbritannien darf nicht herein, weil es eine Form der europäischen Einheit ablehnt, die ich übrigens auch ablehne."*

Eine supranationale Ordnung mit Institutionen, deren Entscheidungen für die Mitgliedstaaten bindend sein sollten, wie sie erstmals mit der EGKS geschaffen und mit der 1957 gegründeten EWG weiterentwickelt worden ist, war für de Gaulle zu keiner Zeit akzeptabel. Seine Idee von Europa war ein Europa der Staaten und kein Europa über den Staaten. Sein Europa war ein „Europa der Vaterländer", wie er selbst immer wieder betont hat.

Eine Konzeption à la Schuman und Monnet mit einer von den Staaten zwar gemeinsam getragenen, jedoch mit weitgehenden Vollmachten ausgestatteten unabhängigen Institutionen, bedeutete für ihn, wie er sich in seinen Memoiren ausdrückt, *die Unterwerfung Frankreichs unter ein Gesetz, das nicht das seine ist und es Ausländern überlässt, das Schicksal des französischen Volkes zu gestalten.*

Andererseits räumt er an gleicher Stelle ein, dass alle europäischen Nationen *von derselben weißen Rasse sind, derselben christlichen Herkunft, derselben Lebensart; seit eh und je einander verbunden durch ungezählte Bande des Denkens, der Kunst, der*

Wissenschaft, der Politik, des Handels; und so entspricht es ihrer Natur, dass sie ein Ganzes werden, das in dieser Welt seinen Charakter und seine Bestimmung findet. Für de Gaulle hatte Europa, hatte die europäische Einigung nicht zuletzt die gleiche Funktion wie das verloren gegangene Kolonialreich. Es sollte als Zugmaschine für den Aufstieg Frankreichs zu neuer Größe (*grandeur*) dienen. Alles, was nur im Entferntesten die Souveränität Frankreichs beschränkt hätte, muss ihm geradezu wie ein Sakrileg wider seine Vision der „Grande Nation" erschienenen sein. Deshalb blieb er Zeit seines Lebens ein Verfechter des Intergouvernementalismus, also des Prinzips der Regierungszusammenarbeit zwischen Staaten innerhalb einer internationalen Organisation, bei dem die Entscheidungskompetenz bei den souveränen Staaten bleibt und die Entscheidungen der Einstimmigkeit bedürfen. Jedem Mitgliedstaat steht dabei als Ausdruck seiner Souveränität ein Vetorecht zu.

Dieses Prinzip hatte bekanntermaßen für den *Völkerbund* gegolten und gilt heute noch bei den *Vereinten Nationen*. Dieses Prinzip findet, worauf wir noch zurückkommen, im Bereich der Außen- und Sicherheitspolitik der EU, wenn auch in abgemilderter Form, Anwendung.

Um ein solches Vetorecht zugunsten Frankreichs in den europäischen Institutionen wider den Bestimmungen der europäischen Verträge durchzusetzen, bedient sich de Gaulle 1965 der „Politik des leeren Stuhles", womit er die Gemeinschaft in eine erste ernsthafte Krise stürzt. Er konnte damit den Integrationsprozess zwar verzögern, auch ein wenig von der ursprünglichen Spur ablenken, endgültig aufhalten konnte er ihn nicht mehr. Dass er an dieser Stelle nicht viel Bleibendes bewirkt hat bzw. bewirken konnte, zeigt einmal mehr: Nichts ist mächtiger als eine Idee, deren Zeit gekommen ist!

Kehren wir also zurück zu den Anfängen Europas im Sommer 1950 und damit nach Paris, wo jetzt alles darangesetzt wird, den Schuman-Plan in die Tat umzusetzen.

Die Schuman-Plan-Konferenz, 1. Teil

Nachdem sich die Regierungen Frankreichs, der Bundesrepublik Deutschlands, Italiens und der Benelux-Staaten in ihrem gemeinsamen Kommuniqué am 3. Juni 1950 zum Schuman-Plan und zu dessen Umsetzung bekannt haben, geht Jean Monnet gemeinsam mit den Co-Autoren des Planes ans Werk. Unter Berücksichtigung der Ergebnisse seiner Sondierungsgespräche wird der Vorschlag vom 9. Mai zu einem Projekt weiterentwickelt.

Dabei kommen zu der Hohen Behörde zwei weitere institutionelle Elemente hinzu. Eine Art parlamentarische Körperschaft, der gegenüber die Hohe Behörde politisch verantwortlich sein soll und als deren stärkstes Machtinstrument die Möglichkeit eines Misstrauensantrages gegenüber der Hohen Behörde vorgesehen ist.

Sodann die Einrichtung einer Art Schiedstribunals, also einer Judikative, zuständig für Beschwerden gegen Entscheidungen der Hohen Behörde. Das erweiterte Konzept präsentiert Monnet am 12. Juni einem französischen interministeriellen Rat mit den Worten: *„Damit wäre die erste Schicht zu einer europäischen Föderation gelegt. "*

Paris, 20. Juni 1950

Für die anstehende Konferenz, zu der die französische Regierung für den 20. Juni 1950 eingeladen hat, gilt es nun, mit der Zustimmung des interministeriellen Rates das Schema in weiteren Details auszuformulieren. Am 20. Juni 1950 liegt auf dem Schreibtisch Jean Monnets in der Rue de Martignac ein Vertragsentwurf mit vierzig Artikeln, aus dem sich bereits das Grundgerüst der europäischen Organisation ablesen lässt.

Aus dem französischen Vorschlag vom 9. Mai 1950 ist ein französisches Projekt geworden, für das nun auch ein Name gefunden ist: **Europäische Gemeinschaft**!

Am 20. Juni 1950, um 16.00 Uhr, begrüßt Robert Schuman in dem schon bekannten Salon d'Horloge die Delegationen aus Deutschland, Italien, den Niederlanden, Belgien und Luxemburgs mit den Worten: *„Wir fühlen alle, dass wir nicht scheitern dürfen, dass wir nicht aufgeben dürfen, ohne zu einem Abschluss zu kommen. Niemals zuvor haben sich die Staaten zugetraut, gar auch nur ins Auge gefasst, gemeinsam einen Teil ihrer Souveränität an eine unabhängige supranationale Organisation zu übertragen!"*

Er betont ausdrücklich, dass die nun beginnenden Beratungen nicht den Charakter einer internationalen Konferenz haben sollen, es sich vielmehr um ein *Forum der Zusammenarbeit* handele, dessen Aufgabe es sei, gemeinsam eine neue Konstruktion für das Zusammenleben der europäischen Nationen zu entwickeln. Eine Konstruktion, die in der Geschichte ohne Vorbild und die als eine erste Etappe auf dem Weg zu einer europäischen Föderation gedacht ist. In ähnlicher Weise hat sich schon am 13. Juni Konrad Adenauer vor dem Deutschen Bundestag geäußert: *„Ich möchte ausdrücklich nicht nur in Übereinstimmung mit der französischen Regierung, sondern auch mit Monsieur Jean Monnet erklären, dass dieses Projekt in allererster Linie von politischer und nicht von wirtschaftlicher Bedeutung ist."* Zum ersten Mal wird so etwas wie eine „deutsch-französische Achse" sichtbar.

Am nächsten Morgen, dem 21. Juni 1950, nimmt in der Rue de Martignac, dem Haus des *Commissariat général du Plan*, die von Schuman tags zuvor als „Forum der Zusammenarbeit" apostrophierte **Schuman-Plan-Konferenz** unter der Leitung Jean Monnets ihre Arbeit auf. Es soll geschlagene zehn Monate dauern, bis am 18. April 1951 die Außenminister ihre Unterschrift unter die Gründungsakte der ersten europäischen Gemeinschaft setzen können. Europa war, ist und bleibt kein einfaches Projekt!

Genauso wie Schuman beschwört Jean Monnet zur Begrüßung seiner Kollegen aus den anderen fünf Gründungsstaaten die historische Bedeutung des gemeinsamen Vorhabens und den Gemeinschaftsgeist: *„Wir sind hier, um ein gemeinsames Werk zu vollbringen, nicht um Vorteile auszuhandeln, sondern unseren Vorteil im gemeinsamen Vorteil zu suchen. Nur wenn wir aus unseren Diskussionen jedes partikularistische Gefühl ausschalten, können wir eine Lösung finden."*

Ob alle Teilnehmer den Sinn dieser Worte richtig verstanden haben und alle in gleicher Weise in diesem Augenblick von dem Gemeinschaftsgeist beseelt sind, darf angesichts der nun folgenden Debatten durchaus bezweifelt werden.

Man möchte sich geradezu wünschen, diese Sätze Monnets würden in Stein gemeißelt deutlich sichtbar heute jeden Konferenzsaal der europäischen Institutionen zieren und von jedem Teilnehmer der sogenannten Gipfeltreffen und Ratssitzungen als eine Art Glaubensbekenntnis vor Beginn jeder Sitzung abverlangt werden. Es steht zu befürchten, dass dies nur ein frommer Wunsch bleibt.

Steigen wir also ein in den „Geburtsprozess" der ersten europäischen Gemeinschaft.

Den Auftakt bildet eine über zweistündige Erläuterung der französischen Vorstellungen zur institutionellen und inhaltlichen Ausgestaltung der „Europäischen Gemeinschaft" durch Jean Monnet, für die er sich zwar auf den bereits auf oder in seinem Schreibtisch befindlichen Vertragsentwurf stützt, den er jedoch geflissentlich noch unerwähnt lässt. Seine Intention ist es, zunächst die ersten Reaktionen der Delegationen auf sein Konzept abzuwarten, um diese dann in den Vertragsentwurf einzubauen.

Das Herzstück dieser europäischen Gemeinschaft soll, so macht er immer wieder deutlich, die Hohe Behörde bilden. Eine Institution, die kraft der ihr von den Mitgliedstaaten übertragenen Souveränitätsrechten/Vollmachten gänzlich unabhängig, d.h. souverän, bei der Entwicklung und Umsetzung einheitlicher Rahmenbedingungen für einen *gemeinsamen Markt* im Bereich Kohle und Stahl agiert. Es gehe dabei nicht, so betont Monnet ausdrücklich, um die Schaffung eines europäischen Stahlkartells, geschweige denn um ein Kombinat sozialistischer Prägung. Vielmehr gelte es, die Bedingungen für eine echte Konkurrenz zu schaffen, bei der sowohl die Produzenten als auch Arbeitnehmer und Konsumenten ihre Vorteile finden.

Seinen bereits bekannten Grundüberzeugungen von einer „geplanten Wirtschaft" folgend konstatiert er, es sei ein Irrglaube anzunehmen, das Gleichgewicht könne sich ohne die Intervention einer unabhängigen Hohen Behörde von selbst einstellen oder auf Dauer aufrecht erhalten bleiben. Diese Interventionen seien jedoch auf das dringend Notwendige zu begrenzen, zu kodifizieren und öffentlich zu kontrollieren, fügt er relativierend hinzu. Dreh- und Angelpunkt ist für ihn das „gemeinsame Interesse". Mit anderen Worten: In der Vorstellung Monnets wird die Hohe Behörde quasi zur Sachwalterin dieses gemeinsamen Interesses und übernimmt insoweit auch die Deutungshoheit.

Die „Fusion von Souveränität" auf der Grundlage der Hohen Behörde, wie Monnet es nennt, bedeutet eine nahezu gänzliche Entmachtung der Regierungen der Mitgliedstaaten bei der Definition der politischen und wirtschaftlichen Rahmenbedingungen der Kohle- und Stahlproduktion.

Ein zusätzliches Element zur Stärkung der Unabhängigkeit der Hohen Behörde ist für Monnet ihre Finanzierung aus Eigenmitteln. Die Grundlage hierfür sollen „Umlagen",

bilden, die die Hohe Behörde auf die Kohle- und Stahlpro-
duktion erhebt, was de facto nichts anderes als eine Art
Steuer bedeutet, die von den Betrieben zu entrichten ist.
Mit einer solchen „Umlage" sollen die administrativen
Aufwendungen der Gemeinschaft gedeckt werden.

Zusätzlich sieht das Konzept die Möglichkeit der Aufnahme von Anleihen im Kapitalmarkt durch die Hohe Behörde vor. Die daraus generierten Mittel, so sieht es seine
Konzeption vor, werden in Form von Darlehen zur Förderung und Steuerung von Investitionen an die Betriebe wei-
tergegeben werden.

Um es vorweg zu nehmen: Dieses Finanzierungsmodell
findet Anwendung bei der **Europäischen Gemeinschaft
für Kohle und Stahl (EGKS),** nicht aber bei den späteren
europäischen Gemeinschaften bis hin zur Europäischen
Union. Es drängt sich jedoch der Eindruck auf, dass die
Idee von den „Euro-Bonds" gar nicht so neu und revoluti-
onär ist, wie allenthalben Glauben gemacht wird.

Weiter erläutert Monnet seine für die Anwesenden neu-
en Vorstellungen in Bezug auf eine „parlamentarischen Versammlung", die das politische Kontrollorgan der Gemeinschaft bilden soll mit der weitestgehenden Befugnis einer
Ablösung des Führungsgremiums der Hohen Behörde im
Wege eines Misstrauensvotums. Sodann sieht seine modifi-
zierte Konzeption die Implementierung einer juristischen
Kontrollinstanz vor, die für Beschwerden gegen Entscheidungen der Hohen Behörde zuständig sein soll. Monnet
beschließt seine Darstellung wieder mit dem deutlichen
Hinweis, dass mit diesem institutionellen Gefüge *die erste
Schicht für eine europäische Föderation gelegt werde,* und fordert

die Bevollmächtigten Deutschlands, Italiens und der Beneluxstaaten auf, ihre Vorschläge und Einwände vorzubringen,
damit aus dem französischen Projekt ein gemeinsames wird.

Jetzt liegt der Ball im Spielfeld der anderen. Die anderen,
das sind der Jura-Professor Walter Hallstein als Bevollmäch-
tigter Adenauers, der belgische Spitzenbeamte Maximilian
Suetens als Vertreter des Königreiches Belgien, Dirk Spierenburg als Vertreter der niederländischen Regierung, der
italienische Abgeordnete Paolo Emilio Tavani und der luxemburgische Diplomat Albert Wehrer. Jean Monnet hatte
bei seinen Sondierungsgesprächen nach dem 9. Mai darauf
gedrängt, dass man zu der Konferenz keine technischen
Sachverständige entsende, sondern Persönlichkeiten mit einem weiten wirtschaftlichen Horizont, *die auf europäischem
Boden stünden und europäisch dachten.*

Unterstützt von je einem oder zwei Berater/n, sind es
diese fünf Persönlichkeiten, die sich als Chefs ihrer nationalen Delegationen von nun an unter seiner Leitung in der
Zurückgezogenheit des Speisezimmers im Haus des Pla-
nungskommissariats in der Rue de Martignac anschicken,
eine neue politische Ordnung für Europa konstruieren.
Dass dies kein ganz einfaches Unterfangen ist, wird sehr
schnell deutlich.

Es ist nämlich in diesem Moment für die fünf und ihre
Berater noch schwerlich vorstellbar, dass die Hohe Behörde – wie von Monnet erdacht – gänzlich souverän, also
ohne Einflussnahme der nationalen Regierungen bei der
Regulierung der Kohle- und Stahlproduktion agieren soll.
Im Gegenteil: Gleich zu Beginn der Verhandlungen erheben die Vertreter der Benelux-Staaten den Einwand, bei

Entscheidungen der Hohen Behörde zu wichtigen technischen Fragen sei zuvor eine Verständigung zwischen den
nationalen Regierungen herbeizuführen. Der niederländische Bevollmächtigte Spierenburg, der die Rolle eines
Sprechers der Benelux-Staaten übernimmt, konkretisiert
diesen Einwand mit den Worten: *„Der französische Plan, der
hier vor uns entwickelt wird, wird die Dinge gewiss revolutionieren.
Was wären die Reaktionen der Regierungen? Wenn man sie überzeugen will, so ist es notwendig, ihnen eine Rolle im System zu-
zuweisen und auch größere Vollmachten, selbst wenn man eine
gewisse Abtretung von Souveränität akzeptiert. "*

Damit ist die Katze aus dem Sack. Monnet muss erkennen, dass es nun entscheidend darauf ankommt, das Ziel,
sein Ziel, nicht aus den Augen zu verlieren. Deshalb macht
er unmissverständlich klar, dass er jede Form zwischenstaatlicher Organisation ablehnt. Und an die Adresse Spieren-
burgs gerichtet, stellt er unter Hinweis darauf, dass die Ko-
operationsformen zwischen Regierungen zu nichts geführt
haben, fest: *„Ich verstehe, dass man ernsthafte Befürchtungen gegenüber einem Wandel haben kann, wie die französische Initiative
ihn darstellt. Aber denken Sie daran, dass wir hier sind, um eine
europäische Gemeinschaft zu schaffen. Die supranationale Behörde ist nicht nur eine Organisation, die die wirtschaftlichen Probleme am besten regelt, sie ist auch der Ansatz zu einer Föderation. "*

Um dem Ganzen noch mehr Nachdruck zu verleihen,
sorgt Monnet dafür, dass in die Presseerklärung am Ende
dieser ersten, mehrere Tage dauernden Beratungsrunde folgende Passage Eingang findet: *Der Austritt eines Staates, der
sich der Gemeinschaft verpflichtet hat, ist nur möglich in Abstim-*

mung aller über diesen Austritt und seine Bedingungen. Diese Regelung allein enthält bereits die fundamentale Wandlung, die der französische Vorschlag bewirken will. Über Kohle und Stahl schafft er die ersten Grundlagen einer europäischen Föderation. In einer Föderation gibt es keine Loslösung durch einseitige Entscheidung. Ebenso gibt es Gemeinschaft nur zwischen Völkern, die sich ohne zeitliche Begrenzung und ohne Gedanken an Umkehr engagieren.

Als am 3. Juli 1950 die Beratungen fortgesetzt werden, hatten die Delegierten inzwischen Gelegenheit, den bisherigen Verhandlungstand und insbesondere den ihnen nunmehr vorliegenden (überarbeiteten) Vertragsentwurf Monnets mit ihren Regierungen zu reflektieren und sich neue Instruktionen zu holen.

Wird auch jetzt das Konstrukt der Hohen Behörde grundsätzlich nicht mehr infrage gestellt, so bleiben doch Art und Umfang der ihr zu übertragenden Vollmachten und vor allem der Grad ihrer Unabhängigkeit umstritten.

Es ist der belgische Vertreter Maximilian Suetens, der die Debatte anheizt mit der Bemerkung: *„Meine Regierung ist nicht bereit, der Hohen Behörde übertriebene Vollmachten einzuräumen, die aus ihr nur ein Schreckgespenst machen würden und darüber hinaus für die Realisierung der Vorhaben, die wir im Auge haben, auch gar nicht unerlässlich wären. Diese könnten viel einfacher durch vorgängige Engagements der Staaten erreicht werden. Darüber hinaus akzeptieren wir kein Kontrollorgan außer einem Parlament, das aus den nationalen Parlamenten hervorgegangen ist: Nur sie haben die politische Verantwortung. Andererseits sollten die Minister, die die effektive Ausübung der Macht in Händen halten, dieses Kontrollorgan konstituieren. "*

Spierenburg greift den Ball auf und fordert jetzt, die Aufgabe eines solchen Ministerkomitees solle sein, mit einer Zweidrittel-Mehrheit die Gültigkeit einer Entscheidung der Hohen Behörde festzustellen. *„Übrigens möchte ich klar sagen: Dies ist ein Punkt, an dem ich nicht einmal von weitem einen Kompromiss sehe"*, fügt er hinzu.

Hier offenbart sich zweierlei. Zum einen das Spannungsverhältnis zwischen, wenn man so will, „Unionisten" und „Intergouvernementalisten". „Unionisten" als diejenigen verstanden, die Europa als ein neues historisches, politisches und gesellschaftliches Ordnungsmodell verstehen, das eine Transformation des Nationalstaates bedeutet. Im Gegensatz dazu die „Intergouvernementalisten", die, weil in den Paradigmen des nationalstaatlichen Denkens verhaftet, allein im Nationalstaat die einzige gültige Verwirklichung gesellschaftlicher und politischer Einheit sehen und deshalb auf bi- und multilateraler Zusammenarbeit die Einigung Europas begründen wollen; gegebenenfalls mit dem Zugeständnis, aus reinen Opportunitätserwägungen gewisse Vollmachtsübertragungen auf eine supranationale Organisation/Institution zu akzeptieren, wenn auch nur unter der Bedingung weitestgehender nationaler Einflussnahme.

Zum anderen wird hier schon erkennbar, was im Verlauf der vergangenen 65 Jahre sich immer wieder als ein Manko im europäischen Integrationsprozess erwiesen hat: Der fehlende Konsens darüber, was Europa ist bzw. sein soll, und damit verbunden, welchem Zweck die Europäischen Gemeinschaften bis hin zur Europäischen Union zu dienen bestimmt sind.

Im Prinzip geht es den Vertretern der Benelux-Staaten, wie ihre Einwände unschwer erkennen lassen, vornehmlich um ein Wirtschaftsprojekt, um die Lösung wirtschaftlicher Probleme durch die Vergemeinschaftung von Kohle- und Stahlressourcen zum jeweiligen (nationalen) wirtschaftlichen Nutzen. Den anderen, den „Unionisten", geht es darum, mit einem wirtschaftlichen Projekt das Fundament für eine politische, eine europäische Föderation zu gießen.

Es ist Walter Hallstein, der Monnet bei dieser Debatte zur Seite steht und bekräftigt, dass für die deutsche Regierung *„der Schuman-Plan in erster Linie politische Bedeutung hat. Unter dieser Perspektive"*, so Hallstein weiter, *„nehmen die wirtschaftlichen Probleme, so bedeutend sie auch sein mögen, nur einen sekundären Rang ein; für sie wird man immer eine Lösung finden. Deshalb richtet die deutsche Delegation an alle Mitglieder dieser Konferenz den dringenden Appell, die wirtschaftlichen Interessen dem großen politischen Ziel unterzuordnen. Der Krieg, der in Korea ausgebrochen ist, bildet für Europa einen Grund mehr, sich zu vereinigen, denn der Weltfriede ist bedroht. Wie gesagt, wir unterschätzen die wirtschaftlichen Fragen, auf die ich im Detail noch zurückkommen werde, keineswegs. Die Garantien jedoch finden sich in der Qualität der Männer, die die Gemeinschaft leiten werden, und im Respekt vor den allgemeinen Prinzipien, die in der Präambel und den Artikeln des Vertrages niedergelegt werden – besonders im Prinzip der Gleichheit. Die Versammlung und ein Schiedsgerichtshof werden darüber wachen."*

Für Monnet steht nach dieser Wortmeldung Hallsteins fest: Die Ansichten zwischen Frankreich und Deutschland zu der politischen Dimension des Projektes sind identisch. Die Achse Paris–Bonn steht!

Damit sieht er sich jedoch vor ein neues Problem gestellt, nämlich Suetens und Spierenburg davon zu überzeugen, dass das Friedensziel des Schuman-Planes zwar die französisch-deutsche Aussöhnung ist, dies aber nicht zulasten der kleinen Nationen gehen werde.

Den italienischen Bevollmächtigten Taviani treibt eine ganz andere Sorge um. Er, oder besser seine Regierung, fürchtet um die Konkurrenzfähigkeit der italienischen Stahlindustrie. Dem begegnet Monnet mit dem Hinweis, dass es gerade das Ziel sei, die Konkurrenzbedingungen anzugleichen. „*Gewöhnen wir es uns doch ab, von der italienischen, von der französischen Eisenindustrie zu sprechen, denn es wird nur noch eine europäische Eisenindustrie geben. Gerade das ist das Ziel des Schuman-Planes*", fügt er hinzu.

Allen diesen Einwänden und Vorbehalten ist für Monnet eines gemeinsam, sie sind Ausdruck fehlenden Vertrauens der Staaten und Nationen untereinander. Ein Problem, das auch heute manchen Fortschritt in Europa verhindert.

Weil es auch Ausdruck nationaler Souveränität ist, „nein" zu sagen zu politischen Veränderungen, für die es keine Vorbilder gibt, kann Europa nur das Ergebnis von Kompromissen sein. Letztendlich ist der europäische Einigungsprozess der vergangenen sechs Jahrzehnte das Ergebnis fortlaufend errungener Kompromisse.

Den Auftakt hierzu bildet der Versuch Jean Monnets zu Beginn der Sitzung am 12. Juli, die Vorschläge der Benelux-Vertreter in seine Konzeption einzubinden: „*Ich habe gesehen, dass es in unserem Projekt eine Lücke gab, die durch die Vorschläge von Spierenburg und Suetens ausgefüllt werden könnte. Wir haben zwei Fragenkreise vor uns: den, der zum eigentlichen*

Komplex der Hohen Behörde gehört, durch den Vertrag genau um-
schrieben ist und der dieser Institution durch das kollektive Man-
dat der Parlamente übertragen wurde; und dann die Fragen, die die
Verantwortlichkeit der Regierungen ins Spiel bringen, Prinzipien-
fragen, bei denen es von Belang wäre, eine Intervention dieser Re-
gierungen vorzusehen, unter der Bedingung, dass sie gemeinsam
handeln. Die beiden Organe könnten sich in genau definierten
Fällen zusammensetzen. Wir hätten damit einen großen Schritt
nach vorn gemacht. "

Spierenburg wittert Morgenluft. *„Die Minister müssten die*
Macht haben, der Hohen Behörde die politischen Direktiven zu
geben", fordert er, der sich immer noch mit der Souveränität
der Hohen Behörde schwertut. Wie kein anderer an dem
Tisch weiß Jean Monnet aufgrund seiner Erfahrungen als
stellvertretender Generalsekretär des Völkerbundes, was dieser Vorschlag bedeutet: Die Hohe Behörde wird zu einem
europäischen Generalsekretariat der Mitgliedstaaten degra-
diert. Von Supranationalität, von einer Etappe auf dem Weg
zu einer europäischen Föderation kann dann überhaupt
keine Rede mehr sein.

Die Atmosphäre ist zum Zerreißen gespannt. Alles, was
bisher im Sinne der ursprünglichen Idee erreicht worden ist,
scheint nun wieder infrage gestellt. Walter Hallstein ergreift
in diesem Moment das Wort und stellt mit ruhiger, sanfter
Stimme fest: *„In den Augen meiner Regierung bilden die Macht*
und die Unabhängigkeit der Hohen Behörde den Stützpfeiler für
Europa […]" Damit droht eine Spaltung in zwei Lager: In
jene – Deutschland, Frankreich und, wenn auch mit einigen
Bedenken, Italien –, die für eine europäische Lösung eintreten. Und auf der anderen Seite die Benelux-Staaten, vor al-

lem die Niederlande in der Person ihres Delegationsleiters Dirk Spierenburg, die auf nahezu jegliche Form von Souveränität der europäischen Institution verzichten und den Nationalstaat als entscheidenden Machtfaktor bestätigen wollen. Das Projekt „Europa" steht auf der Kippe!

Inzwischen hat sich unbemerkt Robert Schuman zu der Diskussionsrunde gesellt. Seit der Eröffnung der Konferenz, die seinen Namen trägt und deren Präsident er ist, hat er sich nicht mehr gezeigt. Jetzt hat er am Ende des Tisches Platz genommen und entschuldigt sich für sein Eindringen.

In der ihm eigenen ruhigen, von innerer Sicherheit und fester Überzeugung getragenen Art begründet er die Notwendigkeit der Unabhängigkeit der *Hohen Behörde*. Wörtlich führt er aus: *„Aber Unabhängigkeit hat noch niemals Unverantwortlichkeit bedeutet und Sie sind bei Ihren Arbeiten an einem Punkt angelangt, wo ein Gleichgewicht der Kräfte gegeben ist, das in meinen Augen ein System bemerkenswerter demokratischer Garantien darstellt: Dieses System existiert jetzt, man braucht es nicht mehr zu erfinden."*

In diesem Moment ist allen Beteiligten klar: Die institutionelle Konstruktion für die europäische Gemeinschaft besteht aus einer supranationalen Behörde (Hohe Behörde), dem Rat nationaler Minister sowie parlamentarischer und juristischer Kontrollorgane.

Damit besteht zwar Einigkeit über die institutionelle Struktur, nicht aber über die Inhalte. Soll heißen, die Definition der Kompetenzen der einzelnen Institution, vor allem über den Umfang der der *Hohen Behörde* zu übertragenden Vollmachten, die letztendlich ihren Aktionsradius bestimmen.

Auch die von Jean Monnet gleich zu Beginn der Konferenz gebildeten technischen Arbeitsgruppen bestehend aus Experten, Industriellen, Gewerkschaftlern und Funktionären aus den sechs Ländern, die sich eingehend mit den Problemen und möglichen Strukturen des „Gemeinsamen Marktes" befasst haben, können inzwischen konkrete Ergebnisse vermelden.

In der Rückschau auf diese ersten Wochen der Schuman-Plan-Konferenz bemerkt Monnet in seinen „Erinnerungen": *Noch nicht zwei Monate waren verstrichen, seit man die Arbeit begonnen hatte, und das Wesentliche der neuen Konstruktion stand bereits. Doch das Phänomen, das mich am meisten überraschte, war die Änderung in der Haltung der Männer, die mich umgaben. Ich konnte Tag für Tag die Anziehungskraft der Idee der Gemeinschaft beobachten, die auf die Menschen wirkte, noch ehe sie in der Wirklichkeit existierte. Wenn auch der nationale Charakter bei jedem von ihnen erhalten blieb, so waren doch die Vertreter der sechs Länder nun in der gleichen Suche verbunden, und es kam vor, dass sie einen gemeinsamen Sprecher wählten, so sehr waren in diesen Wochen die Standpunkte einander angenähert worden. Es waren allerdings Wochen intensiven Lebens und zentriert auf den gleichen Ort: jene Rue de Martignac, die so wenig geschaffen schien für internationale Konferenzen – ohne Übersetzungsanlage, dafür aber umso mehr geeignet für informelle Gespräche und Sitzungen. Hier waren wir sicher, nicht gestört zu werden, und hier entwickelte sich auch Freundschaft zwischen den Leitern der Delegationen, die bald eine geschlossene, zur Interpretation nationaler Instruktionen im Sinne gemeinsamer Bemühung entschlossene Gruppe bildeten. Die Stimmung eines Ortes kann sich auf die Gemüter auswirken. Ich pflegte Besuchern, die sich über die Art, wie man einen Plan erarbeitet, informieren wollten, oftmals zu sagen: „Vor allem müssen Sie einen Speisesaal haben." In der Rue de Martignac haben viele Probleme die einfachste Lösung der Welt gefunden.*

Max Kohnstamm, Mitglied der niederländischen Delegation, später die rechte Hand Jean Monnets, schildert seine Eindrücke von der Schuman-Plan-Konferenz wie folgt: *Es herrschte eine vollkommen andere Stimmung als bei den knallharten Verhandlungen, wie sie sonst üblich waren. Jetzt machten wir uns daran, Strukturen aufzubauen, die völlig neu waren. Ein Kompromiss ist längst nicht immer die beste Lösung, das wussten wir alle. Jetzt ging es um die Sache selbst, es gab keine geheime Agenda, wir wollten das Beste für Europa. Es entwickelte sich eine beispiellose Dynamik. Und allen war bewusst: Hieraus wird sehr viel mehr werden als nur eine Gemeinschaft für Kohle und Stahl.*

Von diesem Gemeinschaftsgeist beflügelt und in der Gewissheit, bereits ein gutes Fundament für die weiteren Beratungen geschaffen zu haben, begeben sich die Akteure in die Sommerferien. Allein der britische Premier Harold Macmillan sorgt mit einer im Europarat in Straßburg gestarteten Kampagne gegen das Projekt für Irritationen. Zu guter Letzt erweist sich diese Kampagne der britischen Regierung als ein Sturm im Wasserglas.

Es ist unschwer erkennbar: Die Beratungen der vergangenen Wochen in Paris und die bisherigen Ergebnisse haben bei vielen Menschen im Westen Europas große Hoffnungen geweckt. Jean Monnet wird bei einem Spaziergang in seinem Ferienort Ohrenzeuge eines Gespräches zweier junger Urlauber, die dieses Ergebnis diskutieren. *„Mit dem*

Schuman-Plan ist eines sicher, die Soldaten werden keinen Krieg mehr führen", sagt einer von ihnen. Diese Aussage spiegelt eine in dieser Zeit weitverbreitete Hoffnung wider. Fünf Jahre nach dem II. Weltkrieg scheint für viele Menschen ein alter europäischer Traum endlich Wirklichkeit zu werden. Und genau so sollte es kommen, wie wir heute – fast sieben Jahrzehnte später – wissen. Doch 1950 steht Europa erst am Anfang seiner neuen Geschichte.

Im Schatten
des Korea-Krieges

Es ist bereits angeklungen: Während die Europäer den Sommer und die Ferien genießen, sprechen auf der koreanischen Halbinsel die Waffen. Hier bahnt sich ein Stellvertreterkrieg zwischen den USA und der Sowjetunion an, der für Europa und insbesondere die Verhandlungen zur Gründung der ersten europäischen Gemeinschaft nicht ohne Folgen bleiben soll.

Im November 1943 hatten sich auf einer Konferenz in Kairo der amerikanische Präsident Roosevelt und der britische Premier Churchill mit dem chinesischen Ministerpräsidenten Tschiang Kai-shek darauf verständigt, Korea nach einem Sieg über Japan in die Selbstständigkeit zu entlassen. Dieser Vereinbarung schlossen sich die Sowjets später an.

Nach der Kapitulation Japans 1945 wurde Korea jedoch unter den Siegermächten in zwei Besatzungszonen geteilt. Nordkorea wurde von der Sowjetunion, Südkorea von den Vereinigten Staaten besetzt. Der 38. Breitengrad bildet fortan die Demarkationslinie. Die Alliierten hatten auf der Konferenz von Jalta beschlossen, Korea als ein vereinigtes Land mit einer demokratisch gewählten Regierung in die Unabhängigkeit zu entlassen, ohne jedoch Details für das Procedere festgelegt zu haben. Nachdem der Kalte Krieg begonnen hatte, war hiervon keine Rede mehr. Nach den Wahlen in Südkorea im Mai 1948 unter der Aufsicht der Vereinten Nationen hatten die USA ihre Truppen aus Südkorea weitestgehend abgezogen. Soweit die Vorgeschichte.

Am 25. Juni 1950, nur wenige Tage nach Beginn der Schuman-Plan-Konferenz, haben nordkoreanische Truppen die Demarkationslinie unter der Parole, Südkorea von den Imperialisten zu befreien, überschritten.

Der Zufall will es, dass just an diesem Tag der amerikanische Jurist und Diplomat George Wildman Ball, der in den 1960er Jahren zum Sprachrohr der Pazifismusbewegung gegen den Vietnamkrieg werden sollte, Jean Monnet in dessen Privathaus besucht. Von seinem Gespräch mit Monnet berichtet er später in seinem Buch „The Discipline of Power": *Am Sonntag, dem 25. Juni 1950, war ich bei Jean Monnet in seinem Haus mit dem Strohdach, etwa sechzig Kilometer von Paris entfernt, wo wir einen Arbeitstag in Verhandlungen über den Schuman-Plan verbrachten, als uns jemand die Nachricht brachte, die nordkoreanische Armee sei in Südkorea einmarschiert. Ich erinnere mich noch, dass Jean Monnet sofort sah, was das bedeutete. Er war sicher, dass die Amerikaner den Kommunisten einen solchen wohlüberlegten Angriff nicht erlauben würden, ohne zu reagieren, also die Teilungsgrenze zu schützen, die mit so viel Mühe in den Nachkriegsjahren gezogen worden war. Nun würde aber eine ame-*

rikanische Intervention nicht nur den Schuman-Plan in Gefahr bringen, sondern auch hinsichtlich der europäischen Einheit ernsthafte Probleme schaffen. Dies brachte die Gefahr mit sich, dass in Europa eine Atmosphäre der Panik entstand, und es würde gleichzeitig die Amerikaner dahin bringen, noch stärker auf einer bedeutenderen deutschen Beteiligung an der Verteidigung des Westens zu bestehen. Dieser letzte Punkt hatte eine ganz besondere Bedeutung.

In der Tat: Fünf Jahre nach Kriegsende löst allein schon der Gedanke an eine Wiederbewaffnung Deutschlands bei den Franzosen, aber nicht nur bei ihnen, blankes Entsetzen und Empörung aus. Nachdem Frankreich innerhalb von 75 Jahren in drei Kriegen (Deutsch-Französischer Krieg 1870–1871, I. Weltkrieg 1914–1918 und II. Weltkrieg 1939–1945) dem deutschen Militär unterlegen gewesen ist, setzt die französische Politik jetzt alles daran, eine Remilitarisierung Deutschlands mit allen Mitteln zu verhindern. Ein Jahr zuvor hat Schuman noch vor der französischen Nationalversammlung im Brustton der Überzeugung verkündet: *„Deutschland hat keine Rüstung und wird keine haben […] Es ist undenkbar, dass es ihm zugestanden werden könnte, dem Atlantikpakt als eine Nation beizutreten, die sich selbst verteidigen oder die zur Verteidigung anderer Nationen beitragen kann […]"*

Selbst jenseits des Rheins ist das Thema „Wiederbewaffnung" (noch) kein Thema. Im Gegenteil, Adenauer hat wenige Monate zuvor erneut deutlich gemacht: *„Mein Land hat genug Blut verloren, es will keine Waffen mehr. Selbst wenn die Alliierten einen deutschen Beitrag zur Verteidigung Europas fordern, werde ich mich der Bildung einer Wehrmacht widersetzen."* Er hatte aber gleichzeitig hinzugefügt: *„Alles, was ich mir* *vorstellen kann, wäre ein deutsches Kontingent im Rahmen einer Armee der europäischen Föderation unter einem europäischen Kommando."*

Mit dem Einmarsch der nordkoreanischen Truppen in Südkorea unter der „Schirmherrschaft" der Russen hat sich die politische Lage dramatisch verändert. Für Adenauer tun sich sofort Parallelen zwischen der Situation auf der koreanischen Halbinsel und in Deutschland auf. Auch Deutschland ist zweigeteilt. Die eine Hälfte befindet sich unter kommunistischer Herrschaft, in dem anderen Teil, der Bundesrepublik, leben die Bürger in einem freiheitlichen und demokratischen System. Militärisch gesehen ist die Bundesrepublik vollkommen wehrlos und auf Gedeih und Verderb auf die Hilfe und Unterstützung der westlichen Alliierten angewiesen. Adenauer ist nun fest davon überzeugt – und macht dies auch in seinen Gesprächen mit Vertretern der Alliierten deutlich: *„Das Schicksal der Welt entscheidet sich nicht in Korea, sondern im Herzen Europas. Ich bin davon überzeugt, dass Stalin für Deutschland den gleichen Plan hat wie für Korea. Was dort unten geschieht, ist die Generalprobe für das, was uns erwartet."*

Für die Amerikaner gilt es nun, auf der koreanischen Halbinsel Flagge zu zeigen und den Südkoreanern militärische Unterstützung zukommen zu lassen. Dafür sollen Truppenteile aus Deutschland abgezogen und nach Südkorea verlegt werden. Überhaupt stößt inzwischen die militärische Präsenz in Westeuropa insbesondere wegen der damit verbundenen Kosten bei der Mehrheit der amerikanischen Bevölkerung zunehmend auf Kritik. Die simple Antwort der Amerikaner, gerichtet an ihre alliierten

Partner, lautet daher: Man muss den Deutschen die Möglichkeit geben, sich zu verteidigen, wenn sie angegriffen werden!

Im Klartext bedeutet das, die Amerikaner teilen die Ressentiments ihrer Verbündeten in Sachen Wiederbewaffnung Deutschlands nicht oder setzen sich schlichtweg darüber hinweg. Dass sich amerikanische Außenpolitik jemals durch besondere Rücksichtnahme auf die Belange und Befindlichkeiten ihrer Verbündeten ausgezeichnet hätte, wird niemand ernsthaft behaupten wollen.

Im Sommer 1950 genießt die Wiederbewaffnung Deutschlands für die US-Administration außenpolitische Priorität, weshalb sie diesen Punkt ganz oben auf die Tagesordnung der für den 12. September 1950 nach New York einberufenen Außenministerkonferenz der westlichen Alliierten setzt. Dies deckt sich voll und ganz mit den Interessen Adenauers, für den kein Zweifel besteht, dass Frankreich, England und die USA im Falle eines Angriffs Stalins und einer Besetzung der Bundesrepublik für sich und nicht für Deutschland kämpfen würden. Allein das wäre für ihn angesichts der jüngsten Geschichte nur konsequent. Adenauer wäre aber nicht Adenauer, hätte er nicht noch ein „As im Ärmel". Hatte er im Zusammenhang mit der Frage nach einem Beitritt der BRD in den Europarat von einer „Geste" gesprochen, die notwendig sei, um dem deutschen Volk diesen schmackhaft zu machen, so ruft er jetzt den Hohen Kommissaren ins Gedächtnis, dass derjenige, der Westdeutschland und seine Stahlproduktion besäße, voraussichtlich den dritten Weltkrieg für sich entscheiden werde.

Was nicht vergessen werden darf, diese Gespräche finden statt, während in Paris um die Gründung einer europäischen Gemeinschaft für Kohle und Stahl gerungen wird.

Adenauer belässt es nicht bei diesem „Hinweis". In einem Memorandum vom 29. August fordert er gegenüber den Alliierten eine Aufhebung des Besatzungsstatuts und die vollständige Souveränität der Bundesrepublik ein. *Wenn die deutsche Bevölkerung die Pflichten erfüllen soll, die ihr im Rahmen der europäischen Gemeinschaft aus der gegenwärtigen Lage und ihren besonderen Gefahren erwachsen, muss sie innerlich hierzu instand versetzt werden. Es muss ihr ein Maß an Handlungsfreiheit und Verantwortlichkeit gegeben werden, welches ihr die Erfüllung dieser Pflichten sinnvoll erscheinen lässt. Wenn der deutsche Mensch Opfer jeder Art bringen soll, so muss ihm wie allen anderen westeuropäischen Völkern der Weg zur Freiheit offen sein*, heißt es dort.

Dass der Vorstoß Adenauers weder bei der französischen noch bei der britischen Regierung auf große Gegenliebe stößt, ist unschwer nachvollziehbar. Deutschlands Sicherheitsinteressen kollidieren mit den französischen, britischen und denen anderer westeuropäischer Staaten.

Für Jean Monnet bedeuten der Inhalt von Adenauers Memorandum und die Möglichkeit einer Wiederbewaffnung Deutschlands eine latente Bedrohung des europäischen Einigungsprojektes. Wenn die Deutschen das, was sie sich vom Schuman-Plan erwarten, nämlich eine Rückkehr in die westliche Staatengemeinschaft und nationale Souveränität, unabhängig von seiner Realisierung erreichen, besteht die Gefahr, so ist er überzeugt, dass sie sich von Frankreich abwenden. Die Bundesrepublik könne versucht sein, zwischen Ost und West zu balancieren und mehr noch die angestrebte Gemeinschaft als etwas Überholtes abschreiben oder sie auf eine rein technische Angelegenheit reduzieren, ist seine Befürchtung.

Die Notwendigkeit führte mich mehrfach in meinem Leben dazu, mich um militärische Dinge zu kümmern, für die ich weder Neigung noch Kompetenz habe, schreibt Jean Monnet in seinen „Erinnerungen" rückblickend auf die hier in Rede stehenden Ereignisse. *Ich konnte diese Krise sich nicht entwickeln lassen, ohne einzugreifen, doch ich wusste nicht sofort, wie. Ich hatte niemals daran gedacht, das Problem Europa über die Verteidigung anzugehen, die gewiss eines der Attribute der künftigen Föderation, doch in meinen Augen weder der mächtigste noch der wichtigste der Motoren zur Vereinigung war. Wenn die Umstände den Lauf der Dinge beschleunigen oder umkehren sollten, nun gut, ich wäre dabei.*

In den letzten Augusttagen verfasst er in seinem Ferienhaus auf der Insel Ré einen Brief an den französischen Ministerpräsidenten, seinen Freund René Pleven.

Mein lieber René,

ich schreibe Ihnen aus einem Winkel der charentesischen Heide, wo die Dinge noch langsam gehen, wie in der ganze Charente. Ich fürchte jedoch, dass es mit unseren Geschäften anders steht. Ich stelle fest, dass sie schnell gehen, zu schnell - dass die Lage sich verwirrt und dass wir, ohne

uns dafür entschieden zu haben, in ein fatales
Geschick geraten werden. Und doch wurde zu keinem
Augenblick eine Entscheidung getroffen, seit man,
vor nunmehr drei Jahren, die Begriffe „Kalter
Krieg" und „Containment" gebildet hat, mit denen
wir heute leben. Als man diese Begriffe bildete,
hatte man die Aufrechterhaltung des Friedens im
Auge. Doch ihre Anwendung hat eine Serie von Entscheidungen nach sich gezogen, die uns durch die
faktische Entwicklung aufgezwungen wurden, wobei
man jede einzelne für sich nahm und jede an frühere Entscheidungen anschloss, ohne dass man jemals zu einem neuen Gesamtüberblick gekommen
wäre. Heute stehen wir vor der Notwendigkeit, uns
einen „Kalten Krieg" über die Gegner zu sichern
und den Krieg vorzubereiten […]

Die kritische Lage der französischen Armee in In-
dochina und die Kosten dieses Krieges, die Frankreich daran hindern, eine Rolle in der Verteidigung Europas zu spielen, bringen uns in eine
wachsende Isolation gegenüber unseren amerikanischen Alliierten und können uns in einen Krieg
verwickeln, den wir nicht wollen und in dem wir
vernichtet werden würden. Weder der Verzicht noch
der Versuch einer illusorischen und absurden Neutralität oder die Kapitulation brächten eine Lösung. Man braucht einen neuen, starken und konstruktiven Gedanken, um die Verteidigungsfront in
Europa zu halten, die soziale Entwicklung im In-

neren zu sichern und ferner den Frieden im Osten
wiederherzustellen. Die Vereinigten Staaten wären
bereit, auf Frankreich zu hören, wenn es diese
konstruktive Idee in einem wirksamen Projekt vor-
legte […]

In seinem Gespräch mit George Ball am 25. Juni hatte
Monnet bereits davon gesprochen, dass eine mögliche amerikanische Intervention in Korea den Schuman-Plan gefährden und das Thema „deutsche Wiederbewaffnung"
kurzfristig auf die Tagesordnung bringen würde.

Genau so kommt es. Schuman, der mit der festen Absicht,
alles zu unternehmen, um eine Wiederbewaffnung Deutschlands zu verhindern, zur Außenministerkonferenz am
12. September nach New York gereist ist, wird dort gleich
zu Beginn von seinen britischen und amerikanischen
Amtskollegen mit der Ankündigung konfrontiert, es würden amerikanische Verstärkungen nur dann nach Europa
geschickt werden, wenn die Europäer selbst 60 Divisionen
aufstellten, von denen zehn deutsche sein müssten. Relativierend fügt man zwar hinzu, es gehe nicht darum, wieder
eine deutsche Wehrmacht aufzubauen, sondern darum, diese deutschen Einheiten unter dem einheitlichen Kommando eines amerikanischen Generals – die Rede ist von Eisenhower – der NATO zu unterstellen. Selbst in dieser
Konstellation ist für Schuman und die französische Regierung eine deutsche Armee schlichtweg ein „No Go"!
Schuman ist isoliert! Die Amerikaner haben mit Unterstützung der Briten die Europäer, namentlich die Franzosen, in
eine ziemliche Bredouille gebracht.

Für Monnet ist der Moment gekommen, sich des Themas „Verteidigung" in besonderer Weise anzunehmen, ist
er doch davon überzeugt, dass die Deutschen, so sie erst
einmal wieder ihre nationale Souveränität und vor allem
eine nationale Armee haben, sich für eine Gemeinschaft für
Kohle und Stahl kaum noch begeistern. Aus der Not eine
Tugend machend erkennt er zugleich, dass mit einer Wiederbewaffnung Deutschlands unter Einbindung in eine europäische Konzeption das Ziel einer europäischen Föderation schneller noch als mit der Gemeinschaft für Kohle und
Stahl erreichbar werden kann. Denn eines steht für ihn außer Zweifel, eine gemeinsame Verteidigung ist nur unter
einer gemeinsamen politischen Oberhoheit, also im Rahmen einer europäischen Föderation, möglich. Und nur im
Rahmen einer solchen europäischen Föderation ist für ihn
ein deutsches Armeekontingent vorstellbar.

War Schuman in der Außenministerkonferenz in New
York in Sachen Wiederbewaffnung Deutschlands isoliert, so
droht ihm und Frankreich in der für Oktober nach Washington einberufenen Konferenz das gleiche Schicksal. Die
Zeit ist also denkbar knapp für eine, wie Monnet es in seinem Brief an Pleven nennt, „*konstruktive Idee*".

Der Pleven-Plan

Gemeinsam mit seiner bewährten Equipe entwickelt Monnet am Rande der seit Anfang September wieder tagenden
Schuman-Plan-Konferenz in groben Umrissen eine Konzeption für eine europäische Armee, für die es weder eine
Vorläuferin noch ein Modell gibt und deren Zweck es sein

soll, den Sicherheitsinteressen Deutschlands und Frankreichs sowie den Interessen der amerikanischen Verbündeten gleichermaßen gerecht zu werden. Ein Vorhaben, das auf den ersten Blick die berühmte Quadratur des Kreises bedeutet, weil es mehr noch als eine Europäische Gemeinschaft für Kohle und Stahl tief in das eigentliche Zentrum nationaler Souveränität eindringt. Allein schon deshalb sieht Monnet für das Projekt einer gemeinsamen europäischen Verteidigung nur dann eine reelle Chance, wenn es gelingt, den Regierungen aufzuzeigen, dass es die einzige Möglichkeit bietet, um eine weitere totale Isolation Frankreichs in der Frage einer Wiederbewaffnung Deutschlands zu verhindern.

Das Ergebnis der Überlegungen fasst Monnet am 14. Oktober in einem weiteren Brief an Pleven wie folgt zusammen:

[...]

```
Wenn wir die Dinge laufen lassen, werden wir frü-
her oder später dahin gelangen, uns einer Kompro-
misslösung anzuschließen (Frankreich wird die
Priorität zugestanden, aber es gibt eine deutsche
Armee, bestehend aus kleinen Einheiten), die
nichts anders als eine Scheinlösung wäre. Über
diesen Umweg würde sich der Wiederaufbau einer
deutschen Armee vollziehen. Unser Widerstand wür-
de nichts nützen. Wir hätten das Gesicht verloren
und gleichzeitig auch die politische Initiative.
```

Der Schuman-Plan würde vielleicht durchgeführt werden, dann aber in Bonn und nicht in Paris.

Unsere Haltung muss äußerst fest sein, und unsere Entschlossenheit muss der amerikanischen Politik direkt begegnen. Aber wir haben nur dann eine Chance auf Erfolg, wenn wir dieser Opposition einen positiven, von einer europäischen Gesamtpolitik inspirierten Inhalt zu geben vermögen.

Da ich darum bemüht bin, die Verhandlungen über den Schuman-Plan zum Ziel zu bringen, möchte ich Ihnen vorschlagen, was mir als das einzige Mittel erscheint, aus der Sackgasse herauszukommen und einen positiven Beitrag zum deutschen Problem zu leisten.

Die Regierung sollte vor dem Verteidigungskomitee am 28. Oktober in New York

1. im Interesse Europas und des Friedens ihre beharrliche Opposition gegen den Wiederaufbau einer deutschen Armee erneuern;

2. vorschlagen, dass die Lösung des militärischen Aspekts des deutschen Problems im gleichen Geiste und nach der gleichen Methode gesucht werden soll wie bei der Kohle und dem Stahl: Bildung einer europäischen Armee, die in ihrem Kommando, ihrer Organisation, ihrer Ausrüstung und ihrer Finan-

```
zierung vereinheitlicht und der Führung eines su-
pranationalen Oberbefehls unterstellt wird (die
Integration deutscher Formationen in diesen ur-
sprünglichen Kern soll progressiv erfolgen);

3. sicherstellen, dass die Inkraftsetzung dieser
Lösung bis zur Unterzeichnung des Schuman-Planes
verschoben wird.
```

Schon am nächsten Tag kommt er mit Pleven und Schuman zu einem persönlichen Gespräch zusammen, in dem er deutlich macht, dass *„die negative Haltung, die Frankreich der deutschen Wiederbewaffnung gegenüber eingenommen hat, den doppelten Effekt hat, in den Deutschen Zweifel an unserem Willen zur Kooperation zu erwecken und sie – zu unserem Nachteil – mit der wachsenden Gunst der Vereinigten Staaten rechnen zu lassen"*.

Im gleichen Atemzug fügt er hinzu: Ich habe ein Projekt für eine Regierungserklärung vorbereitet!

Das unter seiner Federführung entstandene Konzept für eine gemeinsame europäische Verteidigung lässt unschwer Parallelen zu „seinem" Schuman-Plan erkennen. Im Kern sieht die Konzeption die Schaffung einer europäischen Armee vor, die an eigens hierfür zu errichtende gemeinsame politische Institutionen gebunden ist. Dafür sollen nicht nationale Einheiten zusammengelegt, sondern eine geeinte europäische Armee, bestehend aus Menschen der verschiedenen europäischen Nationen, gebildet werden, und zwar unter der Führung einer gemeinsamen politischen und militärischen europäischen Autorität. Erstmals ist von einem europäischen Verteidigungsminister die Rede, der einem Ministerrat und einer gemeinsamen Versammlung verantwortlich ist.

Pleven greift den Vorschlag Monnets auf und beauftragt ihn, gemeinsam mit seiner Equipe das Konstrukt einer europäischen Verteidigungsgemeinschaft weiter zu entwickeln. Mit diesem Konzept, das fortan mit seinem Namen verbunden ist, tritt Pleven am 24. Oktober 1950 vor die französische Nationalversammlung.

In seiner Regierungserklärung hebt er ausdrücklich hervor, dass die vorherige Umsetzung des Schuman-Planes unabdingbare Voraussetzung für die Gründung einer europäischen Verteidigungsgemeinschaft ist, um allen Völkern Europas die Garantie zu geben, dass die Stahl- und Kohleindustrien Westeuropas nicht zu aggressiven Zielen benutzt werden können. Anders als von Monnet vorgesehen, ist die Konzeption nach intensiver und kontroverser Diskussion innerhalb der französischen Regierung dahingehend „verwässert" worden, dass nunmehr die von den Mitgliedstaaten gestellten Kontingente auf der Basis der kleinstmöglichen Einheiten der europäischen Armee eingegliedert würden. Und die Mitgliedstaaten, die über eigene nationale Streitkräfte verfügen, würden ihre Befehlsgewalt über den Teil ihrer Truppen, die der europäischen Armee nicht angehören werden, behalten.

Nur unter dieser Prämisse kann sich Pleven der Zustimmung der Mehrheit der Nationalversammlung sicher sein. Auf einen einfachen Nenner gebracht, bedeutet diese Formulierung jedoch nichts anderes, als dass alle an einer zu gründenden europäischen Verteidigungsgemeinschaft beteiligten Länder weiterhin auch über nationale, dem eigenen Kommando unterstehende militärische Einheiten verfügen – mit einer Ausnahme: die Bundesrepublik Deutschland.

Dementsprechend fällt die Reaktion Adenauers aus, der anders als bei der Initiative Schumans am 9. Mai diesmal nicht vorab von der französischen Regierung informiert worden ist. Für ihn bedeutet dieser Punkt schlichtweg eine Diskriminierung Deutschlands. In der Rückschau fällt Jahre später sein Urteil weitaus milder aus. So schreibt er in seinen „Erinnerungen": *Die positive Bedeutung des Pleven-Planes war mir trotz seiner zahlreichen Mängel voll bewusst. Der Pleven-Plan schien mir ein wesentlicher Beitrag zur Integration Europas zu werden. Die Integration Europas war und ist eines der Hauptziele der deutschen Politik. Ich war der Auffassung, dass die Schaffung einer europäischen Armee, möglichst unter Teilnahme Englands, einen sehr wesentlichen Fortschritt auf dem Wege zur Erreichung des Endzieles, nämlich der Integration Europas, bedeuten würde. Aus diesen Gründen war ich bereit, an dem Pleven-Plan mitzuwirken [...]*

Unter dem Gesichtspunkt der Förderung der Integration Europas war ich für den Schuman-Plan eingetreten. Wenn Kohle und Stahl gemeinschaftlich bewirtschaftet würden und wenn dazu noch eine gemeinsame europäische Armee gebildet würde, so wären nach meiner Auffassung die wesentlichen Fundamente Europas geschaffen. Dann würde auf jeden Fall ein Krieg zwischen Frankreich und Deutschland auch dem befangensten Franzosen unmöglich erscheinen. Deutsche und französische Offiziere würden auf der gleichen Kriegsschule lernen, sich nicht mehr als Gegner, sondern als Waffengefährten zu betrachten.

Als Adenauer diese Zeilen schreibt, hat der Pleven-Plan jedoch längst seinen Platz in den Archiven der gescheiterten, integrationspolitischen Initiativen gefunden. Aber davon ahnt natürlich im Herbst des Jahres 1950 noch niemand etwas.

Mit seiner zumindest anfänglichen Kritik weiß sich Adenauer in bester Gesellschaft. Auch die Amerikaner, seit Gründung der NATO am 4. April 1949 politische und militärische Führungsmacht des nordatlantischen Verteidigungsbündnisses, begegnen dem Pleven-Plan mit unverhohlener Skepsis. Man unterstellt den Franzosen, mit ihrer Forderung, die Wiederbewaffnung Deutschlands von der vorherigen Gründung der Europäischen Gemeinschaft für Kohle und Stahl abhängig zu machen, eine reine Ablenkungs- und Verzögerungsstrategie zu verfolgen. Ähnlich sehen es die Briten. Deshalb bestehen die Amerikaner auf einer zeitnahen Wiederbewaffnung Deutschlands unter dem Dach der NATO.

Das wiederum ist für die französische Seite gänzlich inakzeptabel, würde es doch eine deutsche Armee und einen deutschen Generalstab bedeuten. Unverbrüchlich steht für die französische Regierung fest: Der erste Soldat, der in Deutschland angeworben wird, ist ein europäischer Soldat, und weitere Voraussetzung ist die Gründung der Europäischen Gemeinschaft für Kohle und Stahl! Kohle und Stahl im europäischen Schoß zusammenzulegen, um den Staaten die Mittel zur Kriegsführung zu entreißen, das ist die

Grundidee des Schuman-Planes und das ist die unverhandelbare Vorbedingung für eine Remilitarisierung des einstigen „Erbfeindes".

Aus diesem Dilemma weist die Tagung des NATO-Rates kurz vor Weihnachten 1950 einen scheinbaren Ausweg. Es sollen zwei Konferenzen stattfinden, eine auf dem Bonner Petersberg, dem Sitz der Hohen Kommissare, wo unter amerikanischer Führung das Thema „deutsche Wiederbewaffnung" im Rahmen der NATO diskutiert werden soll, und eine andere in Paris, wo unter französischer Leitung eine Umsetzung des Pleven-Plans versucht werden soll. So beginnen also im Januar bzw. Februar 1951 dies- und jenseits des Rheins mit jeweils unterschiedlicher Besetzung und Zielrichtung parallele Konferenzen zur Wiederbewaffnung Deutschlands.

Der Einladung nach Paris folgen zunächst nur Italien, Belgien, Luxemburg und natürlich, wenn auch nur sehr halbherzig, die Bundesrepublik Deutschland. Halbherzig deshalb, weil das amerikanische Modell, also ein direkter Beitritt der Bundesrepublik zur NATO, sie in die Lage versetzen würde, eigene, d.h. nationale Truppen, wenn auch dem NATO-Kommando unterstehend, aufzustellen und damit einen entscheidenden Schritt in Richtung Souveränität zu gehen.

Die Niederlande verweigern sich zunächst dem Pleven-Plan, bedeutet er ihnen doch zu viel Abgabe nationaler Souveränität an supranationale Institutionen. Wie schwer sie sich damit tun, hat bereits die Schuman-Plan-Konferenz gezeigt. Sie werden erst im Oktober 1951 zu der Pariser Konferenz hinzustoßen, nachdem die Amerikaner ihre an-

fängliche Opposition gegen das europäische Konzept aufgegeben haben.

Bei diesem Sinneswandel hatte einmal mehr, wie könnte
es anders sein, Jean Monnet seine Hand im Spiel. In einem
Gespräch kann er General Eisenhower, den amerikanischen
Oberbefehlshaber der NATO, davon überzeugen, dass eine
überhastete Aufstellung deutscher Truppen nur um den
Preis der Feindschaft zwischen Frankreich und Deutschland erreichbar ist und von Paris niemals akzeptiert werde.
Fortan wird nur noch in Paris auf der Grundlage des Pleven-Plans verhandelt.

Die Schuman-Plan-Konferenz,
2. Teil

In der Abgeschiedenheit des Speisezimmers des Hauses der
Rue de Martignac Nr. 18 haben die sechs Bevollmächtig-
ten der Gründungsstaaten der EGKS im September ihre
Beratungen wiederaufgenommen. War man noch zwei
Monate zuvor ob des bereits Erreichten von großem Ge-
meinschaftsgeist beflügelt in die Sommerferien aufgebro-
chen, so sind inzwischen dunkle Wolken am europäischen
Einigungshimmel aufgezogen.

Es konnte, wie von Monnet befürchtet, nicht ausbleiben,
dass die Diskussion um Deutschlands Wiederbewaffnung
auch die Beratungen zur Umsetzung des Schuman-Planes
belasten. Monnet drängt verständlicherweise darauf, die
Beratungen zu einem baldigen Abschluss zu bringen, um
sicherzustellen, dass die Europäische Gemeinschaft für

Kohle und Stahl unter Dach und Fach ist, bevor in Sachen Remilitarisierung Deutschlands – in welcher Form auch immer – eine endgültige Entscheidung fällt. Es ist jetzt die deutsche Seite, die mit der Thematisierung immer neuer technischer Aspekte versucht, die Verhandlungen zu verzögern. Monnet versteht dies als Ausdruck zunehmender Zweifel an der Kooperationsbereitschaft der Franzosen angesichts der negativen Haltung Frankreichs gegenüber einer Wiederbewaffnung Deutschlands.

Dennoch gelingt es relativ schnell, ein Einvernehmen zu den Befugnissen der vorgesehenen Institutionen der zukünftigen Gemeinschaft zu erzielen.

Als sehr viel problematischer erweist sich das jedoch in der Frage, unter welchen ordnungspolitischen Prinzipien, nach welchen gemeinsamen Regeln der beabsichtigte gemeinsame Markt für Kohle und Stahl gestaltet werden soll.

Die ordnungspolitischen Vorstellungen Jean Monnets sind bereits beleuchtet worden. Für ihn, den „Erfinder" des *Plan de Modernisation et d'Équipment* gilt in der Wirtschaft das Primat der Politik, und zwar nicht nur in Bezug auf die Definition des Rechtsrahmens, innerhalb dessen wirtschaftliches Handeln erfolgt, sondern auch in Bezug auf ein unmittelbares Eingreifen in die Wirtschaftsprozesse. Eine gerechte Verteilung der Ressourcen und ein Gleichgewicht der Kräfte kann für ihn die Intervention *staatlicher Organe* erforderlich machen.

Mit der Umsetzung des Schuman-Planes soll sichergestellt werden, dass

- alle beteiligten Länder die notwendigen Grundstoffe (Kohle und Stahl) für die industrielle Produktion zu gleichen Bedingungen beziehen können, wofür u.a. die Zollpflicht bei der Ein- und Ausfuhr von Kohle und Stahl zwischen den beteiligten Ländern zu beseitigen ist (Zollunion),
- die Stahlproduktion modernisiert und die Qualität verbessert werden, eine gemeinsame Ausfuhr in andere Länder entwickelt werden kann (gemeinsame Außenhandelspolitik),
- ein Ausgleich im Fortschritt der Lebensbedingungen der Arbeiterschaft dieser Industrien erreicht wird (soziale Komponente),

um insgesamt den Lebensstandard zu heben und den Frieden zu fördern.

Mit dieser Zielsetzung gänzlich unvereinbar ist für Monnet die Konzentration wirtschaftlicher Macht in den Händen weniger, oder, um es in seinen Worten auszudrücken, sind es *„internationale Kartelle, die nach Aufteilung und Ausbeutung der nationalen Märkte durch einschränkende Praktiken die Aufrechterhaltung hoher Profite anstreben"*.

Deshalb steht eine mit den entsprechenden Vollmachten ausgestattete, von den nationalen Regierungen unabhängig agierende, allein dem gemeinsamen Interesse verpflichtete Hohe Behörde im Zentrum seiner Gemeinschaftskonzeption.

Diese ordnungspolitischen Vorstellungen stoßen bei dem deutschen Wirtschaftsminister Prof. Ludwig Erhard, dem Vater des deutschen Wirtschaftswunders, auf Widerspruch. Für den Anhänger des Ordoliberalismus passt der Schuman-Plan nicht in seine Konzeption einer vom freien Handel bestimmten Wirtschaft. Er vermutet hierin vielmehr ein planwirtschaftliches Instrument. Andererseits hält auch das von Erhard der Bundesrepublik Deutschland mit großem Erfolg „verordnete" Wirtschaftsmodell der *sozialen Marktwirtschaft* Eingriffe des Staates und seiner politischen Institutionen in das Wirtschaftsgeschehen für opportun, wenn es darum geht, die Schwachen vor den Starken, die Armen vor den Reichen zu schützen und die in einer freien Gesellschaft unvermeidliche Ungleichheit zwar nicht einzuebnen, wohl aber auf einem erträglichen Niveau auszubalancieren, um so extreme „Spreizungen" in den Vermögensverhältnissen zu vermeiden. So leitet der moderne demokratische Staat in der sozialen Marktwirtschaft seine Legitimation allein aus dem Herstellen und der Aufrechterhaltung von Gerechtigkeit ab, womit wir wieder bei der eingangs erörterten europäischen Errungenschaft des Sozialstaates wären.

Bei dem Disput zwischen Monnet und Erhard über den Umfang möglicher Interventionsmechanismen der *Hohen Behörde* geht es in Wahrheit weniger um ordnungspolitische Grundsatzfragen als vielmehr um die spezifische Situation der deutschen Kohle- und Stahlproduktion und deren Monopolstruktur.

Es sind vor allem die großen Stahlmagnaten des Ruhrgebietes, die Adenauer und Erhard im Nacken sitzen und die, weil sie um den Verlust ihrer wirtschaftlichen Macht fürchten, nichts unversucht lassen, den Schuman-Plan ins Leere laufen zu lassen. Das Ruhrgebiet mit seinen reichhaltigen

Kohlevorkommen und der darauf gründenden Stahlindustrie bildet seit der Mitte des 19. Jahrhunderts das Herzstück
der deutschen Wirtschaft. Es sind vor allem die Namen
Thyssen und Krupp, die man seither mit der in der dieser
Region ansässigen Industrie verbindet. Etwa 65 Prozent der
deutschen Kohle- und Stahlproduktion befanden sich noch
zur Mitte des 20. Jahrhunderts im Besitz der Familie Krupp
und der Vereinigten Stahlwerke, einem 1926 gegründeten
Zusammenschluss von vier mächtigen Ruhrkonzernen.
Dieses Imperium, an dem maßgeblich die Firma Thyssen
beteiligt war, produzierte mit seinen 250 000 Mitarbeitern
allein 40 Prozent des deutschen Stahls. Krupp gehörte der
Vereinigung nicht an. Es war vor allem der Umstand, dass
Kohleförderung, d.h. der Besitz der Kohlegruben, und die
Stahlproduktion sich jeweils in einer Hand befanden, was
den besonderen Machtfaktor dieser kleinen Gruppe ausge-
macht hat.

Das Ruhrgebiet war jedoch nicht nur das Herzstück der
deutschen Wirtschaft, es war zugleich die Waffenschmiede
des deutschen Reiches. Eben jene gilt es aus der Sicht der
alliierten Siegermächte nach dem II. Weltkrieg für alle Zeit
unschädlich zu machen, zumal sich die alten Konzerne
trotz partieller Produktionsbeschränkungen und -verboten
und trotz Demontagen anschicken, sich wieder neu zu
konstituieren.

„Entflechtung" lautet hierfür die Formel der Alliierten,
eine Entflechtung mit dem Ziel, die monopolartigen Strukturen aufzulösen. Aus diesem Grund haben am 28. April
1949 Großbritannien, Frankreich, die USA gemeinsam mit
den Beneluxstaaten in London ein *Abkommen über die Er-*

richtung einer Internationalen Ruhrbehörde („Ruhrstatut") verabschiedet. Im Kern begründet dieses Abkommen ein Auf-
sichtsrecht über die westdeutsche Schwerindustrie. Zu
diesem Zweck wird die gesamte westdeutsche Kohle-Koks-
und Stahlproduktion der Kontrolle der *Internationalen Ruhrbehörde* unterstellt, die Art, Menge und Verwendung der rüs-
tungstechnisch verwendbaren Produkte festlegt.

Marion Gräfin Dönhoff kommentiert im Januar 1949 in
der Wochenzeitung „Die Zeit" das Ruhrstatut: *In jeder modernen Wirtschaft kann man über die Kontrolle der Grundstoffe
Kohle, Stahl und Roheisen praktisch die gesamte Volkswirtschaft
lenken,* räumt aber gleichzeitig ein, dass die *Internationale
Ruhrbehörde zur Keimzelle einer neuen europäischen Wirtschafts-
verfassung* werden könne.

Wenn man so will, hat der Schuman-Plan diesen Gedanken aufgegriffen. Hieraus erklärt sich nicht zuletzt die Kritik Erhards am Schuman-Plan, die er in seinem Gespräch
mit Monnet im Herbst 1950 so formuliert: *Wir verstehen die
Beharrlichkeit nicht, mit der die Alliierten die Entflechtung an der
Ruhr verfolgen, und wir wissen, dass Sie* [Monnet] *selbst dies zur
Bedingung gemacht haben, als versuchten sie mit Absicht, die deutsche Industrie gegenüber ihren Partnern in eine ungünstige Konkurrenzsituation zu bringen. Vor allem aber ist es gerade im Geist
des Schuman-Planes unzulässig, dass man weiterhin bei uns Gesetze schafft, als ob es keine deutsche Regierung gäbe.*

Ludwig Erhard spielt mit seiner letzten Bemerkung darauf an, dass die britische, französische, vor allem aber die
amerikanische Militärregierung Gesetze und Verordnungen
zur Dekartellierung erlassen haben, um eine Entflechtung
der deutschen Wirtschaft kurzfristig herbeizuführen. Neben

dem politischen Ziel der Verminderung der deutschen Wirtschaftsleistung und Rüstungskapazität sollte damit entsprechend der wirtschaftlichen und politischen Philosophie der Amerikaner ein Instrument zur Verhinderung ökonomischer Machtfülle und zur Schaffung von Wettbewerbsfreiheit geschaffen werden.

Übrigens: Das erste „eigene" Kartellgesetz, das *Gesetz gegen Wettbewerbsbeschränkungen* (GWB), erlässt der Deutsche Bundestag erst am 3. Juli 1957. Am 1. Januar 1958 tritt es in Kraft. Bis dahin gelten die alliierten Dekartellierungsregelungen.

Zwingend erforderlich ist dafür aus Sicht der Amerikaner die Trennung von Kohlegewinnung und Stahlproduktion. Soll heißen, die deutsche Stahlindustrie soll keine eigenen Kohlegruben mehr besitzen.

Eben diesen Aspekt greift Monnet in seiner Erwiderung zu Erhards Kritik am Schuman-Plan auf, indem er deutlich macht, dass auf dem Kontinent kein Gleichgewicht einkehren kann, solange die Ruhrmagnaten in der Lage sind, in ihrem eigenen Interesse die Hauptquelle der für ihre eigene wie für die Industrie ihrer Nachbarn notwendigen Kohle zu verwalten. Für Monnet besteht kein Zweifel, wenn die Koksbesitzer der Ruhr wieder beginnen, die Produktion der französischen Hochöfen zu kontrollieren, indem sie die Lieferung dosieren, wäre es um alle Bemühungen einer deutsch-französischen Annäherung geschehen. Es ist eine Forderung des Schuman-Planes, dass im Rahmen des gemeinsamen Marktes alle beteiligten Länder *die notwendigen Grundstoffe* (Kohle und Stahl) *für die industrielle Produktion zu gleichen Bedingungen beziehen können*. Davon, dass dies nur durch Antitrustregeln nach amerikanischem Vorbild sichergestellt werden kann, lässt sich, nach zähem Ringen und gegen den Widerstand der Ruhrmagnaten, letztendlich die deutsche Seite überzeugen.

Der nach seinem „Erfinder", dem amerikanischen Senator John Sherman benannte „Sherman Antitrust Act" aus dem Jahre 1890 bildet die Grundlage des amerikanischen Wettbewerbsrechts. Mit ihm sollte die missbräuchliche Ausnutzung einer Monopolstellung durch Androhung von Sanktionen verhindert werden. Der Antitrust-Act war die Antwort auf die von der überwiegenden Mehrheit der Amerikaner zum Ende des 19. Jahrhunderts als unerträglich empfundenen Wirkungen des kapitalistischen Systems, insbesondere des Preisdiktats einiger Monopolisten, dem man ohnmächtig ausgeliefert war. Hierzu zählt das Quasi-Monopol, das John D. Rockefeller beim Mineralöl inne hatte, ein Produkt, das für die Beleuchtung und andere Verwendungen im Haushalt unersetzlich war. Dazu zählten ferner das Stahlmonopol von Carnegie und das Tabakmonopol von Duke sowie die mannigfaltige Macht der Eisenbahnmagnaten und eines J. P. Morgan im Finanz- und Banksektor.

Mit der Zustimmung aller Beteiligten findet Jean Monnet in dem amerikanischen Jura-Professor Robert Richardson Bowie, seinerzeit *legal adviser* des amerikanischen Hohen Kommissars John McCloy, denjenigen, der in Anlehnung an die amerikanischen Anti-Trust-Regelungen die ersten europäischen Wettbewerbsregeln formuliert: ein *Verbot für alle Vereinbarungen zwischen Unternehmen, für alle Beschlüsse von Verbänden von Unternehmen und für die Verabredung von Praktiken, die darauf abzielen würden, auf dem gemeinsamen Markt un-*

mittelbar oder mittelbar den normalen Wettbewerb zu verhindern, einzuschränken oder zu verfälschen. In concreto bedeutet dies das allgemeine Verbot von Wettbewerbsbeschränkungen, die durch Monopol-, Oligopolstellungen, Preis-, Produktions- und Absatzabsprachen oder staatliche Eingriffe auftreten können. Die Einhaltung dieser Regeln zu überwachen, ist Sache der Hohen Behörde. Diese wettbewerbsrechtlichen Bestimmungen finden nicht nur Eingang in den Vertrag über die Europäische Gemeinschaft für Kohle und Stahl. Sie sind auch Inhalt aller zukünftigen europäischen Verträge und der darauf basierenden wettbewerbsrechtlichen Recht- sprechung des EuGH (Europäischer Gerichtshof), die im Laufe der Jahrzehnte zu einer der tragenden Säulen der eu- ropäischen Rechtsordnung geworden ist.

Mit der Formulierung der wettbewerbsrechtlichen Be- stimmungen ist die letzte große Lücke des inzwischen 100 Artikel umfassenden und für die Dauer von 50 Jahren konzipierten *Vertrages zur Gründung der Gemeinschaft für Kohle und Stahl* geschlossen worden. Am 19. März 1951 wird er paraphiert, am 18. April 1951 feierlich im französischen Außenministerium unterzeichnet.

„Die Gemeinschaft ist geboren, es lebe Europa"

Der 18. April 1951 ist ein Mittwoch. Am gleichen Ort, wo fast genau ein Jahr zuvor Robert Schuman mit der Vorstel- lung „seines" Planes ein politisches „Brillantfeuerwerk" entzündet hat, im Salon d'Horloge des französischen Au- ßenministeriums, haben sich in den frühen Nachmittagsstunden – diesmal in Anwesenheit von Fotografen – mit Robert Schuman, Konrad Adenauer, der das Amt des Bundesministers des Auswärtigen von 1951 bis 1955 in Personalunion als Bundeskanzler innehat, Graf Carlo Sforza, Paul van Zeeland, Dirk Uipko Stikker und Joseph Bech die Außenminister Frankreichs, Deutschlands, Italiens, Belgiens, der Niederlande und Luxemburgs versammelt. Das Königreich Belgien wird zudem vertreten durch Joseph Meurice, seines Zeichens Minister für Außenhandel, das Königreich der Niederlande zudem von seinem Wirtschaftsminister Jan van den Brink.

Diese acht Minister schicken sich an, mit der feierlichen Unterzeichnung des *Vertrages über die Gründung der Europäischen Gemeinschaft für Kohle und Stahl* ein neues Kapitel der europäischen Geschichte aufzuschlagen.

Für Konrad Adenauer höchstpersönlich, aber vor allem für die noch junge Bundesrepublik Deutschland, wiegt die Bedeutung dieses Tages noch um einiges schwerer. Zum ersten Mal nach 19 Jahren nimmt ein Vertreter eines demokratischen Deutschlands an einer internationalen Außenministerkonferenz teil. Es ist überhaupt die erste offizielle Auslandsreise für Adenauer als Bundeskanzler und Außenminister, der damit zum Ausdruck bringen will, dass er das deutsch-französische Verhältnis für die Kernfrage jeder europäischen Lösung hält.

Aus Furcht vor feindseligen Kundgebungen hat die französische Regierung außerordentliche Sicherheitsvorkehrungen für den Kanzler getroffen und bei seinem Eintreffen am 11. April in Paris, einen Tag vor Beginn der Abschlusskonferenz, auf den „großen Bahnhof" verzichtet. Allein

Jean Monnet und einige seiner Mitarbeiter sind zu seiner Begrüßung am Flughafen erschienen. Doch allen Unkenrufen zum Trotz begegnen die Franzosen Konrad Adenauer bei seinen Spaziergängen über die Boulevards von Paris mit Respekt und Freundlichkeit. Die konservative Tageszeitung „Figaro" hat ihn in einem Leitartikel „*einen Mann guten Willens, einen Deutschen, der die Verständigung mit Frankreich wünsche*", bezeichnet und dies mit der Aufforderung verbunden, die Franzosen mögen ihn mit gebührender Wertschätzung empfangen. Es scheint, als hätten in diesen Tagen sehr viele Pariser den „Figaro" gelesen.

Als Jean Monnet sich wenige Tage nach dem 9. Mai im Rahmen seiner Sondierungsgespräche mit Adenauer in Bonn getroffen hatte, gab dieser ihm seinerzeit zum Abschied mit auf den Weg: „*Monsieur Monnet, ich betrachte den französischen Vorschlag als die wichtigste Aufgabe, die vor mir steht. Sollte es mir gelingen, sie zu bewältigen, so glaube ich, habe ich nicht umsonst gelebt.*"

An diesem 18. April 1951 hat er Gewissheit – er hat nicht umsonst gelebt!

Sechs europäische Nationen betreten nur sechs Jahre nach dem verheerenden Krieg gemeinsam ein bisher völlig unbekanntes politisches Terrain. Solidarität und Kooperation statt Revanchismus lautet das Gebot der Stunde. *Europa wurde geboren*, so schreibt der niederländische Autor Geert Mak in seinem Buch „Was, wenn Europa scheitert", *aus der tiefen Überzeugung von Menschen, die selbst die schwersten Momente des zwanzigsten Jahrhunderts – Schlachtfelder, Bombardements, Hunger, Konzentrationslager, Wirtschaftskrisen – über-*

*lebt hatten und die gerade deshalb den Mut besaßen, über sich und
ihre nationale Beschränktheit hinauszuwachsen.*

Als geradezu symbolisch für den neuen Geist der gleichberechtigten Partnerschaft einstmals verfeindeter Nationen
erweist sich auch die äußere Form des zu unterzeichnen-
den Dokumentes: Die französische Staatsdruckerei hat das
Dokument mit holländischem Papier und deutscher Dru-
ckerschwärze anfertigen lassen. Der Einband ist ein Ge-
schenk Belgiens und Luxemburgs, die seidenen Lesezei-
chen stammen aus Italien.

Und eben dieser neue europäische Geist spiegelt sich in
der Präambel des 100 Artikel umfassenden *Vertrages über die
Gründung der Europäischen Gemeinschaft für Kohle und Stahl*
wider.

DER PRÄSIDENT DER BUNDESREPUBLIK DEUTSCHLAND,
SEINE KÖNIGLICHE HOHEIT DER KRONPRINZ VON BEL-
GIEN, DER PRÄSIDENT DER FRANZÖSISCHEN REPUBLIK,
DER PRÄSIDENT DER ITALIENISCHEN REPUBLIK, IHRE
KÖNIGLICHE HOHEIT DIE GROSSHERZOGIN VON LUXM-
BURG, IHRE MAJESTÄT DIE KÖNIGIN DER NIEDERLANDE,

IN DER ERWÄGUNG, dass der Weltfriede nur durch
schöpferische, den drohenden Gefahren angemes-
senen Anstrengungen gesichert werden kann,

IN DER ÜBERZEUGUNG, dass der Beitrag, den ein
organisiertes und lebendiges Europa für die

Zivilisation leisten kann, zur Aufrechterhaltung friedlicher Beziehungen unerlässlich ist,

IN DEM BEWUSSTSEIN, dass Europa nur durch konkrete Leistungen, die zunächst eine tatsäch-
liche Verbundenheit schaffen, und durch die
Errichtung gemeinsamer Grundlagen für die wirtschaftliche Entwicklung aufgebaut werden kann,

IN DEM BEMÜHEN, durch die Ausweitung ihrer
Grundproduktionen zur Hebung des Lebensstandards und zum Fortschritt der Werke des Friedens beizutragen,

ENTSCHLOSSEN, an die Stelle der jahrhunderte-
alten Rivalitäten einen Zusammenschluss ihrer
wesentlichen Interessen zu setzen, durch die
Errichtung einer wirtschaftlichen Gemeinschaft
den ersten Schritt für eine weitere und vertiefte Gemeinschaft unter Völkern zu legen, die
lange Zeit durch blutige Auseinandersetzungen
entzweit waren und die institutionellen Grundlagen zu schaffen, die einem nunmehr gemeinsamen Schicksal die Richtung weisen können,

HABEN BESCHLOSSEN, eine Europäische Gemeinschaft für Kohle und Stahl zu gründen

[…]

Wenn die sechs Außenminister, die an diesem Nachmittag nach ihren mehrtägigen und intensiven Abschlussberatungen in einem einig sind, dann darin, dass mit der Gründung der Europäischen Gemeinschaft für Kohle und Stahl nicht nur ein neuer Abschnitt der europäischen Geschichte seinen Anfang nimmt. Sie wollen zugleich ein Vorbild für weitere Schritte auf dem Weg zu einer **vertieften Gemeinschaft unter den Völkern** schaffen.

Adenauer verbindet damit vor allem auch die Hoffnung, dass sich das Denken und das politische Empfinden des europäischen Menschen verändert. Dass der Jugend aller europäischen Völker die Möglichkeit eröffnet wird, in anderen Ländern Erfahrungen zu sammeln, zu lernen und zu wirken. Dies soll sie davor bewahren, „Beute falscher Propheten" zu werden. Aus Menschen, deren Gefühle zu diesem Zeitpunkt noch wesentlich durch Misstrauen, Konkurrenzsucht und Ressentiments geprägt sind, sollen Nachbarn und Freunde werden. *Die eigentliche Bedeutung des Schuman-Planes und der Gründung der Europäischen Gemeinschaft für Kohle und Stahl*, so schreibt Adenauer später in seinen „Erinnerungen", *liegt daher in dem ideellen Gedanken, eine Gemeinschaft der europäischen Länder zu schaffen, auf dem Boden völliger Gleichberechtigung. Gemeinschaft gibt es nur dann, wenn alle Mitglieder der Gemeinschaft gleichberechtigt sind.*

Vieles von dem hat sich im Laufe der letzten sechs Jahrzehnte erfüllt. Vieles von dem droht im Augenblick jedoch wieder verloren zu gehen.

In den letzten Tagen und Stunden haben sich die Minister auf Einladung und unter der Regie Robert Schumans darum bemüht, die ihnen von der Schuman-Plan-Konferenz überlassenen Leerstellen des Vertrages mit Inhalt und Leben zu füllen. Zu diesen Leerstellen zählen insbesondere die Abstimmungsmethode, soll heißen das Gewicht jedes einzelnen Mitgliedstaates in den Institutionen der künftigen Gemeinschaft und der Sitz der zukünftigen Institutionen.

Robert Schuman, der die in französischer und deutscher Sprache geführten Verhandlungen – wie Adenauer später besonders betont – mit einer nicht zu übertreffenden Unparteilichkeit, mit außerordentlich großem Verantwortungsgefühl und mit Wohlwollen und Sympathie gegenüber allen Teilnehmerstaaten, insbesondere auch gegenüber Deutschland, leitet, steht innenpolitisch unverkennbar unter enormem Druck.

In Frankreich regt sich nicht nur seitens der Kommunisten, die jede Form einer autonomen Organisation in Westeuropa ablehnen, erheblicher Widerstand gegen das Projekt. Es sind vor allem sehr viel einflussreichere konservative Kreise, die gegen den Schuman-Plan und gegen den Pleven-Plan Stimmung machen, weil sie jegliche Änderungen in den wirtschaftlichen Strukturen und in der Organisation der Landesverteidigung ablehnen. Es sei daran erinnert, dass das Thema „Europäische Verteidigungsgemeinschaft" in diesen Tagen gleichsam virulent ist. So zeichnet sich in Frankreich eine unheilige Allianz von rechten und linken Nationalisten ab mit dem Ziel, das europäische Projekt insgesamt zum Scheitern zu bringen. Es ist also Eile geboten!

Es erweist sich für Schuman, aber auch für die Atmosphäre der Verhandlungen insgesamt als äußerst hilfreich, dass Monnet wenige Tage zuvor noch in Bonn mit Adenauer ein Einvernehmen in dem neuralgischen Punkt der Stimmgewichtung innerhalb der zukünftigen europäischen Institutionen erzielen konnte.

Während der Schuman-Plan-Konferenz hat der Bevollmächtigte des gemessen an seiner Einwohnerzahl eher kleinen Großherzogtums Luxemburg gleichberechtigt mit dem Italiens diskutiert. Genauso wenig ist für die Verhandlungen relevant gewesen, ob die Stahlproduktion der Niederlande auch nur annähernd an die Frankreichs oder Deutschlands heranreicht. Alle Abstimmungen unterlagen dem Prinzip der Einstimmigkeit. Und eben dieses Prinzip gilt es jetzt im Rahmen eines neuen Systems zu durchbrechen, damit Mehrheitsvoten die Regel und das Veto zur Ausnahme werden. Wie schwierig dieses Unterfangen ist, wird deutlich, wenn man sich vor Augen führt, dass zu jener Zeit die Kohle- und Stahlproduktion von Italien und den Benelux-Staaten in Summe gerade einmal ein Viertel der Frankreichs und Deutschlands ausmacht. Sollte es also möglich sein, dass diese vier Länder zusammen bei Abstimmungen die beiden größten Produzenten und damit wirtschaftlich bedeutsamsten für die Gemeinschaft majorisieren können? Das wäre genauso wenig akzeptabel wie die Möglichkeit einer Majorisierung durch Frankreich und Deutschland gegenüber den anderen.

Der von den Teilnehmern der Schuman-Plan-Konferenz nach zähem Ringen erarbeitete Kompromissvorschlag sieht deshalb ein System abgewogener Stimmabgabe vor, mit dem sichergestellt ist, dass weder durch eine Koalition Frankreich/Deutschland allein noch durch einen Zusammenschluss der vier anderen eine Entscheidung erzwungen werden kann.

Mit eben diesem Vorschlag ist Monnet im Vorfeld der Abschlussberatungen zu Adenauer gereist, um sich zu vergewissern, dass die Positionen Frankreichs und Deutschlands übereinstimmen und man einer von ihm befürchteten Gegenoffensive der Beneluxstaaten gemeinsam begegnen kann. Dafür gilt es, die Deutschen davon zu überzeugen, dass, um eine Diskriminierung der anderen gegenüber Deutschland zu verhindern, das Gewicht jeden Landes nicht an der Bedeutung der Kohle- und Stahlproduktion, also an rein wirtschaftlichen Aspekten, festgemacht wird. Eben diese Forderung ist in weiten Teilen der deutschen Öffentlichkeit laut geworden. Würde diese Position von der deutschen Regierung in den anstehenden Abschlussgesprächen vertreten, so haben einige Länder bereits angekündigt, das Projekt scheitern zu lassen. Diplomatisches Geschick ist folglich gefragt.

Gegenüber Adenauer erklärt Monnet bei seinem Besuch in Bonn am 4. April: *„Ich bin autorisiert, Ihnen vorzuschlagen, dass die Beziehungen zwischen Deutschland und Frankreich in der Gemeinschaft vom Prinzip der Gleichheit getragen sein sollen, und zwar sowohl im Rat wie in der Versammlung und auch in allen gegenwärtigen oder künftigen europäischen Institutionen, gleichviel, ob nun Frankreich allein oder zusammen mit der französischen Union beitritt oder Deutschland lediglich als Westdeutschland oder als wiedervereinigtes Land sich anschließt. Ich möchte persönlich anfügen, dass ich das Angebot einer Union, das am Beginn dieses Vertrages stand* [Monnet spielt offensichtlich auf das erwähnte Interview Adenauers mit Kingsbury-Smith an], *immer in diesem Sinne verstanden habe, und ich glaubte Sie bei unserer ersten Begegnung so verstanden zu haben, dass Sie ebenso dächten. Der Geist der Diskriminierung ist die Ursache für die größten Unglücksfälle der Welt gewesen, die Gemeinschaft ist eine Anstrengung, ihn zu vermeiden. "*

Adenauers Antwort fällt genauso eindeutig wie historisch bedeutsam aus: *„Sie wissen, wie viel Wert ich auf die Gleichheit der Rechte für mein Land in Zukunft lege und wie sehr ich die Herrschaftsunternehmungen verurteile, in die es sich in der Vergangenheit hat hineinziehen lassen. Ich bin glücklich, Ihrem Vorschlag voll zustimmen zu können, denn ich kann mir keine Gemeinschaft ohne totale Gleichheit denken, und deshalb ziehe ich jeden anderen Vorschlag zurück, auch auf wirtschaftlichen Bereichen, wie sie von unseren Repräsentanten vorgetragen wurden. "*

Diejenigen, die heutzutage ständig unter Hinweis auf einen vermeintlichen Nettozahlerstatus Deutschlands über dessen unzureichende Einflussmöglichkeiten in den europäischen Institutionen lamentieren, sollten sich diesen Satz Adenauers ins Stammbuch schreiben lassen.

Dank dieser Klarstellung Adenauers kann in der Frage der Stimmgewichtung auf der Abschlusskonferenz Anfang April sehr rasch ein bis heute tragfähiger Kompromiss erzielt werden. Eine ganz andere Frage ist es dann aber, welche die Gemüter der Konferenzteilnehmer erregt. Es ist die Entscheidung über den Sitz der Institutionen der Europäischen Gemeinschaft für Kohle und Stahl, die die Außenminister im wahrsten Sinne des Wortes um den Schlaf bringt. Über 18 Stunden dauert das Feilschen um den Sitz der Institutionen – wahrlich kein Ruhmesblatt für die Protagonisten.

Der Vorschlag Monnets, alle zu schaffenden Institutionen auf einem „europäischen Territorium", einer Art „Bundesdistrikt" (analog Washington D.C.), zu konzentrieren, stößt auf Ablehnung. Jeder hat eine andere Stadt im Sinn. Frankreich plädiert mit Unterstützung Italiens für Straßburg, Belgien für Lüttich und die Niederlande bringen mit Vehemenz Den Haag ins Spiel. Schuman versucht es mit dem Kompromissvorschlag Saarbrücken, was bei Adenauer verständlicherweise Unmut auslöst. Das Problem scheint unlösbar, ein Kompromiss in weiter Ferne. De Gasperi schlägt sogar vor, sich wegen dieser Frage zu vertagen, wovor Monnet wiederum warnt. Nun kommt die italienische Stadt Turin ins Spiel. Auch der erfährt keine große Gegenliebe, zumal Monnet erklärt, in diesem Falle nicht als Präsident der Hohen Behörde zur Verfügung zu stehen. Dieses Amt hatte man ihm gerade, und zwar einstimmig, angetragen.

Inzwischen ist es drei Uhr morgens. Als weitere Vorschläge liegen nun Paris und Brüssel auf dem Tisch. Gegen Paris, auf das man sich fast hätte verständigen können, spricht sich jedoch ausgerechnet Schuman aus, der sich keinen Ärger mit Pierre Pflimlin, dem Bürgermeister von Straßburg, einhandeln will. Langsam breitet sich eine allgemeine Müdigkeit und so etwas wie Resignation aus. Da meldet sich der luxemburgische Außenminister Bech zu Wort, der bisher zu schlafen scheint: *„Ich schlage vor, dass die Arbeit sogleich in Luxemburg beginnt; dies gibt uns die Zeit, über das Weitere nachzudenken. "*

Das ist der Durchbruch. Die Montanunion erhält ihren „vorläufigen" Sitz in Luxemburg und Luxemburg wird zu einem Zentrum Europas. Man mag es für einen Zufall halten, in jedem Falle schließt sich mit dieser Entscheidung für

Luxemburg der Kreis – Robert Schuman wurde bekanntlich am 29. Juni 1886 in Luxemburg geboren!

So können am Nachmittag des 18. April 1951 acht Minister aus sechs Ländern im Salon d'Horloge des französischen Außenministeriums in einem feierlichen Akt ihre Unterschrift unter den *Vertrag über die Gründung der Europäischen Gemeinschaft für Kohle und Stahl* setzen. Das, wofür am gleichen Ort Robert Schuman mit seiner Erklärung am 9. Mai 1950 den Anstoß gegeben hat, ist jetzt auf den Weg gebracht: Die Neuordnung Europas in Frieden und Freiheit. Nun ist es Aufgabe der sechs nationalen Parlamente, den Vertrag zu ratifizieren.

Für Konrad Adenauer sollte dieser Tag noch eine weitere Überraschung bereithalten.

Bei der Rückkehr in sein Hotelzimmer am Abend findet er dort einen an ihn persönlich adressierten Umschlag vor, bei dessen Öffnen ihm ein „Croix de Guérre" aus dem I. Weltkrieg in die Hände fällt. Beigefügt ist der Brief einer jungen Französin, Simone Patronilles.

```
Monsieur le Chancelier!

Ich habe die große Ehre, mich als Französin aus
Paris an Sie zu wenden, die sich zusammen mit
vielen anderen Menschen unserer alten Stadt un-
endlich über den Besuch Eurer Exzellenz in unse-
rer alten Hauptstadt gefreut hat, so kurz Ihr
Aufenthalt auch ist.
```

Ich erblicke darin das Symbol eines ersten wirklichen Schrittes auf dem Wege des Friedens und des Heiles, nicht nur für Ihr Vaterland Deutschland, sondern für Frankreich und alle Völker, die sich des Wertes des gemeinsamen Erbes bewusst sind, das wir die Pflicht und die Mission haben zu verteidigen.

Mein Vater ist an den Folgen des Krieges 1914–1918, den er von Anfang bis Ende mitmachte, gestorben. Ich bitte Sie, sehr geehrter Herr Kanzler, dieses Kriegskreuz eines französischen Soldaten, das meinem Vater gehörte und das ich diesem Brief beilege, annehmen zu wollen. Behalten Sie es als bescheidene Erinnerung an Ihren bedeutsamen Besuch in Paris im April 1951. Es ist eine bescheidene Geste der Hoffnung auf eine reine und wahre Versöhnung der beiden Völker, die so viel, eines durch das andere, gelitten haben.

Für Adenauer, den dieser Brief tief bewegt haben muss, wird dieses „Croix de Guerre" für die Zeit seiner Kanzlerschaft zum Symbol des echten Willens des französischen Volkes mit dem deutschen Volk Freundschaft zu schließen.

Während die Parlamente der Benelux-Staaten den Vertrag zeitnah ratifizieren, dauert das Verfahren in Paris und Bonn ungleich länger. Sowohl die französische wie auch die deutsche Regierung sehen sich massiver Kritik aus den Reihen der politischen Opposition ausgesetzt. Helmut Schmidt wird es später als „*fatal*" bezeichnen, dass die SPD durch ihre Ablehnung der Europäischen Gemeinschaft für Kohle und Stahl „*den Zug nach Europa verpasst und sich in eine Isolation begeben hat*".

Erst am 11. Januar 1952 findet der Vertrag nach heftigen Debatten mit einer Mehrheit von neunzig Stimmen die Zustimmung im Deutschen Bundestag, und Jean Monet kann Konrad Adenauer telegrafieren: *Die Gemeinschaft ist geboren, es lebe Europa!*

In Italien wird die Debatte weniger kontrovers geführt, allein aus taktischen Gründen zögert man die Abstimmung zunächst hinaus, stimmt aber letztendlich mit großer Mehrheit zu.

Ähnlich aufgeheizt wie in Deutschland ist die Debatte in der französischen Nationalversammlung, die erst am 6. Dezember 1951 beginnt. Im Namen der kommunistischen Partei wirft Florimond Bonte der Regierung vor, es handele sich hier um einen Plan zur Deportation der Arbeiter, die wie Vieh oder wie gewöhnliche Ware angesehen werden, die man kauft und exportiert! Für die Gaullisten werden durch den Vertrag alle Zollschranken abgerissen und der französische Markt von Straßburg bis Brazzaville von der Dynamik der deutschen Schwerindustrie überschwemmt.

Ministerpräsident René Pleven verbindet am Ende die Abstimmung über den Vertrag mit der Vertrauensfrage und erreicht, dass die Deputiertenkammer am 13. Dezember 1951 gegen die Stimmen der Kommunisten, Gaullisten und einiger Unabhängiger mit einer Mehrheit von 377 zu 233 Stimmen dem Vertrag zustimmt.

In der anschließenden Debatte im französischen Senat sorgt der Abgeordnete Michel Depré, der die französische Nation durch den Vertrag tausendfacher Gefahren ausgesetzt sieht, zu deren Abwehr er sich berufen fühlt, für eine Provokation der besonderen Art. Mit Blick auf den „Erbfeind" jenseits des Rheins tönt er: *„Man muss den Geschmack dieses großen Volkes für die Gewalt sehen, die Abwesenheit jeglichen Respekts vor der Freiheit, seine politische Instabilität, und ich füge hinzu, weil es die Wirklichkeit ist, das Fehlen jeglicher Lehre, die es aus der Vergangenheit hätte ziehen müssen […]"* Mit solchen Worten sucht er innerhalb des Senats und in der Öffentlichkeit Stimmung gegen das Projekt zu machen und Ängste bei den Franzosen zu schüren.

Mahnend fügt er hinzu: *„Gerade im Interesse Deutschlands darf Europa nicht zu einem deutschen Europa werden!"* 1952 besteht diese Gefahr nicht, 63 Jahre später sieht es damit schon anders aus. So findet der Vorsitzende der CDU/CSU-Fraktion im Deutschen Bundestag, Volker Kauder, im Lichte der Griechenland-Krise Gefallen daran, dass Europa *„ein ganzes Stück deutscher geworden ist".* Was soll man von einem solchen Sprachgebrauch halten? Man mag mit derartigen Äußerungen zwar vorübergehend die Lufthoheit über den deutschen Stammtischen zurückerobern können, in einer auf Gleichberechtigung und Ebenbürtigkeit gründenden Europäischen Union verbietet sich ein solch schulmeisterliches Gehabe. Ein deutsches Europa ist wohl kaum der Weisheit letzter Schluss.

Es ist, um zum eigentlichen Thema zurückzukommen, nicht ausgeschlossen, dass Michel Depré heute angesichts der deutschen Europapolitik mit seiner Warnung vor einem

„deutschen Europa" bei seinen Landsleuten und vor allem im französischen Senat Gehör finden würde. Im April 1952 bleibt ihm das versagt, auch der französische Senat stimmt dem Vertrag zu. Der Weg ist frei für die *Europäische Gemeinschaft für Kohle und Stahl*, die am 10. August 1952, also 16 Monate nach der feierlichen Unterzeichnung ihrer Gründungsakte, in Luxemburg ihre Arbeit aufnimmt.

Luxemburg wird zum Nabel Europas

Der **10. August 1952** ist ein Sonntag. Bei herrlichem Spätsommerwetter erlebt die beschaulich anmutende Hauptstadt des Großherzogtums Luxemburg geradezu eine Invasion politischer Prominenz, von Diplomaten und Journalisten. Sie alle wollen Zeugen eines wahrhaft historischen Ereignisses werden, der Inthronisation der Hohen Behörde, der ersten supranationalen Institution Europas.

Das Augenmerk der Presse gilt daher im Besonderen den etwa 30 aus den sechs Gründungsländern stammenden ersten Mitarbeitern dieser Institution, die, der pathetisch anmutende Terminus sei erlaubt, zu Pionieren Europas werden.

In seiner Einführungsrede im Rathaus zu Luxemburg übernimmt Jean Monnet stellvertretend für alle Mitglieder der Hohen Behörde und deren Mitarbeiter die Verpflichtung: „*Wir werden unsere Aufgaben in voller Unabhängigkeit im allgemeinen Interesse der Gemeinschaft ausführen. Bei der Erfüllung unserer Pflichten werden wir von keiner Regierung und keiner Organisation Instruktionen erbitten oder annehmen, und wir werden uns jeder Handlung enthalten, die mit dem supranationalen Charakter unserer Aufgaben unvereinbar ist. Wir nehmen die Ver-*

pflichtung der Mitgliedstaaten zur Kenntnis, diesen supranationa-
len Charakter zu respektieren und nicht zu versuchen, uns bei der
Durchführung unserer Aufgaben zu beeinflussen."

Nicht sehr viel anders lautet übrigens der Amtseid, den die
Mitglieder der Juncker-Kommission am 10. Dezember
2014 abgelegt haben:

- *Vom Europäischen Rat nach dem Zustimmungsvotum des Eu-*
  ropäischen Parlamentes zum Mitglied der Europäischen Kom-
  mission ernannt, verpflichte ich mich feierlich, bei der Erfüllung
  aller meiner Pflichten die Verträge und die Charta der Grund-
  rechte der Europäischen Union zu achten;
  - *meine Tätigkeit in voller Unabhängigkeit im allgemeinen In-*
    teresse der Union auszuüben;
  - *bei der Erfüllung meiner Aufgaben Weisungen von einer Re-*
    gierung, einem Organ, einer Einrichtung oder jeder anderen
    Stelle weder einzuholen noch entgegenzunehmen;
  - *mich jeder Handlung zu enthalten, die mit meinem Amt oder*
    der Erfüllung meiner Aufgaben unvereinbar ist.
- *Ich nehme die im Vertrag über die Arbeitsweise der Europäischen*
  Union niedergelegte Verpflichtung der Mitgliedstaaten zur
  Kenntnis, diese Unabhängigkeit zu achten und nicht zu versu-
  chen, die Mitglieder der Kommission bei der Erfüllung ihrer
  Aufgaben zu beeinflussen.
- *Ich verpflichte mich außerdem, während der Ausübung und nach*
  Ablauf meiner Amtstätigkeit die sich aus meinem Amt ergeben-
  den Pflichten zu erfüllen, insbesondere die Pflicht, bei der An-
  nahme gewisser Tätigkeiten oder Vorteile nach Ablauf dieser Tä-
  tigkeit ehrenhaft und zurückhaltend zu sein.

Die *Europäische Gemeinschaft für Kohle und Stahl* macht Luxemburg nicht nur zum Nabel Europas, zu einer europäischen Metropole, was übrigens nicht bei allen Einwohnern auf Wohlgefallen gestoßen ist, Luxemburg wird in der Wahrnehmung vieler Europäer dank der neu geschaffenen Institutionen zu einer Art „Laboratorium für einen neuen Menschenschlag". Jean Monnet selbst beschreibt die sich bei den sechs unterschiedlichen Nationalitäten angehörenden Mitgliedern und Mitarbeitern der Hohen Behörde vollziehende „Metamorphose" später so:

Ohne Zweifel nahm etwas Neues und Starkes in unserem Team Gestalt an: Es war der europäische Geist, die Frucht gemeinsamer Arbeit und vor allem der Notwendigkeit, nach ausgedehnten Diskussionen und weitgespannten Konsultationen zu den gleichen Folgerungen zu kommen. Dieser europäische Geist stellte Denkgewohnheiten auf den Kopf, doch wenn er sich durchsetzte, so keineswegs kraft einer technokratischen Autorität, die wir nicht hatten und vor der die europäische Kommission auch noch durch ihre Art ihrer Vollmachten geschützt ist, die vielmehr auf Vorschlägen und Konsultationen als auf Entscheidungen ausgerichtet sind. Der Einfluss, der von Luxemburg ausging, beruhte auf dem Beispiel, das begeisterte Männer, aus sechs Ländern, doch mit derselben Sprache, ihren Landsleuten gaben. Es gab keine Sprachbarrieren und keine psychologischen Hindernisse, die die Gemeinschaft nicht sehr rasch überwunden hätte. Zwischen diesen Männern war alles einfach, schwierig waren nur die Probleme, die sie zu lösen hatten. Diese Erfahrung war noch nie gemacht worden, wie also hätten die durch Grenzen getrennten Europäer ihre Solidarität fühlen und sich ihre Einheit vorstellen können? Nun existierte eine Probe aufs

*Exempel, und unter unseren vielen Besuchern waren auch viele
Journalisten und Universitätslehrer, die von weither kamen, um sie
zu beobachten.*

In der Tat: Im Rahmen ihrer Aufgabenstellung und Zuständigkeiten hat die EGKS den Beweis geliefert, dass Souveränität tatsächlich delegiert werden kann, dass dem gemeinsamen Interesse ihrer Mitglieder verpflichtete europäische Institutionen zu politischen und wirtschaftlichen Problemlösungen in einer kooperativen Atmosphäre in der Lage sind und sie wirksam arbeiten können. Auch wenn deren Image dank des nicht selten despektierlichen Umgangs in den nationalen Medien mit ihrem Berufsstand eher negativ ist, so entsteht mit der EGKS erstmals eine europäische Beamtenschaft, die sich europäischen Notwendigkeiten stärker verpflichtet fühlt als nationalen Interessen.

Sechs Monate nach Arbeitsaufnahme der Hohen Behörde kann deren Präsident Jean Monnet im Radio verkünden: *„Seit heute Morgen, dem 10. Februar 1953, gibt es keine deutsche, belgische, französische, italienische, niederländische oder luxemburgische Kohle mehr, sondern europäische Kohle, die in unseren sechs Ländern, die als geschlossenes Territorium gesehen werden, frei im Umlauf ist […] Da wir einen gemeinsamen Markt haben, gibt es zwischen unseren Ländern keinen Import und keinen Export mehr.“*

Jedoch: Was mit dem Schuman-Plan so erfolgreich seinen Anfang nimmt, kann mit dem Pleven-Plan nicht vertieft werden. Im Gegenteil!

„Drei Schritte vor,
zwei zurück"

Dieses (vermeintliche) Motto der alljährlich am Dienstag
nach Pfingsten nahe der deutschen Grenze gelegenen luxemburgischen Stadt Echternach stattfindenden Springprozession ist zum Synonym für besonders mühsame Prozesse
geworden, bei denen viele Rückschritte zu verzeichnen
sind. „Drei Schritte vor, zwei zurück", dieses Motto beschreibt zutreffend die Anfänge Europas in der ersten Hälfte der 1950er Jahre. Der erste Schritt ist die Gründung der
Europäischen Gemeinschaft für Kohle und Stahl (EGKS),
der zweite Schritt soll die Gründung einer Europäischen
Verteidigungsgemeinschaft (EVG) sein. Quasi als „Krö-
nung" soll in einem dritten Schritt eine umfassende politische Integration der sechs europäischen Staaten Deutschland, Frankreich, Italien, Belgien, der Niederlande und
Luxemburg in Gestalt der *Europäischen Politischen Gemeinschaft* (EPG) folgen. Aber ...

Wir erinnern uns: Dank des Insistierens Monets bei Eisenhower wird seit September 1951 das hochbrisante Thema
einer deutschen Wiederbewaffnung nur noch in Paris, und
zwar im Rahmen des Pleven-Plans verhandelt.

Die deutsche Regierung hat ihre anfängliche Zurück-
haltung gegenüber dem Konzept einer europäischen Verteidigungsgemeinschaft aufgegeben, nachdem die USA erklärt
haben, die Aufstellung deutscher Truppen könne nicht vor
der Umsetzung des Schuman-Plans erfolgen. Erst mit
Gründung einer europäischen Verteidigungsgemeinschaft

sei an eine Aufhebung des Besatzungsstatuts, sprich: der Erlangung der vollen Souveränität, zu denken.

Auch die Niederlande, deren Außenminister Dirk Stikker noch Monate zuvor in einem Gespräch mit Adenauer darüber spekuliert hatte, dass die Chancen des Pleven-Plans im französischen Parlament angenommen zu werden, äußerst gering seien, schließen sich im Oktober den Verhandlungen in Paris an.

Am 15. Februar 1951 hat Robert Schuman die Konferenz in Paris eröffnet und gleich zu Beginn deutlich gemacht, dass der Pleven-Plan keine Konkurrenz zum atlantischen Verteidigungsbündnis bedeute, sondern atlantische Verteidigung und europäische Verteidigung auf verschiedenen Ebenen liegen. *„Wir sind der Ansicht"*, so Schuman in seiner Eröffnungsansprache, *„dass ohne Rücksicht auf die jeweilige Lage und auf die etwa anderswo gefundenen interkontinentalen und globalen Lösungen ein Europa organisiert werden muss, ein Europa, das aus einer anachronistisch und absurd gewordenen Zerstückelung gelöst werden muss, ein Europa, welches das Stadium eines überlebten Nationalismus überwinden muss. Diese Wahrheit haben wir erkannt und wir verkünden sie auf dem Gebiet der Wirtschaft und der Politik. Diese Wahrheit gilt aber auch für die Organisation der Verteidigung, wenn man ein für die Dauer bestimmtes militärisches System zu finden bemüht ist."*

Dem von verschiedenen Seiten, auch von de Gaulle, erhobenen Einwand, man könne keine europäische Armee bilden und unterhalten, bevor nicht eine europäische Regierung und ein europäisches Parlament vorhanden seien, begegnet Schuman mit der Feststellung: *„Wir sind überzeugt, dass Europa nicht auf einmal ins Leben gerufen werden kann, wie* *eine Utopie. Es wird vielmehr langsam entstehen. Es ist bereits im Begriff zu entstehen, Stück für Stück und Schritt für Schritt, wobei sich vorübergehend ein Nebeneinander zwischen Altem und Neuem ergibt, jedoch eine mehr oder minder rasche Entwicklung einsetzt. Die getroffenen Maßnahmen werden dabei ständig durch die Erfahrung erprobt und den praktischen Bedürfnissen angepasst.* "

Die Vorstellungen der französischen Regierung in Bezug auf eine europäische Armee skizziert er alsdann so: *„Innerhalb der atlantischen Streitkräfte wird eine europäische Armee stehen als ständiges Werkzeug der Sicherheit unseres Kontinents und als wesentliches Element der europäischen Integration. Meine Regierung hat vorgeschlagen, dass gleichzeitig mit der Bildung dieser Armee die Errichtung politischer Institutionen vor sich gehen soll.* "

Dies bedeutet in concreto, dass zunächst ein europäischer Verteidigungskommissar ernannt werden soll, der unter der Kontrolle einer interparlamentarischen Versammlung mit dem Ministerrat zusammenarbeitet. Dessen Aufgabe soll es sein, die von jedem Land gestellten militärischen Kontingente zu einer europäischen Armee zu formen.

An die Konferenzteilnehmer gerichtet betont Schuman: *„Wir dürfen bei unseren Arbeiten nicht vergessen, dass unser unmittelbares Ziel darin besteht, ein militärisches Werkzeug zu schaffen, dessen Schlagkraft außer Zweifel steht, und nicht nur unseren Technikern, sondern auch unseren Völkern mit Sicherheit zu beweisen, dass die Armee des Vereinten Europas fähig ist, einen etwaigen Angriff zurückzuschlagen, und zwar dank des inneren Zusammenhaltes und einer Kraft, die ebenso groß sind wie die der nationalen Armeen […] Was wir wollen, ist keine Improvisation, die uns die unmittelbare Notwendigkeit auferlegt. Das Werk, das wir schaffen wollen, wird nicht zeitlich begrenzt sein. Es muss ein* *dauerhafter Bau werden, der Ausdruck einer endlich gegründeten Europäischen Gemeinschaft!"*

Dieses Werk, um im Duktus Robert Schumans zu bleiben, liegt den Außenministern der sechs Gründungsstaaten der EGKS am 27. Mai 1952 nach äußerst schwierigen und kontroversen Verhandlungen in Gestalt des *Vertrages über die Gründung der Europäischen Verteidigungsgemeinschaft* (EVG) zur feierlichen Unterzeichnung in Paris vor.

Dass die vorausgegangenen Verhandlungen schwierig und kontrovers gewesen sind, liegt schon in der Natur der Sache. Es gibt wohl kaum eine politische Materie, die so leicht die nationalen Gemüter erregt wie die der Sicherheit und Verteidigung.

Das musste zuletzt auch Jean-Claude Juncker erfahren, als er Anfang 2015 das Thema wieder aufgegriffen und öffentlich für die Schaffung einer europäischen Armee mit dem Argument plädiert hat, *„ein Hühnerhaufen sei eine geschlossene Kampfformation gegen die Außen- und Sicherheitspolitik der EU"*.

Immerhin, 1952 haben sechs europäische Staaten den bisher einmaligen Versuch unternommen, eine *Europäische Verteidigungsgemeinschaft* zu gründen mit dem Ziel, das in der Präambel postuliert wird:

- *Die Verteidigung Westeuropas gegen jeden Angriff zu sichern,*
- *Menschen und Hilfsquellen, soweit das mit den militärischen Erfordernissen verträglich ist, in gemeinsamen Verteidigungsstreitkräften im Rahmen einer überstaatlichen europäischen Organisation völlig zu verschmelzen,*

- *die Entwicklung ihrer Wehrkraft zu sichern, ohne den sozialen Fortschritt zu beeinträchtigen,*
- *und in der Überzeugung, dass eine gemeinsame Streitmacht, die ohne unterschiedliche Behandlung der beteiligten Staaten gebildet wird, die Vaterlandsliebe der Völker nicht an Kraft verlieren, sondern sich vielmehr festigen und in erweitertem Rahmen neue Gestalt finden wird.*

Und sie haben diese genauso wie die Europäische Gemeinschaft für Kohle und Stahl vor allem als Vorstufe für eine politische Vereinigung Europas verstanden.

Man wird dem Vorhaben in der Rückschau nicht gerecht, betrachtet man es nur unter dem Gesichtspunkt der zu jener Zeit herrschenden Spannungen zwischen Ost und West, oder reduziert man den Zweck des Vertrages auf die Verteidigung der in der Gemeinschaft verbundenen Staaten gegen Angriffe dritter Staaten, namentlich der UdSSR.

Der Vertrag über die Bildung einer Europäischen Verteidigungsgemeinschaft war genauso wie der Vertrag zur Gründung einer Europäischen Gemeinschaft für Kohle und Stahl politisch in erster Linie dazu bestimmt, in Westeuropa einen Krieg unter den europäischen Völkern unmöglich zu machen.

Im Rahmen der *Europäischen Verteidigungsgemeinschaft*, deren Dauer genauso wie bei der EGKS auf 50 Jahre festgelegt wird, verzichten die Mitgliedstaaten auf eines ihrer wichtigsten Souveränitätsrechte: die Aufstellung eigener Streitkräfte und die alleinige Entscheidung über deren Einsatz.

Zweck der EVG als überstaatlicher Organisation ist nach dem Wortlaut des Vertrages *die Verschmelzung der Verteidigungskräfte der Mitgliedstaaten, sowie der zweckmäßige und wirtschaftliche Einsatz ihrer Hilfsquellen.*

Aus den von den Mitgliedstaaten in den eigenen Reihen rekrutierten und der EVG zur Verfügung gestellten Streitkräften werden so „Europäische Streitkräfte" mit gleicher Uniform. 40 Divisionen à 30 000 Mann sollen so geschaffen werden. Mit diesem Kontingent beteiligt sich die EVG an der westlichen Verteidigung im Rahmen des Nordatlantikpaktes.

Von wenigen Ausnahmen abgesehen, *darf kein Mitgliedstaat nationale Streitkräfte rekrutieren oder unterhalten.*

Die EVG verfügt über ein eigenes Budget, zu dem die Mitgliedstaaten Beiträge leisten. Aus diesem Budget wird die Bewaffnung der „Europäischen Streitkräfte" als gemeinsame Aufgabe bestritten.

In ihrer institutionellen Konstruktion lehnt sich die EVG sehr eng an die Europäische Gemeinschaft für Kohle und Stahl an.

Anders als von Jean Monnet im Pleven-Plan vorgesehen, bildet nicht ein gemeinsames Verteidigungsministerium das überstaatliche Element der Gemeinschaft, sondern ein neun Mitglieder umfassendes *Kommissariat.*

Auch für die Mitglieder des *Kommissariats* gilt wie für die Mitglieder der Hohen Behörde, dass sie bei der Erfüllung ihrer Pflichten weder Anweisungen von einer Regierung einholen noch solche Anweisungen entgegennehmen dürfen und auch sonst alles zu unterlassen haben, was mit dem überstaatlichen Charakter ihrer Tätigkeit unvereinbar ist.

Ernannt werden die Mitglieder von den Regierungen der Mitgliedstaaten.

In seinem politischen Aktionsradius ist jedoch das *Kommissariat*, anders als die Hohe Behörde, erheblich eingeschränkt. Das *Kommissariat* handelt nicht auf der Grundlage ihm übertragener exklusiver Vollmachten, sprich: Souveränität, sondern nach den Vorgaben des *Rates*.

Der *Rat* ist das Gremium der nationalen Außenminister, das die Richtlinien für die Tätigkeit des *Kommissariats* einstimmig erlässt. Nur auf dieser Grundlage kann das *Kommissariat* Entscheidungen erlassen oder Empfehlungen aussprechen.

Und eben diese Entscheidungen des *Kommissariats* bedürfen wiederum zu ihrer Wirksamkeit der Beschlussfassung durch den *Rat*, und zwar mit einfacher Mehrheit.

So gesehen bedeutet die Konstruktion eine Mischung aus föderalen und konföderalen Elementen. *„Ein juristisches Ungeheuer, weder Fisch noch Fleisch "*, hat ein französischer Abgeordneter deshalb diese Konstruktion genannt.

Die politische Kontrolle über die Tätigkeit des *Kommissariats* übt die *Versammlung* aus, die identisch ist mit jener der Europäischen Gemeinschaft für Kohle und Stahl, lediglich ergänzt durch je drei Abgeordnete der Bundesrepublik Deutschland, Frankreichs und Italiens.

Genauso wie die Hohe Behörde ist auch das *Kommissariat* gegenüber der *Versammlung* rechenschaftspflichtig. Und auch in diesem Falle hat die *Versammlung* das Recht, das *Kommissariat* per Misstrauensvotum abzulösen.

Was für die *Versammlung* gilt, gilt für den *Gerichtshof* entsprechend. Der *Gerichtshof* der Europäischen Gemeinschaft für Kohle und Stahl ist zugleich der der Europäischen Verteidigungsgemeinschaft.

Die erste Verfassung
für Europa

Besonderes Augenmerk verdient eine Bestimmung des EVG-Vertrages im Zusammenhang mit der Aufgabenstellung der Versammlung, eine Bestimmung, die – was eingangs bereits angeklungen ist – deutlich macht, dass gerade die EVG von den Beteiligten als Vorstufe für eine politische Vereinigung Europas gesehen worden ist.

Gemäß Art. 38 des EVG-Vertrages soll die Versammlung binnen sechs Monaten nach ihrer Konstituierung eine Konzeption für eine politische Gemeinschaft, eine europäische Föderation, erarbeiten, die auf dem Prinzip der Gewaltenteilung gründet und über ein Zweikammerparlament verfügt.

Urheber dieser Bestimmung ist der italienische Staatsmann Alcide de Gasperi, der erkannt hat, dass Italien im europäischen Orchester nur dann eine den starken industrialisierten Staaten entsprechende Rolle spielen kann, wenn es den politischen Prozess beschleunigt. Daraus erklärt sich, warum diese Bestimmung überhaupt in den EVG-Vertrag aufgenommen worden ist. Und so lautete seine geradezu gebetsmühlenartig immer wieder vorgetragene These: *„Die Armee hat ihren Sinn nicht an sich, sie ist das Instrument einer Außenpolitik, sie steht im Dienste eines Patriotismus. Der europäische Patriotismus entwickelt sich im Rahmen eines föderativen Europas. "*

Als sich abzeichnet, dass sich die Ratifizierung des EVG-Vertrages in den nationalen Parlamenten hinziehen würde, ist es de Gasperi, der Schuman davon überzeugt, die eigentlich der *Versammlung* der EVG zugedachte Aufgabe vorweg dem Parlament, der Versammlung der EGKS zu übertragen.

Auf der konstituierenden Sitzung des *Rates* der EGKS am 10. September 1952 in Luxemburg beschließen also die sechs Außenminister entsprechend der Anregung de Gasperis und Schumans, dass die Versammlung der EGKS eine Verfassung für eine *Europäische Politische Gemeinschaft* (EPG) erarbeiten soll.

117 Artikel umfasst das Dokument am Ende, auf dessen Grundlage – so heißt es in Artikel 1 – *eine Europäische Gemeinschaft übernationalen Charakters* errichtet werden soll, *eine unauflösliche Gemeinschaft, die auf dem Zusammenschluss der Völker und Staaten gründet.*

Mit der Europäischen Politischen Gemeinschaft sollte quasi ein politischer Überbau für die *Europäische Gemeinschaft für Kohle und Stahl* und die *Europäische Verteidigungsgemeinschaft* geschaffen werden, in dem die Zuständigkeiten gebündelt werden und zugleich eine Koordinierung der Außenpolitik der Mitgliedstaaten sichergestellt wird. Als weitere Zielsetzung definiert der Satzungsentwurf die Entwicklung des Gemeinsamen Marktes, die Anhebung des Lebensstandards sowie die Steigerung der Beschäftigung.

Entgegen einer seinerzeit und auch in der Rückschau häufig zu hörenden Kritik sollte mit dieser EPG kein supranationales Monstrum geschaffen werden. Im Gegenteil, die Kompetenzen der EPG beschränken sich nach Vorstellung ihrer „Verfassungsväter" im Wesentlichen auf die, für welche die Mitgliedstaaten bereits Souveränitäten im Rahmen von EGKS und eben EVG delegiert bzw. fusioniert haben bzw. zu fusionieren planten.

In diesem Kontext ist es vor allem die institutionelle Konstruktion, die den Charme dieses Verfassungsentwurfes ausmacht.

Als Organe der EPG sieht der Entwurf *das Parlament*, den *Europäischen Exekutivrat*, den *Rat der nationalen Minister*, den *Gerichtshof* und einen *Wirtschafts- und Sozialrat* vor.

Das *Parlament*, zu dessen Aufgaben die Beschlussfassung über Gesetze, Empfehlungen und Vorschläge, aber auch des Haushaltes und die politische Kontrolle der Tätigkeit des *Europäischen Exekutivrates* gehört, besteht aus zwei Kammern.

Die erste Kammer, die sogenannte Völkerkammer, wird gebildet aus direkt von den Bürgerinnen und Bürgern der Gemeinschaft gewählten Abgeordneten. Sie repräsentiert die *in der Gemeinschaft geeinten Völker*. Mithin wäre die Völkerkammer vergleichbar mit dem heutigen Europäischen Parlament, jedoch mit der Besonderheit, dass den Abgeordneten des *Parlamentes* der EPG im Gegensatz zu denen des Europäischen Parlamentes ein Initiativrecht im Gesetzgebungsverfahren zusteht.

Die zweite Kammer des *Parlaments*, der Senat, besteht aus Senatoren, die *das Volk jedes Staates vertreten* und von den nationalen Parlamenten gewählt werden.

Beide Kammern des *Parlamentes* bilden die Legislative der Europäischen Politischen Gemeinschaft.

Hierin offenbart sich ein wesentlicher Unterschied zu der „Verfassung" der Europäischen Union. Es sind zwei demokratisch legitimierte Gremien, die über die europäischen Gesetze entscheiden und nicht eine Kombination aus einem direkt gewählten *Europäischen Parlament* und einem *Rat*, bestehend aus nationalen Ministern.

Dem *Rat der nationalen Minister* kommt in dem Verfassungsentwurf von 1952/53 lediglich die Aufgabe zu, die Tätigkeit des *Europäischen Exekutivrates* und diejenige der Regierungen der Mitgliedstaaten miteinander in Einklang zu bringen.

Der *Europäische Exekutivrat*, so heißt es wörtlich in dem Verfassungsentwurf, nimmt die Regierung der Gemeinschaft wahr, wobei er jedoch nur die Befugnisse hat, die ihm durch die Satzung, d.h. durch die Mitgliedstaaten, übertragen werden.

An der Spitze des *Europäischen Exekutivrates* steht der von dem Senat in geheimer Wahl mit der Mehrheit seiner Mitglieder gewählte Präsident. Der Präsident wiederum ernennt die übrigen Mitglieder des *Exekutivrates*, von denen nicht mehr als zwei Mitglieder aus einem Mitgliedstaat kommen dürfen. Ihre Amtsbezeichnung lautet „Minister der Europäischen Gemeinschaft".

Die Judikative der Gemeinschaft bildet der *Gerichtshof.*

Dem *Wirtschafts- und Sozialrat* kommt nach dem Verfassungsentwurf eine beratende Funktion gegenüber Exekutivrat und Parlament zu, etwa vergleichbar mit der Aufgabenstellung des Wirtschafts- und Sozialausschusses der EU.

Dieser Verfassungsentwurf, der selbstverständlich noch eine Vielzahl von Detailregelungen enthält, auf deren Wiedergabe hier verzichtet werden kann und muss, wird im März 1953 von der Versammlung der EGKS einstimmig beschlossen und alsdann den sechs Außenministern in ihrer Funktion als Mitgliedern des *Rates* der EVG übermittelt.

Hier kommt es, wie von Jean Monnet befürchtet, zu erheblichen Meinungsverschiedenheiten zwischen den Beteiligten über den Umfang des nationalen Souveränitätsverzichts. Die französische Regierung spricht gar von „einem Unternehmen, das die Vaterländer auslöscht" und verlangt nach intensiven und kontroversen Beratungen im März 1954 eine Vertagung der Verhandlungen. Damit ist das Projekt nicht nur auf Eis gelegt, sondern, wie sich alsbald zeigen sollte, gescheitert.

Ein schwarzer Tag
für Europa

„Drei Schritte vor, zwei zurück" – am 30. August 1954 macht Europa zwei Schritte zurück auf dem Weg zu seiner Vereinigung. Konrad Adenauer wird diesen Tag daher später zu recht in seinen „Erinnerungen" als einen *schwarzen Tag für Europa* bezeichnen.

Seit Juni 1954 ist der Radikalsozialist Pierre Mendès-France in Personalunion französischer Ministerpräsident und Außenminister. Seine Amtszeit wird zwar nur von kurzer Dauer sein (bis Februar 1955), ihre Folgen aber für den mit so großem Enthusiasmus begonnenen europäischen Einigungsprozess umso gravierender.

Robert Schuman, der „Vater Europas", ist im Januar 1953 aus der französischen Regierung ausgeschieden. Er wird nur noch einmal, und das auch nur für kurze Zeit (Februar bis Dezember 1955) als Justizminister der Regierung Edgar Faure ein Regierungsmandat übernehmen.

Bei seiner Amtsübernahme hat Mendès-France erklärt, er werde noch vor der parlamentarischen Sommerpause eine Entscheidung der französischen Nationalversammlung zum Vertrag über die Gründung der Europäischen Verteidigungsgemeinschaft herbeiführen. Es wird jedoch sehr schnell deutlich, dass die Konstruktion Europas für ihn nicht unbedingt erste Priorität besitzt. Sein Augenmerk richtet sich sehr viel mehr auf das französische Engagement im Indochinakrieg.

Dass es mit der Aufnahme der parlamentarischen Beratung des Vertrages im Rahmen des Ratifizierungsverfahren des bereits am 27. Mai 1952 in Paris von den sechs Außenministern unterzeichneten Vertrages in Frankreich so lange gedauert hat, ist sicherlich auch den sich bis zum März 1954 hinziehenden langwierigen und schwierigen parlamentarischen Debatten und Verfassungsstreitigkeiten in Deutschland zu diesem Vertrag geschuldet.

Solange nicht gewährleistet war, dass Deutschland diesem Vertragswerk zustimmt, hat die französische Seite aus verständlichen Gründen keine Veranlassung gesehen, die Nationalversammlung damit zu befassen. Ohne die deutsche Zustimmung wäre das Projekt von vornherein gescheitert, und warum sollte eine französische Regierung die erwartungsgemäß harten Debatten über das in der Nationalversammlung offensichtlich umstrittene Projekt bei einem solchen Risiko beginnen?

Auf der anderen Seite hätten Schuman und Pleven durchaus die Möglichkeit gehabt, den Vertrag bereits im Sommer 1952 der Nationalversammlung vorzulegen, gerade weil man damit rechnen musste, dass die Gegner des Projektes Europa, vor allem der Verteidigungsgemeinschaft, zunehmend an Einfluss gewinnen. So hat sich im Laufe der Monate auch in der französischen Öffentlichkeit die Stimmung in Bezug auf das Projekt spürbar verschlechtert. Man fürchtet, ein deutsches Übergewicht in der EVG. Und es ist den Gegnern der EVG, allen voran Charles de Gaulle, ein Dorn im Auge, dass im Kriegsfalle die „Europäischen Streitkräfte" dem Befehl des NATO-Oberbefehlshabers unterstehen, der bekanntlich stets ein Amerikaner ist.

Jetzt, im Sommer 1954, ist der EVG-Vertrag in Deutschland und bereits seit geraumer Zeit in Belgien, den Niederlande und Luxemburg ratifiziert. In Italien steht die Ratifizierung kurz bevor. Mit einem positiven Votum wird dort fest gerechnet.

Mitte August konfrontiert Mendès-France die EVG-Partner mit zusätzlichen Bedingungen, ohne deren Erfüllung er keine Mehrheit in der Nationalversammlung zu erreichen sieht. Von besonderer Brisanz ist dabei seine Forderung nach einer achtjährigen Übergangszeit mit Einstimmigkeitsregel. Konkret würde dies die Einführung eines Vetorechtes zugunsten eines Mitgliedstaates bedeuten, womit der supranationale Charakter des Vertrages ausgehebelt wäre.

Er stößt mit seiner Forderung bei seinen Partnern auf entschiedenen Widerstand, zumal damit eine Neuverhandlung des gesamten Vertragswerkes und ein neuerliches Ra-

tifizierungsverfahren notwendig würden. Auch eine kurzfristig in Brüssel anberaumte Konferenz der sechs Partner
bringt keinen Durchbruch. Mendès-France ist isoliert. Bis
auf ein paar eher kosmetische Korrekturen im Rahmen eines Zusatzprotokolls des eigentlichen Vertrages erreicht er
keine weiteren Zugeständnisse. Im Gegenteil: Nach dramatischen Debatten, die sich über mehrere Tage hinziehen,
bleibt den Beteiligten nichts weiter übrig als festzustellen,
dass es zu keiner Einigung gekommen ist. Als spät in der
Nacht des 22. August der inzwischen zum Premierminister
Luxemburgs avancierte Joseph Bech gemeinsam mit Konrad Adenauer den Saal des belgischen Außenministeriums
verlässt, werden sie von Journalisten und Fotografen um-
ringt. Einer der Fotografen fragt, was er als Kommentar unter sein gerade geknipstes Foto von den beiden setzen soll.
Adenauer antwortet mit einer Geste, die seine Enttäu-
schung und Entmutigung auszudrücken scheint: *„Setzen
Sie darunter: Zwei müde Europäer!"*

Wenig später wird Konrad Adenauer die Information zu-
gespielt, Mendès-France sei dem Anschein nach gar nicht
an dem Zustandekommen der EVG interessiert, weil ihm
die Regierung der UdSSR im Falle eines Scheiterns der
EVG ein Entgegenkommen in dem Indochinakonflikt signalisiert habe.

Für Adenauer steht fest, hätte man in Deutschland den
Vertrag sofort nach der Unterzeichnung ratifiziert, so wäre
er auch in Frankreich unverzüglich ratifiziert worden. Im
Herbst 1952 war Robert Schuman noch französischer Au-
ßenminister und sein Wort als „Vater Europas" hätte dem
Verfahren den notwendigen Nachdruck verliehen.

So aber wird das Motto der Echternacher Springprozession zum Synonym der Anfänge Europas.

Am 29. August beginnt die Debatte in der französischen Nationalversammlung. Pierre Mendès-France verhält sich nach übereinstimmenden Aussagen von Beobachtern auffallend passiv in der Debatte. Es wird sehr bald die Forderung nach einer Vertagung der Debatte und einer Neuverhandlung des Vertrages laut. Um es kurz zu machen: Als am 30. August zu Beginn der Sitzung der Antrag gestellt wird, die Debatte sofort ohne eine Entscheidung in der Sache zu beenden, erklärt Mendès-France auf Nachfrage eines unabhängigen Abgeordneten, seine Regierung werde sich der Stimme enthalten.

Mit 319 gegen 264 Stimmen und 12 Enthaltungen spricht sich sodann die Versammlung für den Antrag auf Absetzung des Themas von der Tagesordnung aus und besiegelt damit zugleich das Schicksal der *Europäischen Verteidigungsgemeinschaft*. Mit Verkündung dieses Ergebnisses erheben sich die Gegner der EVG wild Beifall klatschend von ihren Bänken und stimmen die Marseillaise an, einige von ihnen sodann noch die Internationale.

Europa hat einen schwarzen Tag erlebt!

Dass dieses Verfahren und sein Ergebnis nicht nur in Deutschland, insbesondere bei Adenauer, aber auch jenseits des Atlantiks auf wenig Verständnis und Begeisterung stoßen, bedarf keiner sonderlichen Erwähnung. Der amerikanische Außenminister John Foster Dulles, der noch bei seinem ersten Europabesuch im Februar 1953 ausdrücklich betont hatte, dass die Verschmelzung der französischen und deutschen Streitkräfte im Interesse der USA liegen, weil so

ein für allemal ein Krieg zwischen beiden Nationen ver-
mieden wird, nennt das Ergebnis eine Tragödie. Der luxemburgische Ministerpräsident Bech spricht von einer Katastrophe, der belgische Außenminister Paul-Henri Spaak von
einem Triumph der Sowjets.

Es sind dann ausgerechnet die Briten in Person ihres gerade neu gewählten Premiers Anthony Eden, die eine neue
Initiative starten. Mit dem Abkommen von Paris kommt es
am 23. Oktober 1954 zur Gründung der Westeuropäischen
Union, einem kollektiven militärischen Beistandspakt mit
der Beteiligung der Bundesrepublik Deutschland. Damit
wird die junge Bundesrepublik Mitglied einer Militäralli-
anz klassischen Typs zwischen nationalen Armeen. Am
9. Mai 1955 erfolgt die Aufnahme Deutschlands in die
NATO.

Mit dem Scheitern der EVG ist auch dem Projekt „Europäische Politische Gemeinschaft" die Grundlage entzogen,
was vielleicht noch sehr viel schwerer wiegt.

Hat auch der 30. August 1954 einen „schwarzen Tag für
Europa" bedeutet, so besteht dennoch bei den politisch
Verantwortlichen jener Zeit keine Veranlassung, an der
Richtigkeit des verfolgten Zieles zu zweifeln. Joseph Bech
erinnert 1960 in seiner Dankesrede anlässlich der Verleihung des Internationalen Karlspreis der Stadt Aachen an die
Ereignisse und deren Folgen: *Ja gewiss, für die Europäer war
die Niederlage schwer gewesen, doch nicht endgültig. Die müden
Männer von 1954 bewahrten sich ihren Glauben an das Ideal eines
geeinten und starken Europas, das endlich frei sein würde von seiner Vergangenheit der Zwietracht und des Hasses. Etliche Monate*

später gingen sie in Messina an einen neuen Start. Auch das Un-
glück kann sein Gutes haben. Das Scheitern der Europäischen
Verteidigungsgemeinschaft wirkte sich für die betroffenen Staats-
männer als zwar schmerzliche, doch heilsame Lehre aus, die ihnen
wieder in Erinnerung brachte, dass die Politik die Kunst des Mög-
lichen ist und dass es angesichts der in verschiedenen Ländern zur
Zeit herrschenden politischen Verhältnisse heute noch nicht möglich
ist, das Europa unserer Wünsche mit einem Schlag zu verwirkli-
chen [...]

In Messina und Rom schlugen sie eine andere Taktik ein und
beschlossen, die Verwirklichung der europäischen Einheit von der
Seite der wirtschaftlichen Gegebenheiten her anzugehen. Nächstes
Ziel sollte es somit sein, zwischen den Mitgliedstaaten der Euro-
päischen Gemeinschaft für Kohl und Stahl schrittweise einen auf
den freien Güter-, Kapital- und Personenverkehr aufgebauten Ge-
meinsamen Markt zu schaffen [...]

V.

Das Leitbild

Joseph Bech macht in seiner Rede deutlich, was bis heute Gültigkeit hat: Die Idee, die hinter dem europäischen Binnenmarkt steht, ist keine Wirtschaftsidee. Die Idee war von Anfang an und ist auch heute eine politische Idee: die Einheit der Völker Europas in Frieden und Freiheit.

Europa wurde für die Menschen erfunden, nicht für die Wirtschaft, auch nicht für die Finanzwirtschaft und erst recht nicht für profitheischende Kasinokapitalisten, die Europa zu einem Spielball ihrer wirtschaftlichen Interessen machen.

Dies kann nicht oft genug betont werden, denn so war auch Johann Wolfgang von Goethe überzeugt: *Man muss das Wahre immer wiederholen, weil auch der Irrtum um uns herum immer wieder gepredigt wird.*

Mit der Gründung der Europäischen Gemeinschaft für Kohle und Stahl wollten die „Väter Europas" den Grundstein für eine „Union der Völker Europas" – oder wie Jean Monnet es bekanntermaßen nannte: eine „Union der Bürger" – legen, in der die wirtschaftlichen und politischen Bedürfnisse, die Interessen und Ziele der Europäer verbunden werden. Von Anbeginn an werden die „Union der Völker Europas" zum Leitbild und die bereits bekannte „Alchemie" des Jean Monnet zum Instrument des europäischen Integrationsprozesses.

War die Europäische Gemeinschaft für Kohle und Stahl hierfür der der erste Schritt, so bedeutete die Gründung der Europäischen Wirtschaftsgemeinschaft 1957 einen weiteren Schritt. Die Präambeln der Gründungsverträge lassen daran keinen Zweifel.

So errichteten die beteiligten Staaten eine **Europäische Gemeinschaft für Kohle und Stahl,** *versehen mit der Aufgabe, auf der Grundlage eines gemeinsamen Marktes zur Ausweitung der Wirtschaft, zur Steigerung der Beschäftigung und zur Hebung der Lebenshaltung in den Mitgliedstaaten beizutragen,* **um** *den ersten Grundstein für eine weitere und vertiefte Gemeinschaft unter den Völkern zu legen, die lange Zeit durch blutige Auseinandersetzungen entzweit waren.*

So gründeten 1957 die Vertragsparteien eine **Europäische Wirtschaftsgemeinschaft,** *versehen mit der Aufgabe, einen Gemeinsamen Markt (für den freien Verkehr von Waren, Personen, Dienstleistungen und Kapital zwischen den Mitgliedstaaten) zu errichten,* **um** *die Grundlagen für einen immer engeren Zusammenschluss der europäischen Völker zu schaffen und Frieden und Freiheit zu wahren.*

Und 50 Jahre später, am 13. Dezember 2007, gründen die Staats- und Regierungschefs von 25 europäischen Staaten trotz aller Krisen, aller Irrungen und Wirrungen, die Europa und der der europäische Integrationsprozess, inzwischen durchlebt und durchlitten haben, eine **Europäische Union,** *um die Verwirklichung einer immer engeren Union der Völker Europas auf eine neue Stufe zu stellen.*

In gleicher Weise spricht die **Charta der Grundrechte der EU** in ihrer Präambel davon, dass *die Völker Europas entschlossen sind, auf der Grundlage gemeinsamer Werte eine friedvolle Zukunft zu teilen, indem sie sich zu einer immer engeren Union verbinden.*

Auch fast sieben Jahrzehnte nach der historischen Erklärung Robert Schumans und der Gründung der ersten europäischen Gemeinschaft ist das Bekenntnis zur Einheit Europas, zur Vereinigung der Völker Europas in Frieden und Freiheit noch lebendig. Mit der Gründung der Europäischen Union wird dieses Projekt nicht nur fortgeführt, sondern mehr noch auf eine neue Stufe gestellt werden.

Umso befremdlicher mutet es an, dass in jüngster Zeit zunehmend Stimmen laut werden, die das Bekenntnis zu der „immer engeren Union der Völker Europas" als substanzlose Floskel, als reine Vertragslyrik, schlichtweg als gänzlich belanglos abtun. Andere wiederum fordern gar den gänzlichen Verzicht und die Aufgabe dieses Leitbildes.

Ersteren ist entgegenzuhalten: Wer Präambeln in privatrechtlichen oder völkerrechtlichen Verträgen als schmückendes Beiwerk, als belanglose Vertragslyrik abtut, verkennt deren wahre Bedeutung. Sie dokumentieren die gemeinsamen Motive, Absichten und Ziele, welche die Parteien zum Abschluss des Vertrages veranlasst haben, geben also den Basiskonsens wieder.

Für die Präambeln der Gründungsverträge der europäischen Gemeinschaften und der Europäischen Union gilt noch eine Besonderheit. Der Europäische Gerichtshof bezieht die inhaltlichen Aussagen der Präambeln regelmäßig in seine Auslegung einzelner Vertragsartikel mit ein. Für wie bedeutsam der Europäische Gerichtshof die Präambeln der europäischen Verträge hält, macht schon eine Entscheidung aus dem Jahre 1963 deutlich, die sich mit dem später noch eingehender zu erörternden Aspekt der Rechtsgemeinschaft auseinandersetzt:

> [...] das Ziel des EWG-Vertrages ist die Schaffung eines gemeinsamen Marktes, dessen Funktionieren die der Gemeinschaft angehörigen Einzelnen unmittelbar betrifft; damit ist zugleich gesagt, dass der Vertrag mehr ist als ein Abkommen, das nur wechselseitige Verpflichtungen zwischen den vertragsschließenden Staaten begründet. Diese Auffassung wird durch die Präambel des Vertrages bestätigt, die sich nicht nur an die Regierungen, sondern auch an die Völker richtet. Sie findet eine noch augenfälligere Bestätigung in der Schaffung von Organen, welchen Hoheitsrechte übertragen sind, deren Ausübung in gleicher Weise die Mitgliedstaaten wie die Staatsbürger berührt...“

Da ist es wieder, das Leitbild der „Union der Bürger“, als die sich Jean Monnet Europa vorgestellt hat.

Diejenigen, die einem gänzlichen Verzicht bzw. einer Aufgabe des Leitbildes „Union der Völker Europas“ das Wort reden, entziehen folglich dem europäischen Einigungsprojekt die Legitimationsgrundlage und der Europäischen Union die Geschäftsgrundlage.

Und nicht nur das. Die Aufgabe des Leitbildes führt zwangsläufig zur Orientierungslosigkeit der Beteiligten. Wer sich nicht mehr über das gemeinsame Ziel einer Reise einig ist, wird sich nur schwerlich über den Weg verständigen können.

Eben genau das erleben wir in Europa in jüngster Zeit nahezu tagtäglich. Der deutsche Sozialphilosoph Jürgen Habermas hat es unlängst auf den Punkt gebracht: *„Alle beteiligten Regierungen sind ohne Mut und zappeln hilflos in der Zwickmühle zwischen den Imperativen der Großbanken und der Ratingagenturen auf der einen, ihrer Furcht vor dem drohenden Legitimationsverlust bei der eigenen frustrierten Bevölkerung auf der anderen Seite. Der kopflose Inkrementalismus verrät das Fehlen einer weiter ausgreifenden Perspektive!"*

Bildlich gesprochen gleicht das Europa des Jahres 2016 einem Schiff im Nebel, das tutet und hofft, dass niemand kommt. Die Crew auf der Brücke hat den Kompass verloren. Das, was wir im Augenblick erleben, ist kein Beispiel für die Unzulänglichkeit der Konstruktion der Europäischen Union, sondern ein Beispiel der Schwäche und mangelnden europäischen Verantwortung der politischen Akteure.

Hinzu tritt, dass das Ökonomische in Gestalt der Finanzwirtschaft immer mehr die Macht über das Gesellschaftliche zu erringen sucht. Dies gilt nicht nur auf europäischer, das gilt gleichermaßen auf nationaler Ebene. In Europa wird das dadurch sichtbar, dass die Debatte um die Zukunft des europäischen Projektes nahezu ausschließlich mit Begriffen aus der Finanzwelt geführt wird.

Umso mehr tut es Not, sich das Wesensgehaltes des Leitbildes „Union der Bürger" zu vergegenwärtigen.

Was also bedeutet die „immer engere Union der Völker Europas", was ist der Wesensgehalt des Leitbildes „Union der Bürger"?

So vage die Formulierung dieses Ziels auch anmutet, so wenig bestimmbar der Wesensgehalt des Leitbildes daraus auf den ersten Blick erscheint, so lässt es gleichwohl nur einen Schluss zu: Vergegenwärtigt man sich das zur Idee Europa gesagte, so kann die „Union der Völker Europas" nichts anderes bedeuten als die Vereinigung der europäischen Bürgerinnen und Bürger unter dem Dach einer gemeinsamen Rechts- und Werteordnung. Die Struktur des gemeinsamen europäischen Hauses der Freiheit kann nur eine wie auch immer geartete Föderation sein.

Diese „Union der Bürger" ist nicht nur eine Vision, ein weit in der Zukunft liegendes Ziel, sie ist heute, 66 Jahre nach der historischen Erklärung Robert Schumans, dank der Europäischen Union ein wesentlicher Teil der Lebenswelt von über 500 Millionen Bürgerinnen und Bürgern.

Als Jean Monnet davon sprach, Europa sei nicht nur eine Gemeinschaft von Staaten, sondern vielmehr eine Union der Bürger, fügte er hinzu, es gelte deshalb den Menschen ihr Europäertum bewusst zu machen. Dies scheint in den letzten sechs Jahrzehnten nur unzureichend gelungen. Anders lässt sich nicht erklären, dass die nationalistischen Parolen der selbsternannten Europagegner inzwischen auf so viel Wiederhall stoßen.

Was also bedeutet es, Europäer aus Österreich, aus Belgien, aus Bulgarien, Zypern, Kroatien, Tschechien, Dänemark, Estland, Finnland, Frankreich, Deutschland, Griechenland, Ungarn, Irland, Italien, Lettland, Litauen, Luxemburg, Malta, den Niederlanden, Polen, Portugal, Rumänien, der Slowakei, Slowenien, Spanien, Schweden, ja sogar aus Großbritannien zu sein?

Es bedeutet das Leben in einer Friedens- und Rechtsgemeinschaft. Das sind die Folgen des 9. Mai 1950!

VI.
Die Folgen des 9. Mai 1950 –
Friedens- und Rechtsgemeinschaft

Die Friedensgemeinschaft Europa

„Es handelt sich nicht um leere Worte, sondern um einen mutigen Akt, um einen konstruktiven Akt. Frankreich hat gehandelt, und die Folgen seiner Aktion können immens sein. Wir hoffen, dass sie es sein werden. Es hat vor allem für den Frieden gehandelt. Damit der Frieden eine Chance hat, muss es erst ein Europa geben.“ Mit diesen Worten hatte Robert Schuman am 9. Mai 1950 die Vorstellung seines Planes, die Verlesung der „Geburtsurkunde Europas" vor der internationalen Presse begonnen.

62 Jahre später, am 10. Dezember 2012, halten im Rathaus von Oslo Herman van Rompuy, Präsident des Europäischen Rates, José Emanuel Barroso, Präsident der Europäischen Kommission, und Martin Schulz, Präsident des Europäischen Parlamentes, Urkunde und Medaille zum Friedensnobelpreis 2012 in den Händen. Niemals zuvor in der Geschichte des Friedensnobelpreises haben neben dem norwegischen Königs- und Kronprinzenpaar so viele

Staats- und Regierungschefs dieser alljährlich stattfindenden Zeremonie beigewohnt.

Der Anlass an diesem 10. Dezember 2012 ist aber auch
außergewöhnlich: Die Europäische Union ist Friedens-
nobelpreisträgerin 2012!

62 Jahre sind seit der Erklärung Robert Schumans vergangen, 62 Jahre, in denen Europa – anders als viele Jahrhunderte zuvor in seiner Geschichte – nicht mehr eine Frage von Krieg und Frieden war. Und so heißt es in der
offiziellen Begründung: *Die EU erhält den Friedensnobelpreis
2012 für ihren bereits über sechs Jahrzehnte währenden Beitrag zur
Entwicklung von Frieden und Versöhnung, Demokratie und Menschenrechte in Europa.*

Seit 1901 wird der Friedensnobelpreis verliehen. Sein
Begründer und Stifter, der schwedische Chemiker und Industrielle Alfred Nobel hat in seinem Testament verfügt,
dass der Preis *denjenigen vergeben werden sollte, die am meisten
oder am besten auf die Verbrüderung der Völker und die Abschaf-
fung oder Verminderung stehender Heere sowie das Abhalten oder
die Förderung von Friedenskongressen hinwirken und damit im
vergangenen Jahr der Menschheit den größten Nutzen erbracht
haben.*

Es ist schon ein Paradoxon: Der Erfinder des Dynamits
und Besitzer des schwedischen Rüstungskonzerns Bofors,
dessen Vater durch die Herstellung von Minen im Krim-
krieg (1853–1856) und in den Sezessionskriegen reich geworden ist, ein Mann, der bis zu seinem Tod der festen
Überzeugung war, dass allein nur die Verfügbarkeit einer
starken und schrecklichen Vernichtungswaffe die Menschheit vom Krieg abschrecken würde, wird zum Stifter des

weltweit bedeutsamsten Friedenspreises. Es heißt, maßgeblichen Anteil an diesem Sinneswandel habe Bertha von Suttner gehabt, die für kurze Zeit als Privatsekretärin in seinen Diensten gestanden und mit der er auch später noch intensiv seine Überzeugungen diskutiert hat.

Bertha Sophia Felicitas Baronin von Suttner (1843–1914) hat sich einen Namen als österreichische Pazifistin, Friedensforscherin und Schriftstellerin gemacht. Von ihr soll auch die Anregung zur Stiftung eines Friedensnobelpreises stammen. Vielleicht war es deshalb konsequent, dass sie 1905 als erste Frau den Friedensnobelpreis verliehen bekam. Nach ihr haben bis heute noch 14 weitere Frauen diesen Preis für ihr Friedensengagement erhalten. 86 Mal ging der Preis an Männer. Gleichberechtigung sieht wohl anders aus.

Einen Namen aber sucht man vergebens auf der Liste der Preisträger: Robert Schuman. Hatte doch Schuman und mit ihm Jean Monnet, aber auch Konrad Adenauer, am 9. Mai 1950 den Grundstein für die Aussöhnung der „Erbfeinde" Frankreich und Deutschland, für die europäische Integration und damit auch für die heutige Europäische Union, vor allem aber für eine wirklich tragfähige europäische Friedensordnung gelegt. Wäre also Schuman nicht geradezu prädestiniert gewesen für eine Ehrung mit dem Friedensnobelpreis? Aber die „Väter Europas", sucht man vergebens unter den Preisträgern. Fehlte es den in den 1950er Jahren verantwortlichen Mitgliedern des Nobelpreiskomitees am notwendigen historischen Verständnis, sie für ihren Mut und ihre politische Weitsicht zu würdigen?

Hätte nicht die Bereitschaft, traditionelle Paradigmen des Denkens und politischen Handelns zu verlassen und neue

Wege in und für Europa zu beschreiten, die der Schuman-Plan überhaupt erst möglich machte, im Lichte des Vermächtnisses Alfred Nobels eine Würdigung durch den Friedensnobelpreis erfahren müssen?

Mit Verlaub: Es hat schon Friedensnobelpreisträger mit weit geringerem Beitrag zur Befriedung der Welt gegeben. Zugegeben, es ist müßig, heute darüber nachzusinnen oder zu spekulieren, warum das Werk Schumans zu dessen Lebzeiten keine Beachtung beim Nobelpreiskomitee gefunden hat. Und da der Friedensnobelpreis nach den geltenden Statuten nicht posthum verliehen werden darf, bestand nach 1963 auch keine Möglichkeit, die Unterlassungssünde wettzumachen.

Der guten Ordnung halber sei erwähnt, dass der Person Robert Schuman und seinem Werk posthum sehr viel höhere Weihen zuteil werden sollen.

Im Bistum Metz wurde 1990 von dem dortigen Bischof Pierre Raffin das Verfahren zur Seligsprechung Robert Schumans eröffnet. Denjenigen, die dieses Verfahren aktiv begleiten, gilt Robert Schuman als ein Gefolgsmann der Bergpredigt Christi, die in der Feststellung gipfelt: *Selig sind die, die Frieden stiften!*

Unter den Preisträgern in der inzwischen 111-jährigen Geschichte des Friedensnobelpreises finden sich 24 Organisationen, wobei einige dieser Organisationen den Preis sogar mehrmals erhalten haben.

Beispielhaft erwähnt seien das Internationale Rote Kreuz (Preisträgerin 1917, 1944 und 1963), das Büro des Hohen Kommissars für Flüchtlinge (Preisträger 1954 und 1981), die

UNICEF (1965), Amnesty International (1977), die Internationale Kampagne für das Verbot von Landminen (1997), Ärzte ohne Grenzen (1999), die UNO (2001), die Internationale Atomenergie-Organisation (2005), der Weltklimarat (2007).

Warum diese Aufzählung, mag man fragen. Ganz einfach: Sie verdeutlicht, wie außergewöhnlich die Preisvergabe im Jahr 2012 an die Europäische Union ist. Die Europäische Union fällt in dieser Kategorie gänzlich aus dem Rahmen. Sie ist weder vergleichbar mit einer zivilgesellschaftlichen Organisation wie „Ärzte ohne Grenzen" oder dem Internationalen Roten Kreuz, noch handelt es sich bei ihr um eine internationale Organisation in Form eines zwischenstaatlichen Zusammenschlusses entsprechend den Vereinten Nationen. Aufgabe und Ziel dieser Organisationen sind die Linderung kriegsbedingten Leids (Internationales Rotes Kreuz), oder – wie im Falle der UNO – die Entwicklung und Förderung von Friedensordnungen.

Die Europäische Union ist im Vergleich dazu sehr viel mehr: Sie selbst ist die Friedensordnung par excellence – **eine Friedensgemeinschaft**!

Die Europäische Union ist eine Friedensgemeinschaft, weil sich in ihr die Idee Europa, die Idee von einem neuen politischen und gesellschaftlichen Ordnungsmodell in Gestalt einer Rechts- und Wertegemeinschaft der europäischen Völker und Staaten manifestiert hat, deren Bezugsrahmen der europäische Wertekanon bildet. Das Bekenntnis zu den gemeinsamen Werten haben die Mitgliedstaaten an prominenter Stelle in der Präambel der „Verfassung" der Europäischen Union zum Ausdruck gebracht.

SCHÖPFEND aus dem kulturellen, religiösen und
humanistischen Erbe Europas, aus dem sich die
unverletzlichen und unveräußerlichen Rechte des
Menschen sowie Freiheit, Demokratie, Gleichheit
und Rechtsstaatlichkeit als universelle Werte
entwickelt haben, und [...]

IN BESTÄTIGUNG ihres Bekenntnisses zu den
Grundsätzen der Freiheit, der Demokratie und
der Achtung der Menschenrechte und Grundfreiheiten und der Rechtsstaatlichkeit [...]

ENTSCHLOSSEN, den Prozess der Schaffung einer
immer engeren Union der Völker Europas weiterzuführen [...]

HABEN [die Mitgliedstaaten] BESCHLOSSEN, eine
Europäische Union zu gründen [...]

Grundlage und Legitimation der Europäischen Union bilden die Achtung der Menschenwürde, Freiheit, Demokratie, Gleichheit, Rechtsstaatlichkeit und die Wahrung der
Menschenrechte einschließlich der Rechte der Personen,
die Minderheiten angehören.

Hinzu kommen „gesellschaftliche" Werte wie Pluralis-
mus, Nichtdiskriminierung, Toleranz, Gerechtigkeit, Solidarität und die Gleichheit von Männern und Frauen.

Die Bedeutung der gemeinsamen Werte als Legitimationsgrundlage und politischen Kompass hebt zudem die Präambel der *Charta der Grundrechte der Europäischen Union* hervor, die integraler Bestandteil der „Verfassung" der EU ist:

> Die Völker Europas sind entschlossen, auf der Grundlage gemeinsamer Werte eine friedvolle Zukunft zu teilen, indem sie sich zu einer immer engeren Union verbinden. In dem Bewusstsein ihres geistigen, religiösen und sittlichen Erbes gründet sich die Union auf die unteilbaren und universellen Werte der Würde des Menschen, der Freiheit, der Gleichheit und der Solidarität. Sie beruht auf den Grundsätzen der Demokratie und der Rechtsstaatlichkeit. Sie stellt die Person in den Mittelpunkt ihres Handelns, indem sie die Unionsbürgerschaft und einen Raum der Freiheit, der Sicherheit und des Rechts begründet.

Die Achtung und Aufrechterhaltung dieser Werte sind zugleich die Voraussetzung für die Mitgliedschaft in der Europäischen Union. So kann Mitglied der Europäischen Union nur der europäische Staat werden, der diese Werte achtet und sich für ihre Förderung einsetzt. Verstößt ein Mitgliedstaat schwerwiegend gegen diese Grundwerte, so sieht die „Verfassung" der EU die Möglichkeit einer Suspendierung der Mitgliedschaftsrechte des betreffenden Mitgliedstaates vor.

An diesem Aspekt dürfte sich in Zukunft die Glaubwürdigkeit der Europäischen Union als Wertegemeinschaft messen lassen müssen. Die Frage ist nämlich, wie konsequent die europäischen Institutionen gegen derartige schwerwiegende Verstöße vorgehen. Wie sagte doch der französische Mediävist Jacques Le Goff: *„Europa wird ein Europa der Werte sein, oder es wird nichts sein!"*

Oft genug haben die Europäer in ihrer Geschichte die gemeinsamen Werte verraten. Auch im Augenblick lässt sich eine gewisse Leichtfertigkeit im Umgang mit ihnen nicht verkennen.

Das verbale Bekenntnis reicht nicht aus, man muss diese Werte auch leben, sprich: sie zur Richtschnur der gemeinsamen Politik machen. So leichtfertig und nahezu gleichgültig sich die Europäer im Umgang mit ihren Werten in eigenen Angelegenheiten zeigen, so entschlossener mahnen sie von anderen den Respekt vor diesen an. Aus der Gleichgültigkeit gegenüber den eigenen Werten folgt der Werteverfall. Angesichts der mit der Flüchtlingswelle an den Stammtischen, und nicht nur dort, so lautstark heraufbeschworenen Gefahr der Islamisierung der europäischen Gesellschaft, die realiter mit an Sicherheit grenzender Wahrscheinlichkeit ausbleiben dürfte, mag man sich eines Satzes des Publizisten Peter Scholl-Latour erinnern: *„Mir macht weniger die Stärke des Islam Sorgen als vielmehr die Schwäche des Christentums."*

Die einzigartigen Qualitäten der europäischen Kultur gilt es zu erhalten, zu schützen und zu erneuern, denn der europäische Wertekanon bildet den Bezugsrahmen für die Politik, die Wirtschaft und die Gesellschaft in Europa.

Als Wertegemeinschaft ist die Europäische Union eine Friedensgemeinschaft. Als Rechtsgemeinschaft ist sie eine Friedensordnung par excellence, denn Recht schafft Frieden („si vis pacem cole iustitiam") und *Recht bedeutet den Verzicht auf Rache* (Theodor W. Adorno). Es genügt nicht, Kriege zu verbieten. Man muss sie unmöglich machen. Die Integration möglicher Kriegsgegner in einer Rechtsgemeinschaft hat sich dafür als brauchbares Mittel erwiesen, wie die vergangenen fast sieben Jahrzehnte bewiesen haben.

Die Rechtsgemeinschaft Europa

„Der Euro ist für mich nicht so sexy, dass ich mich in ihn verlieben könnte; worin ich mich aber verlieben kann, ist, dass Europa eine Rechtsgemeinschaft ist", hat Jean-Claude Juncker in einem Gespräch mit dem Autor bekannt.

Ob man den Euro nun sexy findet oder nicht, sei jedem selbst überlassen. Die Motive auf den Münzen und Geldscheinen sind wohl kaum dazu angetan, irgendwelche Emotionen zu wecken. Beim Betrachten der roten, blauen und bräunlichen Scheine im Wert von zehn, zwanzig und fünfzig Euro besticht vor allem die Phantasielosigkeit, mit der die Grafiker zu Werke gegangen sind. Wenn der Euro nicht nur Zahlungsmittel sein, sondern auch identitätsstiftende Funktion haben soll, so hätte es doch wohl nahegelegen, die Banknoten mit berühmten, europäischen Kunstwerken oder Baudenkmälern zu illustrieren.

Andererseits: Waren die D-Mark, der belgische oder der französische Franc je sexy? Und wie viel Sexappeal lässt sich dem britischen Pfund attestieren?

Was die Europäische Union einzigartig macht, was sie für die Bürgerinnen und Bürger so liebens- und lebenswert macht, zumindest aber machen sollte, ist ihre Eigenschaft als Rechtsgemeinschaft. Die Rechtsgemeinschaft macht die EU zu einem politischen und gesellschaftlichen Ordnungsmodell im Sinne der *Idee Europa* und schafft die Rahmenbedingungen für die Union der Bürger. Durch sie wird Europa zu einem gemeinsamen Haus der Freiheit für die Europäer.

Der Begriff „Rechtsgemeinschaft", eine Wortschöpfung Walter Hallsteins, lehnt bewusst an dem Begriff „Rechtsstaat" an und bringt damit zum Ausdruck, dass es sich bei der Europäischen Union wenn auch nicht um einen Staat im herkömmlichen Sinne, so doch um ein Gemeinwesen (Union) handelt, das über die wesentlichen Attribute verfügt, die mit einem Rechtsstaat in Verbindung gebracht werden. Die Rechtsstaatlichkeit ist eines der elementaren Grundprinzipien, auf denen die Europäische Union beruht. Rechtsstaatlichkeit bedeutet grundsätzlich, dass die Ausübung staatlicher Macht nur auf der Grundlage der Verfassung und formell und materiell verfassungsmäßig erlassenen Gesetzen mit dem Ziel der Gewährleistung von Menschenwürde, Freiheit, Gerechtigkeit und Rechtssicherheit zulässig ist.

Auf die EU übertragen bedeutet dieser Grundsatz, dass ihre Organe nur im Rahmen der ihnen von den Mitgliedstaaten übertragenen Vollmachten zur Erfüllung der verfassungsmäßigen Ziele gesetzgeberisch tätig werden und dabei die Achtung der Menschenwürde, Freiheit, Gerechtigkeit und Rechtssicherheit, also der gemeinsamen Werte, gewährleisten.

Die Europäische Union ist in dreifacher Hinsicht ein Phänomen des Rechts.

- Sie ist eine **Schöpfung des Rechts**, weil sie – wie schon die europäischen Gemeinschaften – ihre Existenz der Überzeugung verdankt, dass die Einigung Europas, die Vereinigung der Völker Europas in Frieden und Freiheit, nur mit der geistig-kulturellen Kraft des Rechts möglich ist.
- Sie ist **Rechtsquelle**, weil es Aufgabe ihrer Organe ist, die in ihrer „Verfassung" niedergelegten Ziele im Gemeinschaftsinteresse mit Rechtsnormen auszufüllen.
- Und sie ist, daraus folgend, eine **eigenständige supranationale Rechtsordnung**.

Mit dem am 13. Dezember 2007 in Lissabon von ihren Staats- und Regierungschefs unterzeichneten Vertragswerk, bestehend aus dem *Vertrag über die Europäische Union* und dem *Vertrag über die Arbeitsweise der Europäischen Union*, die zusammen mit der *Charta der Grundrechte der Europäischen Union* die „Verfassung" der EU bilden, haben 25 europäische Staaten (inzwischen sind es 28) eine Europäische Union (neu) gegründet, *um den Prozess der Schaffung einer immer engeren Union der Völker Europas weiterzuführen*. Dieses Bekenntnis in der Präambel der „Verfassung" macht deutlich, dass die Europäische Union nach Auffassung ihrer Gründer nicht das Ende des europäischen Einigungsprozesses darstellt, sondern vielmehr ein weiteres Instrument auf dem Weg zu der Vereinigung der Völker Europas in Frieden, Freiheit und Wohlstand.

Auf der Grundlage dieser „Verfassung" haben *die Mit-gliedstaaten der Union Zuständigkeiten zur Verwirklichung ihrer gemeinsamen Ziele übertragen.*

Zu diesen gemeinsamen („innenpolitischen") Zielen zählen:

- die Förderung des Friedens, ihrer Werte und des Wohler-gehens ihrer Völker;
- die Herstellung eines Raumes der Freiheit, der Sicher-heit und des Rechts ohne Binnengrenzen für ihre Bür-gerinnen und Bürger, in dem – in Verbindung mit geeig-neten Maßnahmen in Bezug auf die Kontrollen an den Außengrenzen, das Asyl, die Einwanderung sowie die Verhütung und Bekämpfung der Kriminalität – der freie Personenverkehr gewährleistet ist;
- die Errichtung eines Binnenmarktes zur Förderung einer nachhaltigen Entwicklung Europas auf der Grundlage eines ausgewogenen Wirtschaftswachstums und Preissta-bilität, verbunden mit dem Bekenntnis zu einer in ho-hem Maße wettbewerbsfähigen, sozialen Marktwirt-schaft, die auf Vollbeschäftigung und sozialen Fortschritt abzielt, einem hohen Maß an Umweltschutz und Verbes-serung der Umweltqualität;
- die Bekämpfung sozialer Ausgrenzung und Diskriminie-rungen und die Förderung sozialer Gerechtigkeit und sozialen Schutzes, der Gleichstellung von Frauen und Männern, der Solidarität zwischen den Generationen und des Schutzes der Rechte des Kindes;
- die Förderung des wirtschaftlichen, sozialen und territo-rialen Zusammenhaltes und der Solidarität zwischen den Mitgliedstaaten;

- die Wahrung des Reichtums der kulturellen und sprach-
lichen Vielfalt und der Schutz und die Entwicklung des
kulturellen Erbes Europas;
- die Errichtung einer Wirtschafts- und Währungsunion,
deren Währung der Euro ist.

Mit der *Herstellung eines Raumes der Freiheit, der Sicherheit
und des Rechts* erweitern die Mitgliedstaaten die Zuständigkeiten der Europäischen Union und tragen damit der über
die wirtschaftspolitische Zielsetzung hinausgehenden ge-
sellschaftspolitischen Dimension des europäischen Einigungsprozesses Rechnung.

Hinsichtlich der „außenpolitischen" Ziele beschränkt
sich die „Verfassung" auf die Berufung der bereits bekannten eigenen Werte, die sie zum Maßstab des politischen
Handelns in ihren Beziehungen zur übrigen Welt macht.

Dass die „Verfassung" der Europäischen Union kein Ab-
bild irgendeiner der 28 nationalen Verfassungen sein kann,
zu denen konstitutionelle Monarchien genauso zählen wie
Präsidialsysteme und föderale Verfassungen, versteht sich
von selbst. Die Union ist vielmehr ein mit eigenen Rechten ausgestattetes Gemeinwesen, das die Mitgliedstaaten im
Einklang mit ihren Verfassungen geschaffen haben.

Mit der Europäischen Union ist eine neue Rechtsper-
sönlichkeit im Völkerrecht entstanden. Sie ist kein Staaten-
bund, verstanden als Zusammenschluss souveräner Staaten
im Sinne einer Konföderation. Sie ist kein Bundesstaat analog zu den Vereinigten Staaten von Amerika.

Sie ist, mit dieser Formulierung helfen sich Juristen immer dann, wenn ihr traditionelles Vokabular keine geeigne-

te Formel bereithält, eine Organisation „sui generis" (eigener Art). Der Ausspruch von Alexis de Tocqueville bei dem Versuch, seinen Landsleuten die Vereinigten Staaten zu erklären: „*Der menschliche Verstand erfindet leichter Neues als neue Worte und wir sind daher gezwungen, viele ungeeignete und unzureichende Ausdrücke zu verwenden* [...] *Eine Regierungsform ist entdeckt worden, die weder eindeutig ein Einheitsstaat noch ein Bundesstaat ist, und das neue Wort, das eines Tages diese Erfindung bezeichnen wird, gibt es noch nicht*", erweist sich rückblickend als geradezu prophetisch in Bezug auf das Projekt „Europa". Die Europäer haben das neue Wort inzwischen gefunden: „**Union**".

Der Terminus „Union" wird dem Ganzen durchaus gerecht. Obwohl die Union kein Staat ist, sie vor allem nicht über eine territoriale Entität verfügt, sie keine einen Staat kennzeichnende Allzuständigkeit besitzt, hat sie wie ein Staat im Rahmen der ihr von den Mitgliedstaaten eingeräumten Zuständigkeiten Gesetzgebungs-, Vollziehungs- und Rechtsprechungsgewalt. Bei der Europäischen Union handelt es sich um ein völlig neuartiges und einzigartiges Phänomen in der Geschichte des Kontinents, das sich als politisches, wirtschaftliches und gesellschaftliches System nur schwerlich auf eine einfache Formel reduzieren lässt. Eben ein Konstrukt „sui generis"!

Es sind ihre Institutionen/Organe und die eigenständige supranationale Rechtsordnung, die die Europäische Union als Rechtsgemeinschaft zu einer Union der Bürger macht. Der Terminus „supranational", so gebräuchlich er im Kontext des Projektes Europa auch ist, ist eher unglücklich, indiziert er doch, mit der Vereinigung der Völker Europas sollten die Nationen zerstört werden. Das Gegenteil ist richtig, weshalb sich der Begriff „gemeinschaftlich" empfiehlt. Mithin sprechen wir von einer „eigenständigen gemeinschaftlichen Rechtsordnung".

Wenden wir uns jedoch zunächst den Organen der EU zu, deren Zusammenwirken beim Erlass europäischer Rechtsvorschriften sie zu einer **Rechtsquelle** macht.

Alles ist in Europa möglich, wenn gemeinsamen Institutionen die Macht anvertraut ist, über das allgemeine Interesse zu wachen und hierfür per Mehrheitsbeschluss die notwendigen Regeln zu schaffen. Mit diesem Satz in seinem Zeitungsbeitrag legt Jean Monnet die Spur für die Rechtsgemeinschaft Europa, mit seinem institutionellen Bauplan, der in der Europäischen Gemeinschaft für Kohle und Stahl umgesetzt wird, schafft er die Grundlagen dafür.

Es wäre eindeutig zu kurz gesprungen, die Bedeutung und Notwendigkeit europäischer Institutionen allein an dem zu schaffenden gemeinsamen Regelwerk auszumachen. Wo einst Waffen und Diplomatie die Mittel zur Überwindung von Gegensätzen und zwischenstaatlicher Konflikte waren, sollte sich mit diesen Institutionen eine Kultur des Konfliktmanagements durch einen institutionalisierten Verhandlungs- und Konsensfindungsprozess herausbilden. Mit den Institutionen ist in und für Europa der Wandel vom Rüsten zum Reden gelungen.

In der Präambel des Gründungsvertrages der EGKS heißt es, dass mit ihr die institutionellen Grundlagen geschaffen werden, die *einem nunmehr gemeinsamen Schicksal* [der europäischen Völker] *die Richtung weisen.* In der Rückschau muten diese Worte geradezu prophetisch an. Das wahrhaft Erstaunliche ist nämlich: Die mit der EGKS erstmals geschaffene institutionelle Struktur ist, wenn auch die politische Aufgabenstellung und Funktionsweise der einzelnen Institutionen kontinuierlich weiterentwickelt worden sind, im Kern über alle Integrationsetappen hinweg bis hin zur Europäischen Union unverändert geblieben.

Mächtig, aber nicht allmächtig –
die EU-Kommission

Im Zentrum der institutionellen Konstruktion für ein „organisiertes und lebendiges Europa" (Erklärung vom 9. Mai 1950) steht entsprechend dem Bauplan Monnets eine supranationale (überstaatliche) Institution, die – in voller Unabhängigkeit gegenüber den Regierungen der Mitgliedstaaten und allein dem Interesse der Gemeinschaft/Union verpflichtet – bevollmächtigt ist, die Maßnahmen zu ergreifen, die zur Erreichung der gemeinsamen Ziele notwendig sind.

In der EGKS ist dies die Hohe Behörde, deren neun Mitglieder (von denen je zwei aus Frankreich, Deutschland und Italien und je ein Mitglied aus den Beneluxstaaten stammt)

- *ihre Tätigkeit in voller Unabhängigkeit im allgemeinen Interesse der Gemeinschaft ausüben;*
- *die bei der Erfüllung ihrer Pflichten weder Anweisungen von einer Regierung oder einer anderen Stelle einholen noch solche Anweisungen entgegennehmen dürfen;*
- *die jede Handlung zu unterlassen haben, die mit dem überstaatlichen Charakter ihrer Tätigkeit unvereinbar ist.*

Hohe Behörde bezeichnet sowohl das Führungsgremium als auch die Institution, die Verwaltungsbehörde als solche.

Gleiches gilt in Bezug auf die **Europäische Kommission,** die im Rahmen des EWG-Vertrages geschaffen wird und deren Mitglieder (heute: 28 EU-Kommissare) den gleichen Verpflichtungen unterliegen wie seinerzeit die Mitglieder der Hohen Behörde.

Im Vergleich zur Hohen Behörde der EGKS haben sich deren politische Aufgabenstellung und Gestaltungsmöglichkeiten jedoch im Zuge des Integrationsprozesses und der damit verbundenen Übertragung von weiteren Souveränitäten erheblich verstärkt.

Dennoch ist die Europäische Kommission weder de jure noch de facto die „Regierung Europas", auch wenn sie zuweilen als solche apostrophiert wird. Hieran hat auch die erstmals mit der Wahl Jean-Claude Junckers zum Kommissionspräsidenten umgesetzte Neuerung, dass das Europäische Parlament auf Vorschlag des Europäischen Rates den Kommissionspräsidenten wählt, nichts geändert. Die Kommission ist keine Regierung im staatsrechtlichen Sinne, sondern sie ist als ein unabhängiges, weisungsfreies Organ der parteipolitischen Neutralität verpflichtet.

Für die Europäische Kommission gilt wie für alle anderen europäischen Institutionen, dass sie nur in den politischen Feldern tätig wird, für die ihr kraft der „Verfassung" von den Mitgliedstaaten Zuständigkeiten übertragen worden sind. Man spricht insoweit von dem „Prinzip der Einzelermächtigung". Sie ist, das kann man nicht bestreiten, aufgrund ihrer politischen Verantwortung und des Umfanges der inzwischen „vergemeinschafteten" Politikbereiche weitaus mächtiger als ihre Vor-Vorläuferin Hohe Behörde, aber sie ist entgegen einer weitverbreiteten Meinung nicht allmächtig.

Was sie zu dem zentralen Organ im System EU macht, sie aber andererseits von der Hohen Behörde unterscheidet, ist ihr nahezu ausschließliches Initiativrecht im europäischen Rechtsetzungsverfahren.

Die Hohe Behörde war im Rahmen der ihr übertragenen Aufgaben und Zuständigkeiten die Befugnis zum Erlass der Rechtsakte in Gestalt von „Entscheidungen" oder „Empfehlungen" berechtigt, und es bedurfte nur in ganz wenigen Ausnahmen zu deren Wirksamkeit der Zustimmung des Rates, also des Gremiums der nationalen Minister. Doch mit Gründung der EWG im Jahre 1957 haben sich die Machtverhältnisse in diesem Punkt verschoben.

Seither beschränkt sich die Rolle der Kommission im europäischen Rechtssetzungsprozess darauf, nach Maßgabe der jeweils in den Verträgen vereinbarten Ziele im gemeinsamen Interesse Gesetzesvorschläge in Gestalt von Verordnungen und Richtlinien zu erarbeiten und in den Gesetzgebungsprozess einzubringen. Die Europäische Kommission ist der Ort, in dem Politik im gemeinsamen Interesse in Rechtsakte umgewandelt wird. Das und vor allem der Umstand, dass sie das alleinige Initiativrecht für europäische Gesetze, die vom Rat und Parlament beschlossen werden müssen, besitzt, macht die Kommission zu einer mächtigen Institution im politischen System der EU.

Um das Image der Europäischen Kommission ist es in der europäischen Öffentlichkeit nicht gerade zum Besten bestellt. Sie steht in dem Ruf, ein Gremium von Technokraten zu sein, deren einziges Sinnen und Trachten in der Reglementierung sämtlicher Lebensbereiche der europäischen Bürger liegt. Doch bitte: Was ist ein Technokrat?

Offenbar ist eine Gattung gemeint, die sich vom Politiker unterscheidet. Es ist noch nicht in das allgemeine Bewusstsein gedrungen, dass sich die Arbeit der Kommission kaum von der nationaler Minister unterscheidet. Sie legt Rat und Parlament ausgearbeitete Gesetzesvorschläge zur Entscheidung vor. Wenn die Erarbeitung von Gesetzesvorschlägen keine politische Arbeit ist, dann sind zum Beispiel Wirtschafts- und Sozialpolitik keine Politik. Dann aber sind Minister auch nur Technokraten mit zehntausenden von Beamten, die sie hinter sich haben.

Apropos Beamte: Beim diesem Thema dürfte es vielleicht überraschen, dass die Europäische Kommission, obwohl für über 500 Millionen Bürger zuständig, hinsichtlich ihres Mitarbeiterstammes eher vergleichbar mit der Verwaltung einer Großstadt ist. 33 000 Kommissionsbeamte kümmern sich um die Belange von 505 Millionen Unionsbürgern, 17 000 Verwaltungsbeamte um die von einer Million Bürgern der Stadt Köln …

Wegen ihres exklusiven Initiativrechtes im europäischen Gesetzgebungsverfahren gilt die Kommission gemeinhin als „Motor der Integration".

Angesichts der für den europäischen Bürger nur schwerlich nachvollziehbaren Regulierungsmanie, die die Kommission zuweilen an den Tag legt, indem sie sich um die Zusammensetzung französischen Weichkäses, die Größe von Duschköpfen oder die Mindestgröße von Kondomen kümmert, scheint dieser „Motor" zuweilen zu überhitzen.

In der Tat muss man sich fragen, ob sich in allen diesen Regelungen die gemeinsamen Interessen der europäischen Bürger widerspiegeln und ob sie zur Erreichung der verfassungsmäßigen Ziele der Union, nicht zuletzt für die „immer engere Union der Völker Europas", notwendig und zielführend sind. Dies sind die politischen Handlungsaufträge für die Organe der EU, zu denen sie im Rahmen ihrer Zuständigkeiten die geeigneten Maßnahmen zu treffen haben. Diese Ziele sind zugleich die Kontrollmaßstäbe für die Rechtmäßigkeit der darauf gestützten Handlungen.

Was man in diesem Kontext nicht außer Betracht lassen darf, diesen Zielen sind auch die Mitgliedstaaten selbst verpflichtet. So verlangt die sogenannte. Unionstreue von den Mitgliedstaaten, alle Maßnahmen zu unterlassen, die die Verwirklichung der Ziele der Union gefährden könnten. Bei der Lektüre dieser Sätze fällt sicherlich dem einen oder anderen so manches Beispiel ein, wo es mit dieser Unionstreue nicht ganz so genau genommen worden ist. Dass die Organe der EU den verfassungsmäßigen Zielen der Union und damit ihren politischen Handlungsaufträgen auch nicht immer in der geeigneten Weise gerecht geworden sind, sei einmal dahingestellt. Europa hat sich in der Vergangenheit oftmals als groß in der Regulierung kleiner Dinge, aber klein(-mütig) in der Regulierung großer Dinge erwiesen.

Dem will der 2014 neu gewählte Präsident der EU-Kommission, Jean-Claude Juncker, entgegenwirken. Bei der Vorstellung seines Programms im September 2014 sagte er: „*Ich meine es ernst, wenn künftig große Dinge groß und kleine Dinge klein gemacht werden sollen."* Gemeint hat er damit, dass der Bestand an nutzlosen EU-Regulierungen (kleine Dinge) zurückgeschnitten wird und man sich stattdessen auf bestimmte Projekte konzentriert. Dass Juncker es mit seiner Ankündigung tatsächlich ernst gemeint hat, zeigt sich in dem spürbaren Rückgang an Gesetzesvorschlägen der Kommission.

Was die EU dennoch trotz berechtigter Kritik zu einem einmaligen Modell in der Welt macht, ist die Tatsache, dass nationale Rivalitäten und Gegensätze durch gemeinschaftliche Regeln überwunden werden. Regeln, die von einer unabhängigen „Behörde" erdacht und in ein Gesetzgebungsverfahren eingebracht werden, an dem sowohl die nationalen Regierungen (Rat) als auch die europäischen Bürger über ihre gewählten Abgeordneten (Parlament) beteiligt sind. Selbst wenn zwischen Hauptstädten einmal Streit herrscht, führt die Kommission das europäische Geschäft einfach weiter. Das macht sie zum entscheidenden Stabilitätsanker des europäischen Projektes. Dagegen wirkt die EU-Gipfeldiplomatie der vergangenen Jahre auch schon wegen ihrer überschaubaren Ergebnisse eher wie Effekthascherei.

Nicht nur ihre Rolle als „Motor der Integration" macht die Kommission zu einem Stabilitätsanker des europäischen Projektes. Sie ist zugleich „Hüterin der Verträge". Als solcher obliegt ihr die Kontrolle der Anwendung und Durchführung der auf EU-Ebene erlassenen Gesetze durch die Mitgliedstaaten. Aber auch Rechtsverstöße von UnionsbürgerInnen und juristischen Personen (Unternehmen) gegen das Unionsrecht greift sie auf und ahndet Rechtsverstöße gegebenenfalls durch Verhängung empfindlicher Sanktionen bzw. durch die Anrufung des Europäischen Gerichtshofes, dem als Stabilitätsanker des europäischen Projektes nicht minder bedeutsamen Organ.

Der Rat der EU –
Schnittpunkt zweier Souveränitäten

Gibt es Regen, Sturm und Schnee,
war es immer die EG,
aber wenn die liebe Sonne lacht,
hat es stets Berlin [Rom, Madrid …] gemacht!

Mit diesen wenigen Zeilen hat vor einigen Jahren der frühere Präsident des Europäischen Parlamentes, Prof. Klaus Hänsch, ein in der Öffentlichkeit weit verbreitetes Vorurteil in lyrische Form gegossen. Ein Vorurteil, das von den nationalen Medien wie auch von den politischen Granden sorgsam gepflegt und befördert wird. Dabei wird dem Bürger schlichtweg verschwiegen, dass es kein europäisches „Gesetz", keine europäische Entscheidung ohne die Beschlussfassung durch den Rat (dem Gremium der nationalen Minister) gibt. Stattdessen wird die Kommission als Sündenbock für alle Fehlentwicklungen europäischer Politik an den Pranger gestellt, während der Rat als tatsächlich verantwortlicher Gesetzgeber sich stets aus der Affäre zieht.

Anders gesagt: Es sind die Mitgliedstaaten selbst, die über den Rat, in der Vergangenheit in der Regel allein, heute gemeinsam mit dem Europäischen Parlament, über das beschließen, was Medien und Politiker anschließend zu Hause den Bürgern hämisch als „Brüsseler Untat" oder „Brüsseler Bürokratie" verkaufen.

Gilt die Kommission gemeinhin als der „Motor der Integration", so hat sich der Rat in der Vergangenheit nicht selten als deren „Bremser" erwiesen. Oder, wie es einmal ein Mitglied der Kommission sinngemäß formuliert hat: *Die Kommission schickt mit ihrer Gesetzesinitiative einen Vollblüter ins Rennen, der im Laufe der Beratungen und Beschlussfassung im Rat zu einem Ackergaul mutiert.* Diese Mutation dürfte nicht selten dem Umstand geschuldet sein, dass die Mitglieder des Rates Diener zweier Herren sind.

Der *Rat der Europäischen Union,* wie die korrekte Bezeichnung lautet, ist die Repräsentanz der nationalen Regierungen im politischen System der EU. Auch diese Institution findet ihren Ursprung in der Europäischen Gemeinschaft für Kohle und Stahl.

Zur Erinnerung: Eine Institution, über die die Regierungen der Mitgliedstaaten unmittelbar Einfluss auf die Entscheidungen der Hohen Behörde nehmen können, sieht die ursprüngliche Konzeption Jean Monnets nicht vor. Im Gegenteil, für ihn geht es darum, den Einfluss nationaler Regierungsstellen soweit wie möglich auszugrenzen, damit das gemeinsame Interesse zum Tragen kommt.

Der Besondere Ministerrat (heute: *Rat der Europäischen Union*), ein Gremium bestehend aus je einem Minister pro Mitgliedsland, ist, wie der Verlauf der Schuman-Plan-Konferenz zeigt, letzten Endes eine Konzession, die ihm von den Beneluxstaaten abgerungen wird, drohen sie doch, andernfalls das Gesamtprojekt scheitern zu lassen. Es sind vor allem die Niederländer, die eine maßgebliche Rolle der nationalen Regierungen in dem neuen System einfordern, um die von Monnet angestrebte völlige Unabhängigkeit der Hohen Behörde zu verhindern. Mit ihrer Forderung, dass sämtliche Entscheidungen/Maßnahmen der Hohen Behörde zu ihrer Wirksamkeit der Zustimmung einer Zwei-Drittel-Mehrheit des Rates bedürfen und der Rat gegenüber der Hohen Behörde ein Direktionsrecht besitzt, können sie sich jedoch nicht durchsetzen. Am Ende findet als Kompromissformel diese Regelung Eingang in den Gründungsvertrag der EGKS: *Der Rat kann die Hohe Behörde auffordern, Vorschläge und Maßnahmen aller Art zu prüfen, die er zur Erreichung der gemeinsamen Ziele für zweckmäßig oder erforderlich hält. Seine Aufgabe ist es, die Tätigkeit der Hohen Behörde und die allgemeine Wirtschaftspolitik der Regierungen aufeinander abzustimmen.*

Nur in ganz wenigen – wenn auch wichtigen – Punkten bedürfen die Maßnahmen der Hohen Behörde der Zustimmung des Rates.

Schon mit der Gründung der EWG im Jahre 1957 verändern sich die Parameter im Verhältnis der beiden Institutionen. Es kommt zu einer deutlichen Verschiebung der Akzente im Spannungsverhältnis zwischen dem (echten) supranationalen, allein dem gemeinsamen Interesse verpflichteten Organ Kommission und dem Rat als Repräsentant der Mitgliedstaaten und damit nicht zuletzt auch nationaler Interessen.

Es ist nunmehr der Rat, *der zur Verwirklichung der Ziele und nach Maßgabe des (EWG-)Vertrages eine Entscheidungsbefugnis besitzt.*

Kurzum: Die Entscheidungsbefugnis in Gemeinschafts-
angelegenheiten liegt nicht mehr bei dem supranationalen
(überstaatlichen) Organ, sondern bei den nationalen Ministern, die als Rat das Legislativorgan der Gemeinschaft bilden. Daran sollte sich nichts Entscheidendes bis zur Gründung der Europäischen Union ändern.

Im politischen System der EU wird der Rat **gemeinsam**
mit dem Europäischen Parlament als Gesetzgeber tätig.
Wie das aussieht, wird unter dem Stichwort „Gemeinschaftsmethode" näher erklärt. Zudem übt der Rat gemeinsam mit dem Parlament die Haushaltsbefugnisse aus.
Er ist für die Abstimmung der Wirtschaftspolitik der Mitgliedstaaten verantwortlich und nimmt eine zentrale Rolle
in der Gemeinsamen Außen- und Sicherheitspolitik
(GASP) ein. Hier trifft der Rat in der Zusammensetzung
der nationalen Außenminister (*Rat Auswärtige Angelegenheiten*) einstimmig nach Maßgabe der von den Staats- und
Regierungschefs im Europäischen Rat definierten Leitlinien die notwendigen Entscheidungen. Ansonsten gilt in
der Regel eine qualifizierte Mehrheit für Entscheidungen
des Rates, insbesondere im Gesetzgebungsverfahren, als
ausreichend.

Damit hat der sogenannte „Luxemburger Kompromiss"
aus dem Jahre 1966 seine Bedeutung verloren. Auch wenn
die Geschichte des „Luxemburger Kompromisses" und jener der vorausgehenden „Politik des leeren Stuhles" schon
50 Jahre zurückliegt, verdient sie es, erzählt zu werden.
Mehr noch, die aktuelle Entwicklung in Europa (Stichwort: „EU-Gipfeldiplomatie") gebietet es geradezu, sich
dieser Ereignisse zu erinnern.

Kehren wir also für einen Moment zurück in die Anfangs-
jahre der EWG. Man schreibt das Jahr 1966. Seit dem 1. Januar sollen entsprechend der Bestimmungen des EWG-Vertrages die Beschlüsse im Rat nicht mehr der Einstimmigkeit
bedürfen, sondern mit qualifizierter Mehrheit gefasst werden. Dies würde einen weiteren Meilenstein in Richtung
eines Europas nach den Vorstellungen Jean Monnets und
Robert Schumans bedeuten. Die Betonung liegt auf „würde". Denn das, was hier vertraglich bei der Gründung der
EWG im Jahre 1957 von den sechs Mitgliedstaaten festgeschrieben worden ist, stößt bei dem 1959 an die Macht
gekommenen französischen Staatspräsidenten Charles de
Gaulle auf erbitterten Widerstand. Für ihn als erklärten Verfechter des sogenannten Intergouvernementalismus, also
einer bloßen Zusammenarbeit auf Regierungsebene, war –
wie gesehen – von Beginn an ein Europa à la Monnet und
Schuman schlechterdings ein Sakrileg wider der über allem
stehenden Souveränität des Staates. Sein Europa war ein
„Europa der Vaterländer".

Bei der Gründung der EGKS und sechs Jahre später bei
der Gründung von EWG und Europäischer Atomgemein-
schaft (EAG) war de Gaulle noch nicht in Amt und Würden, konnte zwar von außen protestieren, nicht aber entscheidend agieren. Jetzt aber sieht er seine Chance
gekommen, die Richtung des europäischen Projektes ganz
im Sinne seiner Vorstellungen und Ideale zu korrigieren.

Als im Sommer 1965 im Rat die Beratungen über ein
Maßnahmenpaket der Kommission zur Änderung der Finanzierung der gemeinsamen Agrarpolitik und einer besseren Haushaltkontrolle durch das Europäische Parlament

und die Kommission auf der Tagesordnung stehen, verlässt auf de Gaulles Veranlassung hin der französische Regierungsvertreter die Verhandlungen und erscheint auch in der Folgezeit nicht mehr zu den Sitzungen des Rates. Die „Politik des leeren Stuhls" nimmt ihren Anfang.

Die Folge: Ein halbes Jahr, vom 1. Juli 1965 bis zum 29. Januar 1966, geht in Europa nichts mehr. In der EWG können keine Entscheidungen getroffen werden. General de Gaulle gibt seinen Partnern unausgesprochen zu verstehen, dass es eine weitere Integration Europas nur nach seinen Vorstellungen und mit ihm als unbestrittenen Primus geben würde.

Das europäische Projekt, das so erfolgreich mit der Erklärung vom 9. Mai 1950 seine Geburtsstunde erlebt hat und das bis zu diesem Zeitpunkt schon beachtliche Erfolge aufzuweisen hat, steckt in seiner ersten existenziellen Krise. Eine Kompromisslösung muss her. Und zu dieser ringen sich die sechs Staats- und Regierungschefs am 27. Januar 1966 bei ihrem Treffen in Luxemburg durch, und zwar ohne Beteiligung der europäischen Institutionen, also Kommission und Parlament. Man verständigt sich, in Zukunft bei strittigen Fragen innerhalb des Rates eine Konsenslösung zu suchen, mithin so lange zu diskutieren, bis am Ende etwas herauskommt, mit dem alle Beteiligten glauben, leben zu können. Was im Ergebnis dann nichts anderes als die Verständigung auf den kleinsten gemeinsamen Nenner bedeutet. Sollte es jedoch, so sieht es der „Luxemburger Kompromiss" weiter vor, nicht möglich sein, einen Konsens zu finden und der Rat mit qualifizierter Mehrheit beschließen, so steht jedem Mitgliedstaat, der sich vitaler, nationaler Interessen rühmt, gegen eine solche Entscheidung ein Vetorecht zu.

De Gaulle hat sich durchgesetzt. Eine Entscheidung des Rates gegen den Willen Frankreichs wird unmöglich. Ab dem 29. Januar 1966 nimmt wieder ein französischer Regierungsvertreter an den Sitzungen des Rates teil. Die Krise scheint überwunden. Die Folge aber ist: In Zukunft verlassen die von der Kommission vorgelegten Gesetzesvorschläge in der Regel nur noch als Kompromiss auf der Basis des kleinsten gemeinsamen Nenners die Beratungen des Rates.

Die Krise des Jahres 1965 hat es erstmals deutlich gemacht und im Prinzip haben es die letzten Jahrzehnte immer wieder bestätigt: **Der Rat ist eine Fehlkonstruktion im politischen System der Union!**

Das Problem war von Beginn an und ist es heute noch: Die Beteiligten, d.h. die im Rat versammelten nationalen Minister, sind im Prinzip die Diener zweier Herren. Als Minister sind sie der Mehrung des Nutzens ihrer Nation verpflichtet, soll heißen, dem (vermeintlichen) nationalen Interesse. Als Mitglied des Rates gehören sie einem Organ der EU an, das wie alle anderen Institutionen die verfassungsmäßige Aufgabe hat, den Werten der EU Geltung zu verschaffen, ihre Ziele zu verfolgen und den Interessen der Bürgerinnen und Bürger (gemeint sind alle Unionsbürger) zu dienen. Das muss nicht unbedingt einen Widerspruch bedeuten, erweist sich in der Praxis aber immer wieder als der Versuch der berühmten Quadratur des Kreises. Spötter sprechen deshalb gar von einer Metamorphose, die den nationalen Ministern auf dem Wege von ihren jeweiligen

Hauptstädten zu den Ministerräten in Brüssel abverlangt wird. Bei manchem Protagonisten gelingt diese Metamorphose besser, bei anderen wiederum eher schlechter.

Dies vorausahnend hat Konrad Adenauer anlässlich der Einführungssitzung des Rates (der EGKS) im September 1952 gemahnt: *„Der Rat steht am Schnittpunkt zweier Souveränitäten, einer supranationalen und einer nationalen […] Aber wenn er auch die nationalen Interessen der Mitgliedstaaten wahren muss, so sollte er sich doch hüten, diese Aufgabe als für ihn vordringlich zu sehen. Seine vordringliche Aufgabe wird vielmehr darin bestehen, die Interessen der Gemeinschaft zu fördern, ohne die sich die letztere nicht entwickeln könnte. Deshalb wird der supranationalen Organisation der Gemeinschaft – der Hohen Behörde – weitgehend Freiheit gelassen, sich zu entwickeln, und unter gewissen Umständen wird er diese Freiheit schaffen müssen […]"*

Monnet hat dies in seiner Antwort mit den Worten konkretisiert: *„Es handelt sich für den Rat darum, eine gemeinsame Ansicht zu finden und nicht einen Kompromiss zwischen nationalen Interessen."* Diese mahnenden Worte der „Väter Europas" sind in Vergessenheit geraten. Der Rat ist ein Unionsorgan und keine internationale Ministerkonferenz. Dies gilt unabhängig von der jeweiligen fachlichen Zusammensetzung.

Die für die *Europäische Politische Gemeinschaft* (EPG) vorgesehene Konstruktion bestehend aus einer Völkerkammer und einem aus nationalen Parlamentariern zusammengesetzten Senat als Legislative hätte den nationalen Ministern dieses Dilemma und die Notwendigkeit einer Metamorphose erspart. Vor allem aber hätte man von vornherein die Debatten auf europäischer Ebene mit den politischen Prozessen und Debatten in den Mitgliedstaaten verzahnen können.

Das Europäische Parlament – Repräsentanz der Unionsbürger

```
Die Bürgerinnen und Bürger sind auf Unionsebene
unmittelbar im Europäischen Parlament vertre-
ten [...]
```

```
Alle Bürgerinnen und Bürger haben das Recht, am
demokratischen Leben der Union teilzunehmen.
Die Entscheidungen werden so offen und bürgernah
wie möglich getroffen.
```

So heißt es in der „Verfassung" der EU. Das, was inzwischen für über 500 Millionen Europäer zum europäischen Alltag gehört, lässt leicht vergessen, dass der Weg zu einer echten parlamentarischen Vertretung der Völker Europas, der Bürgerinnen und Bürger, im politischen System der Gemeinschaft/Union ein beschwerlicher und von vielen Rückschlägen gezeichneter war. Lange Zeit galt das Europäische Parlament als das Stiefkind im institutionellen Gefüge Europas.

Anders als in Bezug auf den Ministerrat hatte – wie geschildert – Jean Monnet in seiner ursprünglichen Konstruktion für die EGKS bereits eine Art parlamentarische Versammlung als politisches Kontrollorgan gegenüber der Hohen Behörde vorgesehen. Diese Überlegungen finden dann letztendlich auch in Gestalt der *Gemeinsamen Versamm-lung* Eingang in den Gründungsvertrag der EGKS.

Mehr als eine politische Kontrollinstanz verbunden mit dem Recht, gegebenenfalls die Hohe Behörde per Miss-trauensvotum zum Rücktritt zu zwingen, war die aus 78 Abgeordneten der sechs Mitgliedstaaten bestehende Ver-sammlung jedoch nicht. Die Abgeordneten, von denen je 18 aus Frankreich, Deutschland und Italien, zehn aus Belgi-en und den Niederlanden sowie vier aus Luxemburg stam-men, werden von den jeweiligen nationalen Parlamenten ernannt. Ihnen gegenüber sind die Mitglieder der Hohen Behörde rechenschaftspflichtig.

Von einer direkt gewählten, mithin unmittelbar demo-kratisch legitimierten Vertretung der Bürger war Europa zu jener Zeit noch weit entfernt und sollte es auch noch über Jahrzehnte bleiben.

Erst mit der Europäischen Union wird das direkt ge-wählte Europäische Parlament als Repräsentanz von über 500 Millionen europäischen Bürgerinnen und Bürger zum gleichberechtigten Gesetzgeber neben dem Rat. Gleiches gilt für das Haushaltsverfahren. Zudem übt es eine Bera-tungs- und Kontrollfunktion gegenüber der Kommission aus und wählt den Präsidenten der Kommission. Doch, wie gesagt, der Weg dorthin war ein beschwerlicher. Auch wenn im Verlauf der Integrationsetappen immer wieder und von vielen Seiten das hohe Lied der notwendigen demokrati-schen Legitimation europäischer Entscheidungen ange-stimmt worden ist, es in dieser Richtung nicht an Initiati-ven gemangelt hat, sogar einiges davon in den Verträgen bereits festgeschrieben war – das meiste davon blieb lange

Zeit auf der Strecke. Die Gründe hierfür waren vielfältiger Natur und sind nicht nur in der Furcht einiger Regierungen vor einem möglichen Verlust an Einfluss auf die europäischen Entscheidungsprozesse zu suchen. Vielmehr sind diese Verzögerungen und Schwierigkeiten auf dem Weg zu einer echten parlamentarischen Vertretung der Bürgerinnen und Bürger im europäischen Gesetzgebungsverfahren vor allem einem unterschiedlichen Verständnis von Parlamentarismus innerhalb der Mitgliedstaaten geschuldet.

Um nur ein Beispiel zu nennen: Schon der EWG-Vertrag aus dem Jahre 1957 hat vorgesehen, dass die Versammlung (Europäisches Parlament) Entwürfe für allgemeine, unmittelbare Wahlen nach einem einheitlichen Verfahren in allen Mitgliedstaaten ausarbeitet. 1960 hat das Parlament hierzu einen Entwurf vorgelegt, ohne Erfolg. 1969 startet das Europäische Parlament einen neuerlichen Versuch, ebenfalls ohne Erfolg.

Erst im Juni 1979 können die Bürger aus neun europäischen Staaten – Deutschland, Frankreich, Italien, Großbritannien, Irland, Dänemark und den Beneluxstaaten – ein gemeinsames Parlament wählen – einmal mehr ein Beleg dafür, dass Europa kein einfaches Projekt ist. Bis dahin sind alle konkreten Schritte auf dem Weg zu einer Direktwahl des Europäischen Parlamentes an Frankreich gescheitert. Während man in den anderen Gründungsstaaten der EGKS und später der EWG aktiv für eine solche Direktwahl entsprechend der Bestimmungen im EWG-Vertrag eingetreten war, hatten sich die bisher in Frankreich an der Macht befindlichen Gaullisten vehement dagegen – wie überhaupt gegen jede Vertiefung der Integration – ausgesprochen. Die Gründe dafür waren vielfältig. Zum einen widersprach eine Aufwertung der supranationalen Institution „Europäisches Parlament" dem gaullistischen Dogma der Souveränität Frankreichs. Das Verhältnis, oder besser „Nichtverhältnis" de Gaulles zu dem europäischen Projekt à la Monnet und Schuman ist bereits beleuchtet worden. Zum anderen, und dieser Punkt mag sehr viel schwerer wiegen, weil unabhängig von der jeweiligen Parteifarbe der Regierung, sieht die Verfassung der Französischen Republik für die französische Nationalversammlung nur eine sehr beschränkte Rolle im politischen Entscheidungsprozess vor. Der Abtritt de Gaulles von der politischen Bühne änderte übrigens nichts an der französischen Haltung. Auch sein Nachfolger Pompidou lehnte trotz ständiger Beteuerungen ob seiner Begeisterung für Europa eine Stärkung des Parlamentes rigoros ab.

So musste dieses Projekt bis zur Präsidentschaft von Valéry Giscard d'Estaing auf seine Umsetzung warten.

Schon im Vorfeld seiner Präsidentschaft hatte er angekündigt, sich um eine neue Dynamik im europäischen Projekt bemühen zu wollen, wobei er der Stärkung des Europäischen Parlamentes hohe Priorität einräumte. Hier wird seine Nähe zu Jean Monnet, seinem europapolitischen Lehrmeister, deutlich, der stets für eine Direktwahl des Parlamentes eingetreten ist und entsprechend auf Giscard einwirkt.

Mit seinem Eintreten für die Direktwahl findet Giscard bei seinen deutschen Partnern, insbesondere bei dem deutschen Kanzler Helmut Schmidt, uneingeschränkte Zustimmung. In der Bundesrepublik hat es anders als in Frankreich und später in anderen Mitgliedstaaten nie eine wirkliche Opposition gegen diese Reform gegeben. Auf deutscher Seite war man nicht nur an einer Direktwahl des Parlamentes und damit an dessen demokratischer Legitimation interessiert, sondern darüber hinaus überhaupt an einer signifikanten Stärkung seiner Zuständigkeiten. Der Parlamentarismus hat im politischen System der Bundesrepublik Deutschland bekanntermaßen einen anderen Stellenwert als in Frankreich. In einem Gespräch am 3. September 1974 bekennen sich Schmidt und Giscard gemeinsam dazu, die haushaltspolitischen und legislativen Befugnisse des Europäischen Parlamentes „schrittweise" zu erweitern. Beide betonen: *„Die Zukunft Europas kommt nicht zustande durch eine Stärkung des Parlamentes als Gegengewicht zur Executive (Kommission), wohl aber muss die Autorität des Parlamentes durch Zuteilung unmittelbarer Befugnisse und direkte Wahl gestärkt werden."*

Dass es mit der Zuteilung unmittelbarer Befugnisse, insbesondere mit der Gleichstellung des Europäischen Parlamentes gegenüber dem Rat, im europäischen Gesetzgebungsverfahren wiederum einige Jahre braucht, ahnt man zu dieser Zeit wahrscheinlich nicht.

Gleichwohl bekommt Giscard sehr schnell zu spüren, dass eine Kompetenzerweiterung und die Direktwahl des Europäischen Parlamentes innenpolitisch, insbesondere wegen des massiven Widerstandes der Opposition, nicht nur von gaullistischer Seite, kaum durchsetzbar sind. Die Überlegungen in puncto Kompetenzerweiterung des Parlamentes werden einstweilen ausgesetzt. Die Konzentration gilt nunmehr der Direktwahl, einer Reform, für die Großbritannien und Dänemark, beide ebenfalls keine sonderlichen Anhänger einer gestärkten, weil aus einer Direktwahl hervorgegangenen europäischen Volksvertretung, erst einmal gewonnen werden müssen. Erzielt man auch alsbald ein grundsätzliches Einvernehmen über die Direktwahl und überträgt man dem Parlament die Aufgabe, einen entsprechenden Vorschlag zu erarbeiten, so erweist es sich einmal mehr sehr rasch, dass der Teufel im Detail steckt. Die Sitzverteilung in der neu zu wählenden Versammlung wird zum Streitobjekt. Das Parlament selbst schlägt vor, die Sitze jeweils proportional zur Bevölkerung der Mitgliedstaaten zu verteilen. Dies hätte zur Folge, dass auf die Bundesrepublik Deutschland mehr Sitze entfallen würden als auf die anderen Partner, so vor allem Frankreich und Großbritannien. Damit wäre das von Beginn an geltende Prinzip der Parität zwischen Frankreich und Deutschland in den europäischen Institutionen (wir erinnern uns an das Gespräch zwischen Monnet und Adenauer im Vorfeld der EG-KS-Gründung) aufgegeben.

Verständlicherweise stößt deshalb der Vorschlag in Frankreich nicht auf große Gegenliebe. Im Gegenteil, man drängt darauf, dass die vier größten Staaten – Frankreich, Deutschland, Großbritannien und Italien – ein gleich großes Abgeordnetenkontingent nach Straßburg (mit Gründung der EWG Sitz des Parlamentes) entsenden. Mit diesem Kompromiss können die Deutschen leben, zumal ihnen die Direktwahl und die damit verbundene Stärkung der demokratischen Legitimation des Parlamentes mehr am Herzen liegen als die Frage der Mandatsverteilung. Erst im Juli 1976 kommt es zu einer Einigung: Giscards Vorschlag einer Parität zwischen den vier großen Mitgliedstaaten findet allseitige Zustimmung. (Übrigens: Aktuell stammen von den 751 Abgeordneten des Europäischen Parlamentes 96 aus Deutschland, 74 aus Frankreich und je 73 aus Italien und Großbritannien).

Damit ist aber „die Kuh noch nicht vom Eis". Die Reform, die eine Änderung der bestehenden Verträge bedeutet, bedarf der Ratifizierung durch die Mitgliedstaaten.

Wie nicht anders zu erwarten, erfährt dieser Entschluss in Frankreich erhebliche Gegenwehr. Giscard sieht sich einer Opposition gegenüber, die von zwei einander diametral gegenüberstehenden Parteien angeführt wird. Für die Kommunistische Partei Frankreichs eröffnet die Reform „dem amerikanischen Satellitenstaat Deutschland" ungeahnte Einflussmöglichkeiten. Ihr Parteichef Georges Marchais spricht gar von einer *„Giscardschen Politik der nationalen Erniedrigung, einer Rückkehr zum Atlantismus*[2] *und der Nachgiebigkeit gegenüber den herrschsüchtigen Bestrebungen Westdeutschlands".* Man bedenke, wir befinden uns im Jahr 26 nach der historischen Erklärung Robert Schumans!

Für die Gaullisten, die das Gros der parlamentarischen Mehrheit in der französischen Nationalversammlung stellen und aus deren Reihen der amtierende Premierminister Jacques Chirac stammt, bedeutet diese Reform *eine Gefährdung der nationalen Souveränität Frankreichs.* Michel Debré, eine Leitfigur des Gaullismus, der uns schon im Zusammenhang mit der Abstimmung über den EGKS-Vertrag im

---

2 Den Begriff *Atlantismus* prägte 1948 der US-amerikanische Science-Fiction-Autor Lyon Sprague de Camp (1907–2000)

französischen Senat begegnet und durch seine wenig deutschlandfreundlichen Äußerungen aufgefallen ist, wird mit dem von ihm im Dezember 1976 gegründeten *Comité pour l'Unité et l'indépendance de la France* zum erbitterten Gegner von Valéry Giscard d'Estaing und dessen europapolitischen Initiativen. Debré, der als der Schöpfer der Verfassung der Fünften Republik gilt, brandmarkt die direkte Wahl des Europäischen Parlamentes als verfassungswidrig. Giscard sieht sich als Präsident in seiner Rolle als Hüter der Verfassung infrage gestellt und ruft deshalb den *Conseil constitutionnel* an. Dieser befindet im Dezember 1976, dass kein Widerspruch zwischen der französischen Verfassung und der Direktwahl des Europäischen Parlamentes bestehe.

Debré gibt dennoch seinen Kampf nicht auf. Jetzt agitiert er gegen die Reform mit der Prophezeiung, bei einer Direktwahl des Europäischen Parlamentes würde die Nationalversammlung zukünftig „*auf das Niveau eines Provinzparlamentes*" herabgestuft. Giscard, der auf die Zustimmung der Gaullisten in der Nationalversammlung angewiesen ist, entschließt sich angesichts dieser massiven Opposition zu einem in der französischen Verfassung vorgesehenen, wenn auch höchst umstrittenen Instrument, dem Artikel 49-3 der Verfassung. Dieser Artikel erlaubt es der Regierung, einen Gesetzestext ohne parlamentarische Abstimmung in der Nationalversammlung durchzubringen. Sofern kein Misstrauensantrag gegen die Regierung vorliegt, gilt der Text als angenommen. Im Senat, der zweiten Kammer des französischen Parlamentes, bleiben die Gaullisten der Abstimmung fern, sodass der Text dort mit großer Mehrheit angenommen wird. Der Weg ist frei für die erste Direktwahl des Europäischen Parlamentes. Im Juni 1979 sind erstmalig in der Geschichte Europas die Bürger aus neun europäischen Staaten aufgerufen, ihre gemeinsame Volksvertretung zu wählen. Ein wahrhaft historisches Ereignis!

Für die Gaullisten und den im Dezember 1976 von Jacques Chirac gegründeten *Rassemblement pour la République* (RPR), die im Wahlkampf mit nationalistischer, aber auch germanophober Propaganda die Wähler auf ihre Seite zu ziehen versucht haben, endet die erste Europawahl in Frankreich in einem Desaster. Die erste Direktwahl des Europäischen Parlamentes wird zu einem politischen Triumph für den Präsidenten Valéry Giscard d'Estaing. 60 Prozent der Franzosen (ähnlich viele waren es in Deutschland) sind zur Wahl gegangen. Für viele von ihnen, insbesondere ältere Menschen, hat diese Wahl eine hohe symbolische Bedeutung, besiegelt sie doch die Versöhnung mit dem einstigen Kriegsgegner. Im französischen Fernsehen sagt eine Rentnerin: *„Wenn wir gemeinsam ein Parlament wählen, bedeutet dies, dass der Krieg endgültig vorbei ist."*

35 Jahre später, im Sommer 2014, kann man in Frankreich – und nicht nur in Frankreich – Europawahlen mit nationalistischen Parolen gewinnen. Irgendetwas ist da gewaltig schiefgelaufen!

Die Gemeinschaftsmethode

Für das Zusammenspiel von Kommission, Rat und Parlament im europäischen Rechtssetzungsverfahren hat sich der Begriff **Gemeinschaftsmethode** eingebürgert.

Die Europäische Kommission leitet aufgrund ihres Initi-ativrechtes den EU-Gesetzgebungsprozess durch einen Vorschlag ein. Das Europäische Parlament als Repräsentant der Unionsbürger/-innen und der Rat als Repräsentant der Regierungen der Mitgliedstaaten diskutieren und beschlie-ßen alsdann den Vorschlag.

Beiden Legislativorganen, also Rat und Parlament, steht das Recht zu, Änderungsvorschläge einzubringen, für de-ren Annahme sie die Mehrheit in den eigenen Reihen und die Mehrheit in der anderen Institution benötigen. Ein entscheidendes Element der Gemeinschaftsmethode ist die Gleichberechtigung des Parlamentes als Gesetzgeber ne-ben dem Rat. So kann das Parlament nicht nur Änderun-gen zu den Gesetzentwürfen der Kommission vorschlagen, sondern auch Änderungen, die der Rat vorgeschlagen hat, selbst ändern oder zurückweisen. Die Abgeordneten haben also die Möglichkeit, bestimmenden Einfluss auf die in-haltliche Ausgestaltung der Rechtsakte zu nehmen. Die gleichberechtigte Beteiligung des Parlamentes im Gesetz-gebungsverfahren trägt dem in der „Verfassung" der EU verankerten Demokratieprinzip Rechnung. Hierzu hat der Europäische Gerichtshof bereits in einer vor 20 Jahren er-gangenen Entscheidung festgestellt: *Die wirksame Beteili-gung des Parlamentes am Gesetzgebungsverfahren der Gemein-schaft gemäß den im EG-Vertrag vorgesehenen Verfahren stellt […] ein wesentliches Element des vom EG-Vertrag gewollten institutionellen Gleichgewichts dar. Diese Befugnis ist Ausdruck des grundlegenden demokratischen Prinzips, dass die Völker durch eine repräsentative Versammlung an der Ausübung der Hoheitsge-walt beteiligt sind.*

Durch die Gemeinschaftsmethode erfährt die Rechtssetzung der Union eine doppelte Legitimation. Einerseits über den von den Mitgliedstaaten besetzten Rat, dessen Mitglieder von den nationalen Parlamenten kontrolliert werden (sollen), und andererseits durch das von den Bürgern unmittelbar gewählte Parlament. So ist Europa nicht nur eine Gemeinschaft von Staaten, sondern zugleich eine Union der Bürger.

In das Rechtssetzungsverfahren mit eingebunden sind der **Wirtschafts- und Sozialausschuss** (kurz: WSA) sowie der **Ausschuss der Regionen** (AdR).

Beides sind keine Organe der EU, sondern Einrichtungen, die das Parlament, den Rat und die Kommission im Rahmen des europäischen Rechtssetzungsverfahrens beraten.

Während der WSA schon 1958 im Zuge der EWG gegründet worden ist, verdankt der AdR seine Existenz dem berühmten Maastrichter Vertrag aus dem Jahr 1991.

Der Wirtschafts- und Sozialausschuss setzt sich zu je einem Drittel zusammen aus Vertretern der Arbeitgeberverbände, aus Arbeitnehmervertretern (Gewerkschaften) sowie aus Vertretern anderer Organisationen der Zivilgesellschaft, zu denen u.a. Verbraucherverbände, Handelskammern oder Bauernverbände zählen.

Der WSA ist von Parlament, Rat und Kommission anzuhören, wenn es um Regelungen in den Bereichen Arbeitnehmerfreizügigkeit, Niederlassungsfreiheit und in weiten Teilen der Sozial-, Bildungs-, Gesundheits-, Industrie-, Forschungs- und Technologie-, Umwelt- und Beschäftigungspolitik geht.

Er versteht sich als „Vertretungsorgan und Gesprächsforum par excellence der organisierten Bürgergesellschaft", wofür auch der Umstand spricht, dass die Stellungnahmen des WSA – es sind etwa 200 pro Jahr – in der Regel einen Konsens aller vertretenen Interessengruppen darstellen.

Verschafft der WSA den Interessen der Zivilgesellschaft im europäischen Rechtsetzungsverfahren Gehör, so erfüllt diese Aufgabe in Bezug auf die regionalen und lokalen Gebietskörperschaften der Ausschuss der Regionen. Ihm obliegt es, die regionalen und lokalen Interessen zu bündeln und in den Rechtssetzungsprozess einzubringen.

Die Anhörung des AdR ist für die Rechtsetzungsorgane der EU obligatorisch in den Politikbereichen Bildung, Kultur, Gesundheit, transeuropäische Netze sowie wirtschaftliche und soziale Kohäsion. Hinzu gekommen sind mit dem Amsterdamer Vertrag aus dem Jahre 1999 die Bereiche Beschäftigung, Berufsausbildung, Verkehr sowie Sozial- und Umweltpolitik.

Seine Mitglieder müssen ein auf Wahlen beruhendes Mandat in einer regionalen oder kommunalen Gebietskörperschaft innehaben oder zumindest einer gewählten Versammlung gegenüber verantwortlich sein. Anders als im WSA vollzieht sich die Willensbildung innerhalb des AdR nahezu analog zum Europäischen Parlament entlang der politischen Fraktionen.

Europa ist immer dann vorangekommen, wenn es sich dieser Gemeinschaftsmethode bedient hat, schreibt der frühere Kommissionspräsident Jacques Delors in seinen Memoiren. Im gleichen Atemzug beklagt er jedoch, *dass es immer den Willen gewisser Länder gegeben hat, der gemeinschaftlichen Methode enge Grenzen zu setzen, oder, wenn man eine weniger aggressive Formulierung vorzieht, Länder mit der Tendenz, die Vorteile und Erfolge dieser Methode in Vergessenheit geraten zu lassen. Wenn sie richtig angewandt wurde, hat sie Europa immer vorangebracht, doch sie kann nichts ausrichten, wenn der politische Wille, die geschickte Hand und der Mut der Führenden und Verantwortlichen fehlen, sowohl in den Regierungen als auch in der Kommission und im Parlament.*

Und eben dieser politische Wille, mehr noch die geschickte Hand und der notwendige Mut fehlen denjenigen, die als **Europäischer Rat** die verfassungsmäßige Aufgabe haben, *der Union die für ihre Entwicklung notwendigen Impulse zu geben und die allgemeinen politischen Zielvorstellungen festzulegen.* Jener Institution also, deren Mitglieder, die 28 Staats- und Regierungschefs der Mitgliedstaaten, sich so gern als die „Regierung der EU" verstehen.

Was aber sind die Rechtsakte der Union, für deren Zustandekommen die Gemeinschaftsmethode den Rahmen bildet, und mit denen Kommission, Rat und Parlament die verfassungsmäßigen Ziele der Union im Gemeinschaftsinteresse ausfüllen?

Schon bei der Gründung der Europäischen Wirtschaftsgemeinschaft standen die „Väter Europas" vor der Herausforderung, Kommission und Rat (das Parlament spielte damals im Rechtssetzungsverfahren keine Rolle) die zur Errichtung eines Gemeinsamen Marktes mit seinen Grundfreiheiten (freier Warenverkehr, freie Erbringung von Dienstleistungen, freier Verkehr von Kapital und Personen) notwendigen und effizienten gesetzgeberischen Instrumente an die Hand zu geben. Dazu galt es von Beginn an, eine Balance zu finden zwischen der Notwendigkeit, den Organen der Gemeinschaft den Spielraum zu eröffnen, der sie befähigt, in wirksamer Weise tätig zu werden, ohne auf den guten Willen der Mitgliedstaaten angewiesen zu sein, und andererseits dem Bestreben, nicht mehr in die nationalen Rechtsordnungen einzugreifen als nötig. Das Ergebnis ist eine Kombination aus *Rechtsvereinheitlichung* und *Rechtsangleichung*. Klingt kompliziert, ist es auch. Europa ist eben kein einfaches Projekt.

Als Faustregel kann gelten: Die *Rechtsvereinheitlichung*, also die Schaffung einheitlicher europäischer Regeln, die die nationalen Bestimmungen ersetzen, setzt dort an, wo im Interesse der Vertragsziele eine in allen Einzelheiten uniforme Regelung notwendig ist. Das gesetzgeberische Mittel der Organe der EU hierfür sind „Verordnungen".

Zwei Besonderheiten zeichnen sie aus: Sie gelten in der gesamten Union ohne Rücksicht auf Staatsgrenzen einheitlich und unmittelbar. Soll heißen, sie setzen gleiches Recht für alle und verleihen den Adressaten unmittelbare Rechte bzw. legen ihnen Pflichten auf. Sie bedürfen zu ihrer Wirksamkeit keiner Umsetzung ins nationale Recht. Im Gegenteil, den Mitgliedstaaten ist es untersagt, die in diesen Verordnungen verbürgten Rechte und Pflichten aufzuheben, auszusetzen oder inhaltlich abzuändern.

Der *Rechtsangleichung* dient ein zweites Instrument der gemeinschaftlichen Rechtssetzung, die „Richtlinie". Im Wege der Rechtsangleichung sollen Widersprüche zwischen den nationalen Rechts- und Verwaltungsvorschriften beseitigt oder Unterschiede abgebaut werden, damit in allen Mitgliedstaaten materiell gleiche Bedingungen gelten. Adressat einer Richtlinie sind die Mitgliedstaaten und nicht wie bei der Verordnung die Bürger bzw. Unternehmen. Sie definiert verbindlich ihnen gegenüber das zu erreichende Ziel, überlässt ihnen jedoch die Wahl der Form und der Mittel, um die unionsrechtlich festgelegten Ziele im Rahmen der nationalen Rechtsordnung zu verwirklichen. Im Unterschied zur Verordnung schafft die Richtlinie also kein neues (supranationales) Einheitsrecht, sondern führt zur Vereinheitlichung der nationalen Rechtsordnungen in dem betreffenden Bereich und liefert damit einen entscheidenden Beitrag zur Rechtseinheit in der EU.

Der Erlass einer Richtlinie bedingt also in der Regel ein zweistufiges Verfahren. Im Rahmen der Gemeinschaftsmethode beschließen die Legislativorgane der EU – Rat und Parlament – zunächst den Richtlinienvorschlag der Kommission, der das durch diese Rechtsakte angestrebte Ergebnis und die Frist zur Umsetzung für die Mitgliedstaaten verbindlich festschreibt.

Auf der zweiten Stufe treffen die Mitgliedstaaten im Rahmen der nationalen Rechtssetzungsverfahren die notwendigen Maßnahmen, um die Richtlinie inhaltlich mit Leben zu füllen. Dieser Verpflichtung können sich die Mitgliedstaaten nicht entziehen, vielmehr unterliegen sie der verfassungsmäßigen Verpflichtung, *alle geeigneten Maßnahmen allgemeiner und besonderer Art zur Erfüllung der Verpflichtungen zu ergreifen, die sich aus den Verträgen oder Handlungen der Organe der Union ergeben.*

In den Richtlinien als Rechtsakte der Union kommt ein wesentlicher Gedanke der europäischen Konstruktion zum Ausdruck: Das Streben nach der notwendigen Einheit mit der Wahrung der Vielfalt nationaler Eigenart zu verbinden.

Welcher Handlungsform – ob Verordnung oder Richtlinie – sich die Organe der EU bedienen, steht, soweit die „Verfassung" der EU nichts anderes vorschreibt, in deren Ermessen.

Beiden – Verordnung und Richtlinie – gemeinsam ist: Durch sie wird die EU zur Rechtsquelle, und sie schaffen das für eine Rechtsgemeinschaft unabdingbare einheitliche Recht.

Zu den Rechtsakten der Union zählen sodann „Beschlüsse", die die Organe der Union zur Regelung von Einzelfällen erlassen können, die sich an bestimmte Adressaten richten und nur für diese verbindlich sind. Typische, weil meist mit großer medialer Aufmerksamkeit verbundene Fälle sind Entscheidungen der Kommission im Wettbewerbsrecht – etwa bei der Untersagung von Fusionen oder bei Verstößen gegen das europäische Wettbewerbsregime, von dem bereits die Rede war.

Der Europäische Gerichtshof – Garant der Rechtseinheit

Das gesamte Handeln der Organe der EU, auch das der Mitgliedstaaten im Rahmen der Anwendung des Unionsrechts, untersteht der gerichtlichen Kontrolle des **Europäischen Gerichtshofes (EuGH)**.

Er ist der Garant der Rechtseinheit und der Gralshüter der Idee einer europäischen Rechtsgemeinschaft als Fundament für ein Europa im Sinne einer Union der Bürger.

Bereits im Schuman-Plan ist die Rede von *geeigneten Vorkehrungen, die Einspruchsmöglichkeiten gegen die Entscheidungen der Hohen Behörde gewährleisten werden.* Der von Monnet zur Vorbereitung der Schuman-Plan-Konferenz erstellte Vertragsentwurf sieht hierfür die Einrichtung einer Art Schiedsgerichts für Beschwerden gegen Entscheidungen der Hohen Behörde vor.

Das Ergebnis der Konferenz ist der „Gerichtshof", dessen Aufgabe nach dem Wortlaut des EGKS-Vertrages es ist, die *Wahrung des Rechts bei der Auslegung und Anwendung des Vertrages und der Durchführungsvorschriften zu sichern.*

Im Zuge der weiteren Integrationsschritte wird aus dem „Gerichtshof" der „Europäische Gerichtshof" (EuGH), an dessen Funktion innerhalb des institutionellen Gefüges der EU sich bis heute nichts verändert hat.

Der EuGH als Rechtsprechungsorgan setzt sich zusammen aus je einem Richter pro Mitgliedsland, die im gegenseitigen Einvernehmen von den Mitgliedstaaten ernannt werden.

Eine Besonderheit des EuGH sind die „Generalanwälte", offensichtlich eine Nachbildung der beim *Conseil d'Etat* und den französischen Verwaltungsgerichten eingerichteten „Commissaire du Gouvernement". Ihre Aufgabe ist es, den Richtern des EuGH am Ende eines Verfahrens einen Entscheidungsvorschlag zu unterbreiten, der aus einem in völliger Unabhängigkeit und Unparteilichkeit erstellten Rechtsgutachten über die in dem jeweiligen Verfahren aufgeworfenen Rechtsfragen hervorgeht. In der Regel folgt das Gericht dem Votum der Generalanwälte.

Als Garant der Wahrung des (europäischen) Rechts obliegt dem EuGH die Kontrolle der Anwendung des Gemeinschafts-/Unionsrechts durch die Organe der EU und des vertragskonformen Verhaltens der Mitgliedstaaten. Gemäß der „Verfassung" der EU *überwacht der Gerichtshof der Europäischen Union die Rechtmäßigkeit der Gesetzgebungsakte sowie der Handlungen des Rates, der Kommission und der Europäischen Zentralbank, soweit es sich nicht (nur) um Empfehlungen oder Stellungnahmen handelt, und die Handlungen des Europäischen Parlamentes und des Europäischen Rates mit Rechtswirkung gegenüber Dritten (z. B. den Bürgern). Er überwacht ebenfalls die Rechtmäßigkeit der Handlungen der Einrichtungen oder sonstigen Stellen der Union mit Rechtswirkungen gegenüber Dritten.*

„Wo kein Kläger, da kein Richter" – auch dieser Grundsatz gilt für den EuGH. So bedarf es in diesem Falle der Erhebung eines sogenannten Nichtigkeits- oder Anfechtungsklage durch ein Organ der EU oder eines Mitgliedstaates, um eine mögliche Rechtsverletzung durch ein oder mehrere Unionsorgane überprüfen zu können.

Darüber hinaus obliegt ihm im Rahmen sogenannter Vertragsverletzungsverfahren, die von der Kommission in ihrer Rolle als „Hüterin der Verträge" eingeleitet werden, die Prüfung der ordnungsgemäßen Anwendung und Umsetzung europäischer Rechtsnormen durch die Mitgliedstaaten. Ob eine staatliche Regelung gegen höherrangiges Unionsrecht verstößt – ein Mitgliedstaat seine Verpflichtung, alles zu unterlassen, was die Verwirklichung der Ziele der Union gefährden könnte, verletzt hat –, auch darüber befindet im Zweifelsfall am Ende der Europäische Gerichtshof.

Aber es ist nicht nur die Frage nach der Vereinbarkeit nationaler Rechtsnormen mit höherrangigem Unionsrecht, mit der sich der EuGH in Vertragsverletzungsverfahren zu befassen hat. Viel häufiger sind die Fälle, in denen es darum geht, ob ein Mitgliedstaat es entgegen seiner vertraglichen Verpflichtung unterlassen hat, eine von den Organen der EU erlassene Richtlinie fristgerecht und ordnungsgemäß in nationales Recht umzusetzen. Derartige Verfahren sind deshalb europäischer Alltag, weil es die Mitgliedstaaten mit ihrer europäischen Verfassungstreue nicht immer sehr genau nehmen. Mit entsprechenden Beispielen ließen sich ganze Buchbände füllen.

Zur Wahrung der Rechtseinheit ist es allein Sache des EuGH, eine für alle Organe der EU und die Mitgliedstaaten verbindliche Auslegung des Unionsrechts vorzunehmen. In ganz entscheidendem Maße hat er in der Vergangenheit zu der Weiterentwicklung des Gemeinschafts-, inzwischen Unionsrechtes beigetragen. Da die Entwicklung des Unionsrechtes nicht abgeschlossen ist, es sich bei der europäischen Integration um einen Prozess handelt, gehört es auch in der Zukunft zu den wesentlichen Aufgaben des Gerichtshofes, Regelungslücken im Rahmen der Rechtsprechung zu schließen.

In seinen Entscheidungen lebt das Unionsrecht, er ist der Gralshüter der europäischen Rechtsgemeinschaft.

Europarecht bricht nationales Recht

Bilden die Organe der EU das institutionelle Gerüst der europäischen Rechtsgemeinschaft, so verleiht ihr die **eigenständige gemeinschaftliche Rechtsordnung** die Substanz.

In ihr drückt sich die Einzigartigkeit des „Projektes Europa" aus – man sollte wohl inzwischen eher von dem „Modell Europa" sprechen. Durch sie werden die Bürger aus 28 Staaten zu einer Gemeinschaft gleichberechtigter Unionsbürger vereinigt, durch sie wird der einzelne Bürger zum Träger der Union. Mit ihr wird die Europäische Union zu einer Union der Bürger im Sinne Jean Monnets.

Diese Einzigartigkeit hebt der EuGH in der bereits erwähnten Entscheidung aus dem Jahre 1963 erstmals in Bezug auf die EWG hervor, in dem er zu dem Ergebnis kommt: *… aus alledem ist zu schließen, dass die Gemeinschaft eine neue Rechtsordnung des Völkerrechts darstellt, zu deren Gunsten die Staaten, wenn auch in begrenztem Rahmen, ihre Souveränitätsrechte eingeschränkt haben, eine Rechtsordnung, deren Rechtssubjekte nicht nur die Mitgliedstaaten, sondern auch die Einzelnen sind. Das von der Gesetzgebung der Mitgliedstaaten unabhängige Gemeinschaftsrecht soll daher den Einzelnen, ebenso wie es ihm Pflichten auferlegt, auch Rechte verleihen.*

Nach wie vor enthält diese Passage aus dem Urteil des EuGH in der Rechtssache *Van Gend & Loos* die wichtigste Aussage über das Wesen und den Inhalt der europäischen Integration. Aus dem Gemeinschaftsrecht ist das Unionsrecht geworden, dessen Regelungsgehalt weit über das hinausgeht, was Gegenstand der EWG gewesen ist.

Das Unionsrecht, bestehend aus der „Verfassung" der EU und den im Laufe der Jahrzehnte zunächst von den Organen der Europäischen Gemeinschaft, inzwischen von den Organen der Europäischen Union im Rahmen ihrer Zuständigkeiten erlassenen Rechtsakten, insbesondere in Gestalt von Verordnungen, bildet ein in sich geschlossenes System von Rechtssätzen.

Wenn hier, wie schon zuvor wiederholt, der Terminus „Verfassung" der EU verwendet worden ist, statt – wie es korrekterweise heißen müsste – von dem *Vertrag über die Europäische Union* (gemeinhin auch „Lissabon-Vertrag genannt) zu sprechen, so ist das der Überlegung geschuldet: Jeder Verband, sei es von Menschen, sei es von privaten oder öffentlichen Gemeinwesen, hat eine Verfassung. Ihre Aufgabe ist es, die Glieder zueinander und zum Ganzen zu ordnen. Sie bestimmt die gemeinsamen Ziele, sie organisiert den Verband. Niemand will wohl ernsthaft bestreiten wollen, dass es sich bei der Europäischen Union um ein Gemeinwesen, eine Organisationsform menschlichen Zusammenlebens in allgemeiner öffentlicher Gemeinschaft handelt. Allein schon daraus rechtfertigt sich die Verwendung des Begriffes „Verfassung", zumindest in der relativierenden Schreibweise. Die „Verfassung" der EU ist in Wahrheit ein Konglomerat aus drei rechtlich gleichwertigen Dokumenten, dem *Vertrag über die Europäische Union*, dem *Vertrag über die Arbeitsweise der Europäischen Union* und der *Charta der Grundrechte der Europäischen Union*.

Diese zusammenfassend als „Verfassung" der EU auch nachfolgend zu bezeichnen, empfiehlt sich deshalb schon aus praktischen Erwägungen.

Es sind drei Elemente, die die Einzigartigkeit der europäischen Rechtsordnung ausmachen und die der EuGH in seiner Entscheidung herausgestellt hat: Die *Eigenständigkeit*, der *Vorrang vor nationalstaatlichem Recht* und vor allem die Tatsache, dass der *Einzelne als Rechtssubjekt mit eigenen Rechten und Pflichten Träger der Union ist.*

Das Unionsrecht bildet eine eigenständige Rechtsordnung. Es ist nicht Teil oder Anhängsel der nationalen Rechtssysteme. Vielmehr haben die Mitgliedstaaten mit der Übertragung von Souveränität auf die Union einen eigenständigen Rechtskörper geschaffen, der für ihre Angehörigen und sie selbst verbindlich ist. Gleichwohl greifen Unionsrecht und nationalstaatliches Recht ineinander, sind miteinander verzahnt, ergänzen einander. In der „Verfassung" der EU heißt es hierzu:

```
Die Mitgliedstaaten ergreifen alle geeigneten
Maßnahmen allgemeiner oder besonderer Art zur Er-
füllung der Verpflichtungen, die sich aus den
Verträgen oder den Handlungen der Organe der Uni-
on ergeben.


Die Mitgliedstaaten unterstützen die Union bei
der Erfüllung ihrer Aufgaben und unterlassen alle
Maßnahmen, welche die Verwirklichung der Ziele
der Union gefährden könnten
```

Dieser Grundsatz hebt die Notwendigkeit des Miteinanders von EU-Organen und staatlichen Organen bei der

Verwirklichung der verfassungsmäßigen Ziele hervor. Für die politische Klasse in den Mitgliedstaaten bedingt das, sich bewusst zu machen, dass nationale und europäische Verantwortung nicht mehr voneinander trennbar sind. Jeder Minister, jeder Abgeordnete, man kann sogar sagen, jeder Kommunalpolitiker ist zugleich Europapolitiker. Die wenigsten scheinen dies verinnerlicht zu haben.

Aus der Eigenständigkeit der Unionsrechtsordnung folgen die unmittelbare Geltung und Anwendung des Unionsrechts in den Mitgliedstaaten. Das bedeutet, dass das von der Unionsrechtsordnung umfasste Recht keines staatlichen Umsetzungsaktes bedarf, um in den Mitgliedstaaten Geltung zu beanspruchen. Die unmittelbare Anwendung des Unionsrechtes bedeutet, dass den Unionsbürgern/Unternehmen aus dem Unionsrecht unmittelbare Rechte erwachsen. Unionsrecht und nationales Recht gelten also im gleichen Rechtsraum, so dass die Behörden, insbesondere die Gerichte gegenüber den Bürgern beide Rechte nebeneinander anwenden müssen.

Ein solches Ineinandergreifen zweier Rechtssysteme ist für föderale Verbände typisch. Beispielsweise greifen in Bundesstaaten Bundesrecht und Landesrecht ineinander. Dabei gilt der Vorrang des Bundesrechts gegenüber dem Landesrecht – Bundesrecht bricht Landesrecht!

Eben dieser Vorrang gilt auch im Verhältnis Unionsrecht zum nationalstaatlichen Recht – Europarecht bricht nationales Recht!

Der EuGH hat hierzu bereits in den 1960er Jahren in Bezug auf die Europäische Gemeinschaft zwei bedeutsame Feststellungen getroffen:

- *Die Staaten haben Hoheitsrechte endgültig auf das von ihnen geschaffene Gemeinwesen übertragen. Dies können sie durch spätere, einseitige, mit dem Gemeinschaftsbegriff unvereinbare Maßnahmen nicht rückgängig machen;*
- *Es ist ein Grundsatz des Vertrages, dass kein Mitgliedstaat die Eigenart des Gemeinschaftsrechts antasten kann, im gesamten Bereich der Gemeinschaft einheitlich und vollständig zu gelten.*

Daraus folgt: Unionsrecht, das von den Organen der Union im Rahmen ihrer Zuständigkeiten ordnungsgemäß geschaffen worden ist, geht jedem entgegenstehenden Recht der Mitgliedstaaten vor, und zwar gleichgültig, ob die entgegenstehende Rechtsnorm vor dem Inkrafttreten des entsprechenden Unionsrechtes oder erst danach erlassen worden ist.

Zur Wahrung der Rechtseinheit ist es folglich den Mitgliedstaaten verwehrt, einseitig das geltende Unionsrecht zu verändern. Verletzt ein Mitgliedstaat dieses Prinzip, so setzt er sich damit der Gefahr einer Vertragsverletzungsklage der Kommission vor dem EuGH aus.

Im Ergebnis erübrigt sich damit auch die immer wieder aufkeimende Diskussion um den föderalen Charakter der Europäischen Union.

Die EU ist zwar keine Föderation im traditionellen, staatsrechtlichen Sinne, wohl aber ist ihre innere Struktur föderal. Sie ist ein aus unterschiedlichen Teilen zusammengesetztes, in sich geschlossenes Gemeinwesen. Aufgrund der Fusion bestimmter Souveränitäten durch die Mitgliedstaaten und der damit verbundenen Übertragung von Rechtssetzungskompetenzen auf gemeinsame europäische Institutionen ist ein System des Regierens auf mehreren Ebenen entstanden – ein „multi-level-governance-system", wie es im Eurojargon heißt.

Ausdruck des Regierens ist die politische Gestaltung eines Gemeinwesens durch Gesetze. Und eben diese politische Gestaltung durch Gesetzgebung findet in dem Gemeinwesen Europäische Union auf verschiedenen, nämlich auf europäischer wie auf nationalstaatlicher Ebene statt. Je nach verfassungsrechtlicher Struktur kommen in den Mitgliedstaaten noch weitere Ebenen (Länder/Regionen/Provinzen/Kommunen) hinzu.

Die Europäische Union ist nicht zuletzt deshalb eine Friedensgemeinschaft, weil ein großer Teil der politischen Fragen zwischen den beteiligten Völkern aus Problemen der Außenpolitik in solche der Innenpolitik verwandelt worden sind.

Träger dieses Gemeinwesens Europäische Union sind die Bürger – die Unionsbürger!

Hierin liegt das eigentlich Revolutionäre der Neuordnung Europas, für die mit der historischen Erklärung vom 9. Mai 1950 der Grundstein gelegt worden ist.

VII.
Vom Staatsbürger zum Unionsbürger

Alle Europäer sind vor dem Gesetz gleich! Wer solches vor 70 Jahren prognostiziert hätte, wäre durchaus Gefahr gelaufen, eingewiesen zu werden. Tempora mutantur – Zeiten ändern sich!

Das Prinzip der Gleichheit und Gleichberechtigung aller Bürger zählt zu den Verfassungsprinzipien der EU. Dieser Gleichheitsgrundsatz gilt nicht nur für die Bürger, er gilt gleichermaßen für die Mitgliedstaaten. Insoweit ist die in Deutschland immer wieder aufflammende Debatte um ein Mehr an Einfluss in Brüssel aufgrund der vermeintlichen „Nettozahler-Rolle" schlichtweg absurd.

Diese Gleichheit begründet die Einheit der Völker Europas und verbindet ihre Angehörigen zu einer Union der Bürger. Friede, Einheit und Gleichheit vermitteln Freiheit. Für diese Einheit und Freiheit ist die **Unionsbürgerschaft** zum Synonym geworden.

Ihre Bedeutung für die Europäische Union und deren Selbstverständnis als „eine neue Stufe bei der Verwirkli-

chung einer immer engeren Union der Völker Europas"
kommt im besonderen Maße in der Präambel der *Charta
der Grundrechte der Europäischen Union* zum Ausdruck:

> Die Völker Europas sind entschlossen, auf der
> Grundlage gemeinsamer Werte eine friedvolle Zu-
> kunft zu teilen, indem sie sich zu einer immer
> engeren Union verbinden. In dem Bewusstsein ihres
> geistigen, religiösen und sittlichen Erbes grün-
> det sich die Union auf die unteilbaren und uni-
> versellen Werte der Würde des Menschen, der Frei-
> heit, der Gleichheit und der Solidarität. Sie
> beruht auf den Grundsätzen der Demokratie und der
> Rechtsstaatlichkeit. Sie stellt die Person in den
> Mittelpunkt ihres Handelns, indem sie die Unions-
> bürgerschaft und einen Raum der Freiheit, der Si-
> cherheit und des Rechts begründet.

Mit ihr wird die Europäische Union zu einem neuen historischen Ordnungsmodell menschlichen Zusammenlebens und politischer Einheit im Sinne der Idee Europa.

Unionsbürger ist laut „Verfassung" der EU, wer die
Staatsangehörigkeit eines Mitgliedstaates besitzt. Folglich
sind wir Unionsbürger **aus** Frankreich, aus Spanien, aus Polen, aus Deutschland, Portugal, Dänemark, Irland, Malta,
Griechenland, Italien, Großbritannien, Schweden, Lettland,
Litauen, Estland, Finnland, Kroatien, Belgien, Luxemburg,
den Niederlanden, Zypern, Ungarn, Tschechien, der Slowakei, Slowenien, Bulgarien, Rumänien, aus Österreich
oder aus Kroatien. *Die Unionsbürgerschaft tritt zur nationalen*

Staatsbürgerschaft hinzu, ersetzt sie aber nicht, heißt es dort weiter.

Mithin, wir sind nicht nur Unionsbürger *aus ...,* wir sind zugleich Unionsbürger *und* Staatsbürger. Indem die Unionsbürgerschaft zur Staatsbürgerschaft „hinzutritt", sie also ergänzt, verschafft sie dem Einzelnen Privilegien und Rechte, die über das hinausgehen, was seinen Status als Staatsbürger ausmacht. Dieser Mehrwert lässt sich am besten anhand der Staatsbürgerschaft und der damit verbundenen Rechte ausmachen.

In seinem 1959 in der *Cambridge University Press* erschienenen Aufsatz „Citizenship and social class" hat der britische Philosoph Thomas H. Marschall drei Entwicklungsstufen des Staatsbürgerstatus aufgezeichnet:

Im 18. Jahrhundert begründete der Staatsbürgerstatus bürgerliche, *im 19. Jahrhundert* politische *und im 20. Jahrhundert* soziale *Rechte.*

Die Bürgerrechte schlossen das Recht auf Privateigentum und damit zusammenhängender Rechte ein, ebenso das Recht auf Privatsphäre, Meinungs-, Religions-, und Pressefreiheit.

Mit den politischen Rechten (19. Jahrhundert) wurden die Bürgerrechte auf Minderheiten und auf Frauen ausgeweitet.

Im 20. Jahrhundert kamen die sozialen Rechte, etwa auf Ausbildung, Altersversorgung, Arbeitsplatz etc. hinzu, mit dem Ziel, dem Menschen die Möglichkeit zu einem erfüllten, sinnvollen Leben zu eröffnen.

Das Entscheidende dabei ist, dass diese Rechte jeweils nur den Staatsbürgern eines Landes vorbehalten sind und die

Wahrnehmung dieser Rechte auch nur innerhalb der Grenzen dieses Staates möglich ist. Außerhalb des eigenen Staates verlieren diese Rechte für den Bürger ihre Wirksamkeit, er wird zum Ausländer – das Prinzip der Aus- und Abgrenzung.

Im 21. Jahrhundert ist für die Staatsangehörigen der EU-Mitgliedstaaten mit der Unionsbürgerschaft eine weitere Entwicklungsstufe hinzugekommen, die dieses Prinzip der Aus- und Abgrenzung und damit die Relation Inländer/Ausländer durchbricht, indem sie – wie es der EuGH formuliert hat – *den Angehörigen der Mitgliedstaaten erlaubt, überall in der EU unabhängig von ihrer Staatsangehörigkeit die gleiche rechtliche Behandlung zu genießen.*

Maßgeblich dafür sind diese drei Kriterien, die den Wesensgehalt der Unionsbürgerschaft bestimmen: **Allgemeinheit**, **Unmittelbarkeit** und **Gleichheit**.

Der unionsbürgerliche Status ist deshalb ein **allgemeiner**, weil er ohne Ausnahme für alle Menschen gilt, die die Staatsangehörigkeit eines der inzwischen 28 Mitgliedstaaten der EU besitzen. Er gilt also gleichermaßen für Deutsche, Franzosen, Dänen … – und zwar ohne Unterschied.

Er ist deshalb **unmittelbar**, weil er sich und die damit verbundenen Rechte des Einzelnen unmittelbar von der Europäischen Union und ihrer „Verfassung" ableitet, er also nicht erst durch die nationalstaatlichen Institutionen vermittelt und verliehen wird. Es bedarf also keines staatlichen „Gnadenaktes", um in den Genuss der gleichen Rechte wie ein Inländer zu gelangen.

Dem trägt insbesondere die **Gleichheit** als das dritte und zugleich wichtigste Element des Status als Unionsbürger Rechnung.

Nationalstaatliche Verfassungen qualifizieren einen bestimmten Kreis von Menschen als ihre Staatsbürger und räumen allein diesen die von Marshall genannten bürgerlichen, politischen und sozialen Rechte und Privilegien ein bzw. stellen durch die staatlichen Organe deren Genuss sicher. Die Bürger anderer Staaten gelten als Ausländer mit der Konsequenz, dass sie weder kraft eigenen Willens die Staatsbürgerschaft erwerben, noch überhaupt in den Genuss dieser Privilegien kommen können.

Diese Ungleichheit, diese Ungleichbehandlung, hebt die Unionsbürgerschaft auf, indem sie die Staatsangehörigen der Mitgliedstaaten in einer Weise verbindet, dass sie ihnen die in der „Verfassung" der EU und in den darauf gründenden Rechtsakten eröffneten Ansprüche und Rechte gleichermaßen garantiert.

Die Gleichstellung erfolgt aus der unmittelbaren Geltung des Unionsrechtes für und in den Mitgliedstaaten. Unter verfassungsrechtlichen Gesichtspunkten hebt die Unionsbürgerschaft mithin die landläufige Abgrenzung Inländer/Ausländer auf. In ihren Staatsbürgerschaften unterscheiden sich die über 500 Millionen Europäer, in ihrer Unionsbürgerschaft bilden sie eine gleichberechtigte Gemeinschaft. Die Gleichstellung als Unionsbürger folgt aus der Gleichheit vor dem Gesetz, dem Unionsrecht. Damit ist den Mitgliedstaaten die früher bestehende Möglichkeit genommen, die eigenen Staatsangehörigen gegenüber den anderen Unionsbürgern schlechter zu behandeln.

Die Unionsbürgerschaft wird so auch zu einem gesell-
schaftspolitischen Phänomen. Wenn vor einiger Zeit (vor
der Flüchtlingswelle) eine in Belgien veröffentlichte Statis-
tik davon gesprochen hat, dass der Ausländeranteil im Königreich bei 9,1 Prozent liege, gleichzeitig aber festgestellt
wurde, dass 2/3 dieser Ausländer aus anderen EU-Staaten
kommen, so ignoriert das schlichtweg das Phänomen der
Unionsbürgerschaft. Die 650 000 Bürger, von denen hier
die Rede ist, sind Unionsbürger und keine Ausländer. Es
sind auch keine „EU-Ausländer", von denen zuweilen in
den Medien die Rede ist. Die Mitgliedstaaten der EU sind
im Verhältnis zueinander nicht ausländische (souveräne)
Staaten, sondern in ihrer Gesamtheit Teile einer Union. Ein
Umdenken tut Not!

Die mit der Unionsbürgerschaft begründete Gleichheit
vermittelt dem EU-Bürger eine in der Welt einzigartige
Freiheit in der Lebensgestaltung und eine weit über die
Grenzen des Nationalstaates hinausgehende Lebenswelt.

Diese Freiheit drückt sich aus in dem Recht der Unionsbürgerinnen und Unionsbürger, sich überall in der Europäischen Union, soll heißen in allen Mitgliedstaaten, frei zu
bewegen und aufzuhalten, ihren Wohnsitz zu nehmen und
Eigentum zu erwerben.

Dabei gelten für sie die gleichen Bedingungen wie für
die Staatsangehörigen des jeweiligen Landes. Jegliche Art
der Diskriminierung aus Gründen der Staatsangehörigkeit
ist verboten.

Damit verbunden sind politische Rechte, nämlich die
Möglichkeit, am demokratischen Leben vor Ort teilzuha-

ben. So besitzt der Unionsbürger am Ort seines Wohnsitzes das aktive und passive Wahlrecht bei Kommunalwahlen. Als ein in Belgien lebender deutscher Staatsbürger könnte der Autor also (theoretisch) zum Bürgermeister seiner Gemeinde gewählt werden. Dass diese Möglichkeit nicht nur theoretischer Natur ist, belegt das Beispiel einer Unionsbürgerin aus Deutschland mit Wohnsitz in der ostbelgischen Gemeinde Raeren, die seit der letzten Kommunalwahl Mitglied des Schöffenkollegiums ihrer Gemeinde ist.

Gleiches gilt für die Wahlen zum Europäischen Parlament. Auch hier ist die Ausübung des Wahlrechtes nicht an die Staatsangehörigkeit, sondern an den Wohnsitz des Unionsbürgers geknüpft. So kann auch ein Unionsbürger aus Polen mit Wohnsitz in Spanien von den dortigen Wählern ins Europäische Parlament entsandt werden.

Selbstverständlich gilt, was eigentlich nicht einer besonderen Erwähnung bedarf, dass jede Unionsbürgerin und jeder Unionsbürger bei der Wahl zum EP nur an einem Ort seine Stimme abgeben darf.

Wenn sich also ein bekannter Journalist im deutschen Fernsehen kurz nach der letzten Europawahl damit brüstet, nicht nur an seinem Wohnsitz in Deutschland, sondern zugleich auch in dem Land, dessen Staatsangehörigkeit er besitzt, seine Stimme abgegeben zu haben, so zeugt das weniger von besonderer Chuzpe als vielmehr von Unverstand.

Unionsbürgerschaft bedeutet, sich innerhalb der EU frei und ungehindert bewegen zu können. Dafür, so heißt es in der „Verfassung" der EU, *bietet die Union ihren Bürgerinnen und Bürgern einen Raum der Freiheit, der Sicherheit und des*

Rechts ohne Binnengrenzen, in dem der freie Personenverkehr ge-
währleistet ist.

Zu diesem Zweck, so ist an anderer Stelle zu lesen, stellt
sie sicher, *dass Personen an den Binnengrenzen nicht kontrolliert*
werden, und entwickelt eine gemeinsame Politik in den Bereichen
Asyl, Einwanderung und Kontrolle an den Außengrenzen, die sich
auf die Solidarität der Mitgliedstaten gründet und gegenüber
Drittstaatsangehörigen angemessen ist.

Es ist Aufgabe des Europäischen Rates, also des Gremiums der 28 Staats- und Regierungschefs, *die strategischen*
Leitlinien für die gesetzgeberische und operative Programmplanung
im Raum der Freiheit, der Sicherheit und des Rechts festzulegen.

Auf deren Grundlage erlassen Rat und des Parlaments
auf Vorschlag der Kommission die hierzu notwendigen
Maßnahmen (Rechtsakte).

Es ist noch gar nicht lange her, da war für uns Unionsbürger
das grenzenlose Europa Normalität, da hatten Grenzstatio-
nen nur noch musealen Wert und zeugten von einer längst
vergangen geglaubten Zeit. Wo sonst auf der Welt ist (war) es
den Bürgern vergönnt, von einem Land ins andere zu reisen,
ohne an der Grenze angehalten und kontrolliert zu werden?

Grenzen sind Narben der Geschichte. Sie zu überwinden, die Kontrollen an ihnen zu beseitigen, gehört(e) zu
den großen Errungenschaften der Europäischen Union.
Und nun das. Seit dem Sommer 2015 schicken sich immer
mehr Mitgliedstaaten an, ihre Binnengrenzen mit Grenzzäunen und Mauern zu befestigen und Personenkontrollen
an den Grenzen durchzuführen. Das verfassungsmäßige
Versprechen, den Unionsbürgern einen Raum der Freiheit

ohne Binnengrenzen zu gewährleisten, verkommt zur Farce. Dieser Akt politischer Freiheitsberaubung wird den Unionsbürgern verkauft als eine Notwehrmaßnahme gegen die sogenannte Flüchtlingswelle.

Nur, dem Flüchtlingsansturm mit der Wiedereinführung von Grenzzäunen und Grenzkontrollen, also Maßnahmen wider den europäischen Geist zu begegnen, heißt, den Teufel mit dem Beelzebub austreiben. In Wahrheit sind sie ein abermaliger Beweis für die Orientierungs- und Hilflosigkeit der europäischen Politik und ihrer Protagonisten. Und diese Flüchtlingswelle ist, wie man weiß oder zumindest ahnt, erst der Anfang. Bisher hat uns jedoch niemand erklären können, wann und unter welchen Bedingungen das grenzenlose Europa, also die verfassungsmäßige Ordnung der EU und die Freiheitsrechte der Unionsbürger, wiederhergestellt werden. Grenzzäune machen keinen Unterschied zwischen Flüchtlingen und Unionsbürgern!

Eine große Errungenschaft der europäischen Integration droht dem Versagen der Politik und kleinkarierten nationalistischen Egoismen zum Opfer zu fallen.

Anders als die politischen Rechte der Unionsbürger haben deren wirtschaftlichen Rechte bereits eine lange Tradition. Genauer gesagt, sie wurden mit der Gründung der EWG im Jahre 1957 begründet und seither durch die Rechtssetzung der europäischen Institutionen, insbesondere durch die Rechtsprechung des EuGH, sukzessive ausgeformt. Man spricht in diesem Zusammenhang von den (wirtschaftlichen) Grundfreiheiten, die zum Kernbestand der spezifischen Rechte des Unionsbürgers gehören.

Hierzu zählt das Recht des Unionsbürgers, überall in der EU einen Arbeitsplatz zu suchen. Im Rahmen des Beschäftigungsverhältnisses gelten für ihn die gleichen Bedingungen wie für einen einheimischen Mitarbeiter. In einer Verordnung aus dem Jahre 1968 wird der Wesensgehalt der sogenannten Arbeitnehmerfreizügigkeit zum Ausdruck gebracht: *Die Freizügigkeit ist ein Grundrecht der Arbeitnehmer und ihrer Familien; die Mobilität der Arbeitskräfte innerhalb der Gemeinschaft soll für den Arbeitnehmer eines der Mittel sein, die ihm die Möglichkeit einer Verbesserung der Lebens- und Arbeitsbedingungen garantiert, und damit auch seinen sozialen Aufstieg erleichtern.*

Zu den Grundfreiheiten zählt sodann das Recht eines jeden Unionsbürgers, überall in der EU eine selbständige Tätigkeit auszuüben, ein Unternehmen zu gründen oder dessen Leitung zu übernehmen. Auch hierbei gelten die, soweit vorhanden, gemeinschaftlichen Rechtsnormen und nationalen Bestimmungen für ihn genauso wie für die Staatsangehörigen des jeweiligen Landes. Diese sogenannte Niederlassungsfreiheit gilt für natürliche wie juristische Personen gleichermaßen.

Zu guter Letzt ist es das Recht des Unionsbürgers, überall innerhalb der EU seine Dienstleistungen anzubieten und zu erbringen. Auch hierbei gilt das zuvor Gesagte entsprechend. Zur Ausgestaltung dieser Freiheitrechte beschließen der Rat und das Parlament auf Initiative der Kommission die notwendigen Rechtsakte (Verordnung oder Richtlinie)

In diesem hier skizzierten Konglomerat an Rechten und Freiheiten beweist sich die Europäische Union als Union der Bürger, als die Jean Monnet Europa stets verstanden wissen wollte. Der Wert solcher Rechte und Freiheiten bemisst sich jedoch an den Möglichkeiten, diese effektiv durchzusetzen.

Dem Unionsbürger steht dafür ein vollständiges und wirksames Rechtsschutzsystem zur Verfügung, in dem der Europäische Gerichtshof den entscheidenden Part einnimmt.

So kann *jede natürliche oder juristische Person gegen die an sie gerichteten oder sie unmittelbar und individuell betreffenden Handlungen sowie gegen Rechtsakte mit Verordnungscharakter, die sie unmittelbar betreffen und keine Durchführungsmaßnahmen nach sich ziehen, Klage* [beim EuGH] *erheben.*

In weniger verklausulierter Form heißt das: Jeder Unionsbürger kann, wenn er sich durch eine Handlung der Kommission, des Rates, des Parlamentes oder irgendeiner nachgeordneten Einrichtung der EU in seinen Rechten als Unionsbürger verletzt sieht, dies zum Gegenstand eines sog. Nichtigkeits- oder Anfechtungsverfahren vor dem EuGH machen. Das gilt sogar dann, wenn es sich um einen allgemeinen Rechtsakt im Sinne einer Verordnung handelt, jedoch nur unter der Bedingung, dass er/sie hiervon unmittelbar betroffen ist. Ist die Klage begründet, erklärt der EuGH die angefochtene Handlung oder eben den „Rechtsakt mit Verordnungscharakter" für nichtig.

Im Gegensatz zu dieser direkten Klage sieht das in der Praxis sehr viel häufiger vorkommende sogenannte *Vorabentscheidungsverfahren* ein Zusammenwirken von nationaler und europäischer Gerichtsbarkeit vor. Kommt es in einem Verfahren vor einem nationalen Gericht entscheidend auf die Frage an, ob und wie eine unionsrechtliche Bestimmung auszulegen ist, so kann bzw. muss das Gericht das Verfahren aussetzen und dem EuGH zur Vorabentscheidung eben die Beantwortung dieser Frage überlassen. Der EuGH entscheidet dann im Wege eines Urteils vorab (deshalb der Name „Vorabentscheidungsverfahren") darüber, wie die einschlägige unionsrechtliche Bestimmung auszulegen bzw. ob sie überhaupt gültig ist, ob sie ordnungsgemäß im Rahmen der Zuständigkeiten der EU-Institutionen und unter Beachtung der „Verfassung" der EU zustande gekommen ist. Keine Aussage trifft der EuGH zu dem Ausgangsverfahren, auch nicht darüber, ob Bestimmungen des nationalen Rechts gegen das EU-Recht verstoßen. Dies ist allein Gegenstand der bereits erörterten Vertragsverletzungsverfahren, welche die EU-Kommission gegebenenfalls gegen den Mitgliedstaat anstrengen kann.

Dieses Verfahren trägt dem Gebot einer einheitlichen Auslegung des Unionsrechtes und damit der Einheitlichkeit der Rechtsordnung Rechnung. Auch wenn die nationalen Gerichte selbstverständlich verpflichtet sind, Unionsrecht anzuwenden, ihm somit Geltung zu verschaffen, bleibt es allein dem EuGH vorbehalten, letztinstanzlich dessen korrekte Anwendung zu kontrollieren und eine für alle Mitgliedstaaten einheitliche und verbindliche Auslegung vorzunehmen.

Für den Einzelnen eröffnet dieses Verfahren die Möglichkeit, seine Rechte als Unionsbürger vor nationalen Gerichten durchzusetzen.

Mit diesem Rechtsschutzsystem gewährleistet die EU dem Einzelnen einen effektiven gerichtlichen Schutz derjenigen Rechte, die sich aus der Unionsrechtsordnung herleiten und erweist sich auch insofern als eine Union der Bürger.

Dass diese Unionsbürgerschaft darüber hinaus mehr ist als ein Rechtsstatus, sie durchaus als ein gesellschaftspolitisches Phänomen zu begreifen ist, wird einem spätestens dann bewusst, sobald man sich die Wahrnehmung eines Amerikaners, eines Chinesen (die Aufzählung ließe sich beliebig fortsetzen) vergegenwärtigt, wenn sie in London, Frankfurt oder Paris ankommend sich vor der Passkontrolle anstellen. Sie sehen, wie all die Europäer, die mit ihnen im Flugzeug saßen, nebenan unter einem Schild mit zwölf goldenen Sternen in einem Kreis auf blauem Grund durchgehen. Die haben als Unionsbürger alle denselben Pass, und für die Amerikaner sind es nicht Franzosen, Italiener, Deutsche oder Ungarn, sondern Europäer!

Resümierend bleibt festzuhalten: Mit der Unionsbürgerschaft wird die Europäische Union zu einem neuen historischen Ordnungsmodell menschlichen Zusammenlebens und politischer Einheit im Sinne der Idee Europa. Dank der „Alchemie" des Jean Monnet (*Integration durch Transformation*) hat sich die Vision Konrad Adenauers von einem gemeinsamen Haus der Freiheit, des Rechts und damit nicht zuletzt des Friedens für die Europäer erfüllt.

Auch wenn die Europäische Union ein in der europäischen Geschichte einzig- und neuartiges politisches und gesell-

schaftliches Ordnungsmodell für die friedliche und frei-
heitliche Koexistenz der europäischen Völker und Bürger
darstellt, sie ist nicht ganz ohne historisches Vorbild. Ein
ähnliches Konstrukt hat es – zumindest in Ansätzen und in
einer sehr viel kleineren Ausgabe – bereits im antiken Griechenland gegeben, womit das Bild von den drei Hügeln, auf
denen Europa geistig aufgebaut ist, eine weitere Facette
hinzugewinnt.

Historisches Vorbild:
Der Achaierbund

Das Griechenland der Antike war kein Staat im Sinne einer
politischen und rechtlichen Einheit, sondern vielmehr ein
Konglomerat aus etwa 700 Poleis (Stadt-und Gemein-
destaaten), die der Idee nach allesamt unabhängig waren. So
besaß jede Polis ein eigenes Staatsbürgerrecht, ein eigenes
Zivil- und Staatsrecht, eine eigene Regierung, eigenes Militär und betrieb eine eigene Außenpolitik. Im Verhältnis
zueinander waren sie ausländische Mächte mit der Konsequenz, dass der Grieche aus der Polis X in der Polis Y ein
Ausländer und damit weitgehend rechtlos war. Die geradezu logische Folge dieser partikularistischen Zerrissenheit
war ein permanenter Kriegszustand zwischen den Poleis in
dem Bemühen, die Hegemonie gegenüber den anderen zu
gewinnen. Dabei besonders hervorgetan in ihren hegemo-
nialen Ambitionen haben sich die beiden „Supermächte"
Athen und Sparta.

Um sich dem zu erwehren und um das Verhältnis untereinander zu befrieden, schlossen sich um 280 v.Chr. die

auf dem Peloponnes gelegenen 60 Poleis zum sogenannten Achaierbund – dem Koinón der Achaier – zusammen. Die Besonderheit dieses Bündnisses war seine bundesstaatliche Struktur resultierend aus der Übertragung von politischen Zuständigkeiten auf gemeinsame Bundesorgane bei gleichzeitigem Fortbestand der Autonomie und Eigenständigkeit der beteiligten Poleis. Dieses bundesstaatliche Ordnungsmodell soll im 18. Jahrhundert Montesquieu bei seinen staatsphilosophischen Überlegungen inspiriert haben, die ihrerseits wiederum in die Konstruktion der amerikanischen Bundesverfassung eingeflossen sind. Auch wenn nichts darauf hindeutet, dass Jean Monnet sich mit diesem historischen Vorbild bei seiner Initiative zum Schuman-Plan auseinandergesetzt hat, auffällig ist, dass das von ihm gewählte Prinzip der Integration durch Transformation hier erstmals erfolgreich zur Anwendung kommt.

So haben – wie der Historiker Klaus Martin Giradet in seinem Buch „*Die alte Geschichte der Europäer und das Europa der Zukunft*“ dokumentiert – die ursprünglich gänzlich souveränen Poleis auf der Grundlage eines „Verfassungsvertrages“ die Entscheidungsgewalt über die Bereiche Außen-, Militär- und Handelspolitik, insbesondere für die Entscheidung über Krieg und Frieden, auf gemeinsame Bundesorgane übertragen.

Dabei bildete der **Bundesrat** in der Zusammensetzung aus Vertretern aller Gliedstaaten (Poleis), von denen jeder einzelne je nach Einwohnerzahl unterschiedlich viele Abgeordnete wählte, das Entscheidungszentrum des Bundes.

Der Bundesrat wiederum wählte und kontrollierte die sogenannte **Bundesmagistrate**, deren Mitglieder mit der Wahrnehmung aller laufenden, in Mehrheit außenpolitischen Bundesaufgaben betraut waren.

Auf der anderen Seite bestanden bei den Gliedstaaten nach ihrem Beitritt in den Bund die eigenen demokratischen Organe fort, verblieben die eigene Gesetzgebung, das Finanz- und Steuerwesen. An der Gestaltung der Bundesangelegenheiten waren sie nicht nur über ihre Vertreter im Bundesrat beteiligt, sondern insbesondere durch die Gestellung von Heereskontingenten, die dann unter der Führung eigener Kommandanten Teile des vom obersten Magistrat befehligten Bundesheeres bildeten.

Hier zeigen sich erstaunliche Parallelen zu der Europäischen Verteidigungsgemeinschaft, von der und deren unrühmlichem Schicksal bereits ausführlich die Rede war.

Und auch eine Art „Unionsbürgerschaft" kannten die alten Griechen, zumindest die zum Achaierbund gehörenden. Die Bürger einer zum Koinón zählenden Polis besaßen ein doppeltes Bürgerrecht: das Staatsbürgerrecht ihres Heimatstaates und dazu das diesem übergeordnete, ihnen automatisch zufallende, Bürgerrecht des Bundesstaates. Letzteres verschaffte ihnen das Recht, überall auf dem Gebiet des Koinón Besitz zu erwerben.

Aus dem „Bürger von Korinth" war der „Achaier aus Korinth" geworden, genauso wie 2000 Jahre später dank der Europäischen Union und der Unionsbürgerschaft aus dem „Deutschen", dem „Italiener" der „Unionsbürger" aus Deutschland, Italien etc. geworden ist. So schließt sich der Kreis.

Ihre spätere Auflösung „verdankten" die Koina dem römischen Imperialismus, der die gesamte hellenistische Welt binnen 50 Jahren von Rom abhängig gemacht hat.

War es vor 2000 Jahren der römische Imperialismus, der die ersten erfolgreichen Ansätze europäischer Integration zunichtemachte, so vermuten nicht wenige heute diese Gefahr für die Europäische Union in der sogenannten Flüchtlingskrise.

Es sind aber nicht die Flüchtlinge aus Syrien, aus Afghanistan, aus dem Irak oder aus welchen Krisengebieten dieser Erde sie auch immer stammen, es ist allein der Umgang der Politik mit dieser und anderen Herausforderungen, der das europäische Einigungswerk einer solchen Zerreißprobe ausliefert.

VIII.
Die „provisorische Regierung"
Europas – der Europäische Rat

Wie oft schon hat man uns europäischen Bürgern das Ende der „Idee Europa", das Ende der europäischen Integration prophezeit. Ganze Regalreihen ließen sich mit Publikationen zum Thema „Europa in der Krise" füllen. Und dennoch hat die Union diese Krisen nicht nur überlebt, aus manchen ist sie letztendlich sogar gestärkt hervorgegangen. Viele dieser Krisen entpuppen sich in der Rückschau in Wahrheit als Krisen des Denkens. Sie waren und sie sind auch heute noch Krisen des Denkens, weil sich in ihnen fehlender europäischer Geist, ein Mangel an politischem Weitblick und Handlungswille ausdrücken.

Jean Monnet hat die Union in den 1970er Jahren einmal mit einem Baum verglichen, der als Keimling in der Konferenz von Messina gesetzt wurde und dessen Wurzeln jetzt so stark seien und so tief in die Erde Europas reichen, dass sie schlechte Zeiten hätten überleben und noch weitere ertragen können. In den 1970er Jahren mag dieses Bild seine Berechtigung gehabt haben. Im Jahr 2016 scheint dieser

Baum einem immer schneller um sich greifenden Zersetzungsprozess ausgeliefert.

Das, was die aktuellen Krisen der Union, angefangen von der „Schuldenkrise" bis hin zur „Flüchtlingskrise", um nur diese beiden herauszugreifen, von den Krisen früherer Jahre unterscheidet, ist die offenkundige Orientierungslosigkeit der Akteure.

Eine Orientierungslosigkeit, die vor allem dem Umstand geschuldet ist, dass das bereits erörterte Leitbild zunehmend zur Disposition gestellt wird. Es sei daran erinnert, dass es der auf dem Leitbild der Union der Völker Europas gründende supranationale Ansatz zur Vereinigung der Völker Europas in Frieden und Freiheit war, durch den sich das Antlitz Europas so entscheidend verändert hat. Aus einem Ort des Krieges, der Feindschaft und des Nationalismus ist ein Raum des Friedens und der Freiheit geworden.

Für die „Väter Europas" gab es aufgrund der Erfahrungen in der ersten Hälfte des 20. Jahrhunderts überhaupt keinen Zweifel, dass Wohlstand und soziale Gerechtigkeit für die Entwicklung und den Bestand der Demokratie und den Zusammenhalt einer Gesellschaft, letztendlich für den Frieden in Europa, unabdingbare Voraussetzungen sind. Die Förderung des Wohlstandes und der sozialen Gerechtigkeit bilden die Legitimationsgrundlage der Europäischen Gemeinschaften bis hin zur Europäischen Union. Wenn jedoch die Priorität der europäischen Führung vornehmlich dem Schutz der Banken und deren Interessen gilt, so bedeutet dies die Aufkündigung der ursprünglichen Idee. Das Primat der Politik gegenüber der Wirtschaft, insbesondere der Finanzwirtschaft, in Sonntagsreden zu beschwören, dazu braucht es wenig Mut. Dieses aber um- und vor allem durchzusetzen, dazu bedarf es sehr, sehr viel mehr politischen Mutes. An diesem herrscht allenthalben Mangel.

Jean Monnet, Robert Schuman, Konrad Adenauer, Paul-Henri Spaak und all den anderen europäischen Pionieren, die den Krieg überlebt hatten, bedeutete Europa vor allem ein Friedensprojekt, in dem es um Menschenrechte, demokratische Werte, Wohlstand und insbesondere um soziale Gerechtigkeit geht. Sie waren keine Heiligen, aber sie hatten Prinzipien, für die sie, wenn es sein musste, durchs Feuer gingen. Und sie fürchteten sich nicht vor Bankern und Finanzspekulanten. Für sie stand der Mensch im Mittelpunkt ihres Handelns und nicht das Interesse von Bankern und Finanzspekulanten.

Es sind weniger Marie Le Pen, Viktor Orban, Geert Wilders oder wie die selbsternannten Europagegner auch immer heißen, es sind weniger Parteien und Bewegungen wie die AFD oder UKIP, die das europäische Einigungswerk kaputtmachen. Es ist die Leichtfertigkeit, um nicht zu sagen, die Verantwortungslosigkeit, mit der die politischen Granden insbesondere in den Hauptstädten der Mitgliedstaaten zu Werke gehen und das in sechs Jahrzehnten europäischer Integration Erreichte aufs Spiel setzen. Ihrer offenkundigen Orientierungslosigkeit ist es geschuldet, dass sich immer mehr Bürger von Europa, von der Idee einer Einheit der Völker Europas, abwenden und, um ein Wort Adenauers aufzugreifen, „Beute falscher (weil nationalistischer) Propheten" werden.

Im Sommer 2009 haben die Abgeordneten des Europäischen Parlamentes – inzwischen die gemeinsame Volksvertretung von über 500 Millionen europäischen Bürgern – den Mitbegründer von *Solidarność*, Jerzy Buzek zu ihrem Präsidenten gewählt. In seiner Antrittsrede hat er ausgerufen: *„Es gibt kein ‚Ihr' und kein ‚Wir' mehr. Die Völker Europas sind vereint!"*

Damit hat sich erfüllt, was sich in der Erklärung vom 9. Mai 1950 so liest: *Wir müssen das geeinte Europa nicht nur im Interesse der freien Völker errichten, sondern auch, um die Völker Osteuropas in diese Gemeinschaft aufnehmen zu können, wenn sie, von den Zwängen, unter denen sie leiden, befreit um ihren Beitritt und unsere moralische Unterstützung nachsuchen werden. Wir schulden ihnen das Vorbild des einigen, brüderlichen Europa.* Gerade in den Zeiten des Umbruchs war die Union ein beruhigendes Leuchtfeuer und eine große Stütze. Die Mitgliedschaft in der EU, wahrgenommen als ein Ort des Friedens, des Rechts, der Freiheit und des Wohlstandes, war Hoffnung und Perspektive für die Menschen zugleich. Das Gegenmodell von Kommunismus war nicht Kapitalismus, sondern Europa. Und heute? Wie viel Hoffnung, wie viel Perspektive verbinden die Menschen noch mit Europa, mit der europäischen Einigung? Nochmals: Irgendetwas ist da gewaltig schiefgelaufen!

Der Vorwurf der Orientierungslosigkeit und des leichtfertigen Umgangs mit dem europäischen Einigungswerk trifft vornehmlich diejenigen, die laut „EU-Verfassung" dazu berufen und verpflichtet sind, *der Union die für ihre Entwicklung erforderlichen Impulse zu geben und die allgemeinen politischen Zielvorstellungen und Prioritäten hierfür festzulegen.* Das sind die Mitglieder des Europäischen Rates, also die Staats- und Regierungschefs der 28 Mitgliedstaaten, deren

Sitzungen noch immer als „Gipfeltreffen" apostrophiert werden.

„Der Gipfel ist tot, es lebe der Europäische Rat", ruft der französische Staatspräsident Valéry Giscard d'Estaing am 10. Dezember 1974 am Ende eines Treffens der Staats- und Regierungschefs Frankreichs, Deutschlands, Großbritanniens, Italiens, Irlands, Belgiens, Dänemarks, Luxemburgs und der Niederlande, also der zu diesem Zeitpunkt neun Mitgliedstaaten der EG, in Paris aus. Was war geschehen?

Am 29. Mai 1974 erscheint in der *Frankfurter Allgemeinen Zeitung* unter dem Titel „Neue Hoffnung" eine Karikatur, die Helmut Schmidt und Valéry Giscard d'Estaing zeigt, wie sie sich im Arztkittel tiefgebeugt einer im Krankenhausbett liegenden Europa zuwenden. Wenige Tage später erscheint eine ähnliche Karikatur, die beide Staatsmänner dabei zeigt, wie sie das verwundete Europa auf einer Bahre davontragen. Beide Karikaturen beschreiben zutreffend die Situation: Europa, die Europäische Gemeinschaft befindet sich in einer Krise. Sie ist mit der schwersten Rezession seit den 1930er Jahren konfrontiert und der Integrationsprozess hat an Dynamik verloren. Die durch den Jom-Kippur-Krieg ausgelöste Energiekrise hat die Partner nicht stärker zusammengeführt. Im Gegenteil, jedes Mitglied sucht sein Heil in protektionistischen Maßnahmen. Gleichgültig, wie sehr sich die Kommission bemüht, Vorschläge zu einer koordinierten Bewältigung der Krise zu unterbreiten, der Ministerrat blockiert jeglichen gemeinschaftlichen Lösungsansatz. *Jedes Land reagierte mit nationalen Maßnahmen auf die Schocks der Konjunktur und auf die Inflation. Die nationalen*

Vertreter im Ministerrat gebärdeten sich als Vertreter ihrer nationalen Administration, beschreibt Jean Monnet die Situation später.

Jean Monnet wird auch in dieser Situation seinem Ruf als „der Mann, der Europa erfand" gerecht und beweist einmal mehr seine pragmatische Vorgehensweise zur Herstellung der Einheit Europas.

Schon seit geraumer Zeit beschäftigt er sich gemeinsam mit seinen Partnern im *Comité d'Action pour les Etat-Unis de l'Europe* mit der Frage, wie man dem Integrationszug neue Impulse verschaffen und vor allem, wie man den französischen Staatspräsidenten, der seit 1965 direkt vom französischen Volk gewählt wird, stärker in diesen Prozess einbinden könnte. Seine Überlegungen münden 1969 in dem Vorschlag der Einrichtung regelmäßiger Gipfeltreffen der neun Staats- und Regierungschefs. 1969 findet das erste dieser Treffen in Den Haag statt. War Den Haag noch ein Erfolg, so galt dies für die folgenden Treffen nicht mehr. Weil alle Mitgliedstaaten mit großen Delegationen angereist waren, die Tagesordnung völlig überfrachtet war, erwies sich das Konzept sehr bald als wenig zielführend.

Monnet geht nun noch einen Schritt weiter und unterbreitet 1973 den Vorschlag: die Staats- und Regierungschefs der neun Mitgliedstaaten konstituieren sich als „provisorische europäische Regierung". In dieser Funktion soll es ihre Aufgabe sein, dem Einigungsprozess neue Impulse zu verleihen. Nach seiner Vorstellung entsteht damit keine Konkurrenz zur Kommission, die er auch weiterhin in der zentralen Rolle im europäischen Rechtssetzungsprozess und als Garant des Gemeinschaftsinteresses sieht. Vielmehr möchte er eine Verbesserung der Arbeit des Rates erreichen, der sich bislang als „Bremser" der europäischen Integration ausgezeichnet hat. Deshalb müssen für ihn die Chefs der nationalen Exekutiven direkt eingebunden werden, weil nur sie die Verantwortung für weitreichende Kompromisse übernehmen, verschiedene Politikbereiche miteinander verbinden und damit die Kompetenzen der Ressortminister überschreiten können. Daraus folgt für ihn zwingend die unmittelbare Verantwortung der Regierungschefs für die Umsetzung europäischer Entscheidungen in den Mitgliedstaaten. Auch sollen so für die Zukunft getrennte, nationale Aktionen unterbunden und durch gemeinsames, europäisches Handeln ersetzt werden.

Es sind der deutsche Kanzler Helmut Schmidt und der französische Staatspräsident Valéry Giscard d'Estaing, einstige Mitglieder des Aktionskomitees, die seinen Vorschlag 1974 aufgreifen. Giscard möchte dem neuen Gremium den Namen „Europäischer Rat" geben und für ihn ein eigenes Sekretariat einrichten. Schmidt lehnt das ab, weil er befürchtet, damit eine neue EG-Institution aus der Taufe zu heben. Am Ende steht ein Kompromiss: Der Name „Europäischer Rat" bleibt, auf das Sekretariat wird verzichtet.

Das Projekt ist zunächst unter den Partnern nicht unumstritten. So befürchtet die niederländische Regierung einen Trend zu intergouvernementaler Zusammenarbeit und damit eine Schwächung der Institutionen, namentlich der Kommission. Sie sollte, wie sich aktuell zeigt, Recht behalten.

Bei einem internen Abendessen am 16. September 1974 macht Giscard in Paris gegenüber den anderen acht Regierungschefs noch einmal deutlich: *„Es geht nicht darum, die Kommission zu entmachten, sondern die Defizite des Ministerrates zu bekämpfen. Regelmäßige Treffen der Regierungschefs werden diese zur Routine machen und übertriebene Erwartungen in solche Treffen unterbinden. "*

Am 10. Dezember 1974 ist es dann soweit: Der Europäische Rat ist aus der Taufe gehoben. In Dublin kommen die Staats- und Regierungschefs am 10. und 11. März 1975 erstmals als Europäischer Rat zusammen. Was vielleicht eine Erwähnung verdient: Es geht bei dieser Sitzung vor allem um neuerliche Vergünstigungen für die Briten, deren neue Regierung Nachverhandlungen zu ihrer Mitgliedschaft verlangt und im Falle einer Ablehnung mit dem Austritt Großbritanniens gedroht hat. Man einigt sich auf einen Kompromiss, und am 5. Juni 1975 stimmen die Briten in einem Referendum mit 67,2 Prozent für einen Verbleib in der Gemeinschaft.

„Der Gipfel ist tot", hat Giscard d'Estaing bei Gründung des Europäischen Rates ausgerufen. Dennoch berichten die Medien in Europa nach wie vor von den Gipfeltreffen der Staats- und Regierungschefs, wenn von Sitzungen des Europäischen Rates die Rede ist. Selbst die Protagonisten sprechen von „Gipfeltreffen" in diesem Zusammenhang. Eine solche Begriffswahl erleichtert es nicht, das Verständnis des Bürgers für Europa zu fördern. Mit diesem Begriff assoziiert der Bürger diplomatische Großereignisse, deren Ergebnis meist weit hinter den zuvor geweckten Erwartun-

gen zurückbleiben. Man verständigt sich in der Regel auf unverbindliche Absichtserklärungen oder hochgesteckte Ziele, die dann im politischen Alltag versanden. Der Europäische Rat bedeutet dagegen „Regierungs-Arbeit". Von einer Regierung werden konkrete Ergebnisse erwartet, die gegenüber dem Bürger verantwortet, gemeinsam verantwortet werden müssen.

Diese Ergebnisse sind in der Regel Kompromisse. Deshalb ist es ein Unding, wenn im Anschluss einer Sitzung des Europäischen Rates die Beteiligten, jeder für sich, vor die Mikrofone ihrer „nationalen" Medien treten und stolz verkünden, wie sehr er oder sie für die Interessen des eigenen Landes gerungen und in wie vielen Punkten sie oder er sich mit der eigenen Position durchgesetzt und „gesiegt" habe.

Die Sitzungen des Europäischen Rates sind kein „Kriegsschauplatz", sie sind auch kein Fußballspiel, in dem es Sieger und Besiegte gibt. Europa hat lange genug Sieger und Besiegte gesehen. Die Idee Europa ist die Idee der Gemeinschaft, gründend auf der Gleichheit aller Beteiligten. Bei den Äußerungen und dem Auftreten der politischen Matadore nach einer Sitzung des Europäischen Rates müsste sich eigentlich bei kritischen Betrachtern zuweilen der Stoßseufzer Bahn brechen: Herr, lass europäischen Geist regnen!

Bei allem Verständnis für die persönliche Eitelkeit bei Politikern – aber sollten die Damen und die Herren Mitglieder des Europäischen Rates nicht einmal darüber nachdenken, auf das übliche „Familienfoto" nach den Sitzungen zu verzichten? Solche Rituale sind in der Tat Gipfeltreffen eigen. Doch Sitzungen des Europäischen Rates sind europäischer Alltag, nicht mehr, aber auch nicht weniger. Als europäischer Alltag sind sie zu kommunizieren. Wäre es nicht sinnvoller und dem besseren Verständnis des Bürgers über das, was in Brüssel in seinem Namen passiert, dienlicher, man würde sich eher darauf konzentrieren, die **gemeinsam** erzielten Kompromisse und ihr Zustandekommen den Bürgern zu erläutern und zu begründen? So gewänne Europa aus der Sicht des Bürgers an Normalität.

Mit dem sogenannten Reformvertrag von Lissabon ist der Europäische Rat endgültig in das institutionelle Gefüge der EU eingegliedert und seine Rolle nochmals gestärkt worden. Der Zuwachs an politischer Macht bedeutet auf der anderen Seite auch ein Mehr an politischer Verantwortung.

Das „Wohl und Wehe" der europäischen Integration, die Verantwortung für europäische Politik liegt seitdem auch institutionalisiert in den Händen der Staats- und Regierungschefs, die gemeinsam als Europäischer Rat verpflichtet sind, der *Union die für ihre Entwicklung erforderlichen Impulse zu geben und die allgemeinen politischen Zielvorstellungen und Prioritäten hierfür festzulegen.*

Damit nimmt der Europäische Rat auch institutionell die politische Gesamtleitung der EU wahr. Das Pendant zur politischen Gesamtleitung ist die politische Gesamtverantwortung.

Für das einzelne Mitglied des Europäischen Rates bedeutet dies, nicht nur die Verantwortung für das Schicksal der eigenen Nation, sondern für über 500 Millionen UnionsbürgerInnen mitzutragen.

Eben dieser Gesamt- und Mitverantwortung werden die Akteure offenkundig nicht (mehr) gerecht. Die Europäische Union steht vor einer Zerreißprobe. Statt gemeinschaftliche Lösungen zu suchen und sie gegebenenfalls auch gegen nationalistische Strömungen zu Hause zu verteidigen und durchzusetzen, wird das eigene politische Überleben zum Maß aller Dinge gemacht. Man meint, diesem nationalistischen Zeitgeist huldigen zu müssen. Mit Verlaub: Man wünscht sich, der eine oder andere nähme sich mehr Zeit für Geist!

IX.
Die Notwendigkeiten für Europas Zukunft: Führung – Bildung – Diskurs

Europa braucht Führung

Was Europa in diesen Zeiten braucht, ist geistige Führung. Eine Führung, die die Zielsetzung und die Aufgabenstellung der Union, und zwar primär dieser, verpflichtet ist. Eine Führung, die der „Idee Europa", wie sie zuvor definiert wurde, gerecht wird. Europa braucht eine neue Form der Führung. Führung ist nicht gleichzusetzen mit „Führer". Die EU braucht allein schon deshalb keinen exponierten Führer, sondern Führung, weil sie nicht nur über ein Machtzentrum – Brüssel – verfügt.

Die Macht, die Gestaltungsmacht in der EU, ist verteilt auf eine Vielzahl an Machtzentren: die Regierungen der Mitgliedstaaten und die Institutionen in Brüssel und Straßburg. Korrespondierend mit der Gestaltungsmacht ruht auch die Verantwortung für Europa auf vielen Schultern.

Die Europäische Demokratie ist eine Herrschaft der Vernunft und nicht einzelner Menschen.

Diese gemeinsame Verantwortung wird nirgendwo deutlicher als in der wechselseitigen Solidarität, zu der sich die Mitgliedstaaten verpflichtet haben. Die Auflösung des Solidaritätsprinzips führt zur Desintegration Europas, sie suggeriert dem europäischen Bürger wiederum, dass die Union disponibel und damit nicht wirklich ernst zu nehmen ist. Der durch eine Aufkündigung oder eine Aufweichung des Solidaritätsprinzips ausgelöste Desintegrationsprozess lässt sich auch nicht allein durch die Berufung auf gemeinsame Werte aufhalten. Das Solidaritätsprinzip ist vielmehr ein Element dieses Wertekanons. Die Solidaritätspflicht der Mitgliedstaaten untereinander zieht sich als roter Faden durch die „Verfassung". Sie erfasst als ein allgemeines Rechtsprinzip bzw. als Leitwert der Union praktisch alle Politikfelder.

Im Lichte der Forderung nach Führung in der EU ergibt sich die Notwendigkeit eines gemeinschaftlichen Managements, wenn man so will einer Art *corporate governance* im Zusammenwirken der europäischen Institutionen und der Mitgliedstaaten. Dazu bedarf es eindeutig definierter Standards und Kriterien, die über das hinausgehen, was aktuell Verfassungswirklichkeit ist. In der Konsequenz bedeutet dies, dass die europäischen Führungskräfte, seien es die Mitglieder der Kommission oder die nationalen Regierungsmitglieder, gemeinsame Standards der „Idee Europa" vorleben und gemeinhin sichtbar machen. Diese Standards müssen aber auch gelten für alle Mitglieder der politischen Klasse in den Mitgliedstaaten.

Zu Recht hat der frühere Vizepräsident der EU-Kommission, Günter Verheugen, in seinem Buch „Europa in der Krise – Für eine Neubegründung der europäischen Idee" beklagt, *es fehle in der politischen Klasse der Mitgliedstaaten erkennbar das Bewusstsein, dass sich nationale und europäische Verantwortung nicht mehr voneinander trennen lassen. Jeder Minister, jeder Abgeordnete, ja sogar jeder Landrat und Bürgermeister ist zugleich Europapolitiker. Wenn sich dieses Bewusstsein nicht durchsetzt und in täglichem Handeln widerspiegelt, wird es bei der ungesunden Polarisierung bleiben: Wir machen hier unseren Kram und die in Brüssel sind weit weg. Man kann die Verteidigung der europäischen Idee nicht den Berufspolitikern überlassen. Das ist eine nationale Aufgabe, und sie muss ernst genommen werden.*

Europa braucht Bildung

Auch die besten Strukturen [und Institutionen] *funktionieren nur, wenn in einer Gemeinschaft* (hier Europa) *Überzeugungen lebendig sind, die die Menschen zu einer freien Zustimmung zur gemeinschaftlichen Ordnung motivieren können. Überzeugung ist nicht von selbst da, sondern muss immer neu gemeinschaftlich errungen werden*", heißt es in der Enzyklika „spe salvi" Papst Benedikts XVI. vom 30. November 2007.

Überzeugungen gründen auf Wissen. Zumindest sollten sie es. Wissen wiederum bedingt Bildung.

Der Mensch ist, was er sein soll, erst durch Bildung. Dieser Satz des deutschen Philosophen Georg Wilhelm Hegel (1770–1831) hat auch im 21. Jahrhundert trotz Google und Wikipedia nichts an Richtigkeit eingebüßt. Bildung ist inzwischen mehr und mehr zu einem politischen Reizthema geworden. Seit der Einführung der sogenannten PISA-Studien wissen wir um das heterogene Bildungsniveau in der europäischen Gesellschaft. Die Verantwortung für die Inhalte und die Vermittlung von Bildung liegt nach wie vor in der Souveränität der Mitgliedstaaten. Dennoch ist eine Tendenz zu einer Art Europäisierung dieses Bereiches, zumindest was Teilaspekte anbelangt, nicht übersehbar. Die beiden Stichworte „Bologna-Prozess" und vor allem „Lissabon-Prozess" sind allenthalben geläufig. Bildungspolitik ist damit zu einem Teil der Beschäftigungspolitik geworden. Damit einher geht eine unverkennbare Konzentration auf ökonomische Inhalte.

Der „homo oeconomicus" ist zum hehren Bildungsideal avanciert. Politiker und Ökonomen rechtfertigen dieses neue Bildungsideal nur allzu gern mit der Entwicklung des „Humankapitals", das in der Wissensgesellschaft des 21. Jahrhunderts das Sachkapital der Industriegesellschaft als strategischen Wirtschaftsfaktor in der Bedeutung verdränge. In der breiten Öffentlichkeit, forciert durch die Medien, findet diese These nachhaltigen Widerhall. Eigentlich müssten der Begriff „Humankapital" und das darin zum Ausdruck kommende Menschenbild dazu angetan sein, den denkenden Europäer in Aufruhr zu versetzen. Menschen sind kein Äquivalent zum Finanzkapital!

Es gehört vielmehr zu den Kernprinzipien der Kantschen Ethik, dass der Mensch keinen Wert hat, sondern eine Würde und dass er nicht Mittel zum Zweck sein darf, sondern selber Zweck ist. „Die Würde des Menschen ist unantastbar!" Es zeugt nicht gerade von besonders viel Respekt vor dieser Würde, spricht man vom *human capital*. Der Begriff mag zwar einem gewissen neoliberalen Zeitgeist geschuldet sein, doch so viel Zeit für Geist sollte allenthalben vorhanden sein, um den „Ungeist" zu erkennen, der mit diesem Begriff zum Ausdruck gebracht wird.

Gerade aber beim Thema Bildung ist es von essentieller Bedeutung, zu erkennen, dass Globalisierung und globaler Wettbewerb in der Zukunft nicht nur ein Wettbewerb um Arbeitsplätze und Wirtschaftswachstum ist, sondern vor allem ein Wettbewerb um Lebensformen, Weltanschauungen und Philosophien. Weil Europa eine Union der Bürger ist, weil Europa eine Wertegemeinschaft ist, braucht es eine neue europäische Bildungsoffensive, welche die Vermittlung des Wissens darüber in das Zentrum stellt. Das Leitbild dieser Bildungsoffensive darf nicht der „homo oeconomicus" neoliberalen Geistes sein, sondern vielmehr der „homo europaeensis". Altphilologen mögen mir die Vergewaltigung der lateinischen Sprache nachsehen.

Aufgabe und Ziel „europäischer Bildungsoffensive" muss die Vermittlung der „Idee Europa" in all ihren Facetten und die Vermittlung der Kenntnis der anderen, ihrer Geschichte, ihrer Traditionen und Gefühle sein. Dazu braucht es einen gemeinsamen europäischen Bildungskanon!

Es braucht die Vermittlung einer interkulturellen Kommunikationskompetenz, die mehr bedeutet als die Beherrschung von Fremdsprachen und die Vermeidung von Fettnäpfchen. Was wissen die Deutsche schon von den Portugiesen, was die Luxemburger von den Lappen und diese wiederum von den Sizilianern?

Gemeinschaftssinn entwickelt sich aus der Kenntnis und Wahrnehmung des Gemeinsamen und der Kenntnis um das Besondere und die Herkunft der anderen. Auf dieser Grundlage ist eine neue Sinneshaltung der europäischen Bürger (*neues Denken*) zu entwickeln, ein europäisches Bewusstsein zu schaffen, um dem Umstand Rechnung zu tragen, dass die gegenseitige Abhängigkeit, das notwendige Miteinander in Europa zur Bewältigung der Herausforderungen der Zukunft ständig zunehmen. Bildung galt einst als Rüstzeug für die Zukunft. Zukunft ist nicht Besorgniserregendes, sondern Herausforderung!

Die Zukunft der jungen Menschen, die heute in der EU leben, und die der nachfolgenden Generationen ist die europäische Bürgergesellschaft. Zu der Vermittlung des Wissens über die anderen zählt auch das, worauf der frühere polnische Außenminister Radosław Sikorski im Zuge der Wiedervereinigung Europas in einem Interview mit der deutschen Wochenzeitung „Die Zeit" hingewiesen hat: *„Die Geschichte der osteuropäischen Staaten zwischen 1945 und 2004 ist genauso wichtig wie die der bereits von Anfang an oder später in die EU eingetretenen westeuropäischen Länder. Deren Kampf gegen den Totalitarismus und für die Freiheit können lehrreicher sein als das ruhige Leben unter dem Schutzschirm der USA."*

In der Tat: Beider Erfahrungen müssen vereint werden, damit sich Europa mental vereinigen kann.

Allein wenn es gelingt, ein Bewusstsein um ihr Europäertum, um das Gemeinschaftliche als Unionsbürger und den gemeinsamen Wertekanon nachhaltig bei der jungen Generation geistig und emotional zu verankern, kann der

Bedrohung Europas, dem zunehmenden Zynismus, der jede Wertlehre aushöhlt, entgegengewirkt werden. Gleiches gilt in Bezug auf den in Europa wachsenden Geist des Egoismus und des Nihilismus. Es bedarf des Bewusstseins, dass Demokratie, Freiheit und Menschenrechte keine Selbstverständlichkeiten sind, sondern täglich verteidigt werden müssen.

Die politische Klasse sollte sich von dem Aberglauben lösen, dass die bloße Stimmabgabe zum Europäischen Parlament eines passiven „Volkes" irgendetwas mit Demokratie und Europabegeisterung zu tun hat. Selbst das formal sozialste, menschenwürdigste und demokratischste Gemeinwesen würde binnen kurzem scheitern, wenn es die Menschen nicht wollen und aktiv mit Leben füllen.

Deshalb zwingt uns die „Idee Europa" zu einem Paradigmenwechsel in der Bildungspolitik. Wenn Walter Hallstein in seinem bereits mehrfach zitierten Gedanken von der Schaffung eines neuen Menschen sprach, so meinte er damit den „homo europaeensis", mit Sicherheit nicht den „homo oeconomicus", der dem europäischen Menschenbild und Lebensideal nicht gerecht wird. Europäischer Geist, der diesem „homo europaeensis" eigen ist, entsteht aus breitem Wissen um die „Idee Europa", deren Grundlage und der Kenntnis um die Geschichte, Traditionen und Gefühlswelt der europäischen Völker, die gemeinsam die europäische Bürgergesellschaft bilden.

Warum sollte es dann nicht möglich sein, sich darauf zu verständigen, diese Bildungsinhalte zu standardisieren und zu unterrichten?

Wenn jede Generation von Schülern in allen Mitglied-staten der EU dieselben Inhalte auf dieselbe Weise lernen soll und dabei das Bewusstsein vermittelt wird, Teil auch einer gemeinsamen Geschichte und einer gemeinsamen europäischen Bürgergesellschaft zu sein, dürfte man dem Ideal des „homo europaeensis" und der Verbreitung des Be-wusstseins, eben nicht nur Deutscher, Portugiese, sondern auch Europäer zu sein, ein gewaltiges Stück näherkommen. Um es mit Jacques Delors zu sagen: *„Nur so gelingt es, Euro-pa eine Seele zu geben."*

Zum Thema „Bildung" gehört auch das Thema „Sprache". Warum sollten die Europäer nicht in der Lage sein, sich neben ihrer Muttersprache einer gemeinsamen Sprache (lingua franca) als Kommunikationsmittel bedienen zu können? Warum sollten die oben angesprochenen Bil-dungsinhalte nicht eben in dieser gemeinsamen Sprache vermittelt werden? Natürlich ist Sprache ein Kulturgut. Die Mannigfaltigkeit der kulturellen Traditionen der Europäer ist ein „Pfund, mit dem man wuchern kann." Gleichwohl, hier geht es nicht um die Einebnung der kulturellen Un-terschiede und Traditionen, hier geht es um die gemeinsa-me europäische Bürgergesellschaft. Ihre Erlebbarkeit und die Teilhabe an dieser Gesellschaft bedingen aber die Mög-lichkeit, jenseits aller geburtsbedingten Sprachbarrieren un-tereinander kommunizieren zu können. Es ist mir durchaus bewusst, einem bereits seit Jahrzehnten schwelenden Dis-put neuen Zündstoff zu verleihen, wenn ich das Erlernen der englischen Sprache als Zweitsprache schon im Vor-schulalter als unabdingbar für eine neue europäische Bildungsoffensive propagiere. Das Erlernen dieser Sprache führt keineswegs zwangsläufig dazu, dass Millionen Schülerinnen und Schüler in Europa sich zu „kleinen Engländern" entwickeln oder Europa britischer wird.

In der Verantwortung um die Zukunft des Projektes Europas geht es nicht nur um Führung und Bildung. Europa braucht einen Konsens darüber, was es sein und welche Antworten es geben will.

Europa braucht
eine neue Idee von sich selbst

Wir sind es gewohnt, von den politischen Akteuren, gleich welcher politischer Couleur, gleich welcher Nationalität, zu hören, die Globalisierung und die damit verbundenen Sachzwänge erforderten diese oder jene politische Entscheidung. Warum eigentlich? Die Globalisierung ist kein Naturgesetz!

Auf Sachzwänge beruft man sich immer dann, wenn politische Ideen fehlen oder abnehmen. Die realen Sachzwänge von heute – vor allem die der Globalisierung – beruhen auf Entscheidungen von gestern, die nicht zufällig immer wieder von derselben Führungselite getroffen werden. Sich eines „Sachzwanges" zu beugen, heißt sich auf unwürdige Art seiner Freiheit zu entledigen, selbst zu entscheiden und die Sachen zu verändern. Europa braucht eine öffentliche Debatte darüber, wie wir als Unionsbürger leben wollen. Eine solche Debatte führt zu einer von innen kommenden Revitalisierung der „Idee Europa", der europäischen Gesellschaft. Europa braucht eine neue Idee von sich selbst.

Der Aufbauprozess der EU hat sich konstruktiv für den Bürger hinter den Glasfassaden der Rue de la Loi in Brüssel[3] vollzogen.

Die Zeiten, in denen man glaubte, man könne Europa schweigend bauen, der Konsens stelle sich schon irgendwie ein, scheinen jedoch endgültig vorbei. Gleiches gilt für das für lange Zeit geltende Dogma, dass man die Grundsatzfragen liegen lassen und sich nur auf praktische Fortschritte konzentrieren könne.

Will man die Menschen für die „Idee Europa" wiedergewinnen, dann muss man miteinander über das gemeinsame Ziel offen und öffentlich diskutieren.

So sehr es zu begrüßen ist, dass die Rolle des Europäischen Parlaments als Legislativorgan im Rahmen der „Verfassung" der EU gestärkt worden ist, ist es doch an der Zeit, dass das Europäische Parlament sich in Zukunft zu dem Forum entwickelt, in dem die Zukunftsfragen der europäischen Bürgergesellschaft – am liebsten kontrovers – diskutiert werden. An diesem Ort muss die Diskussion darüber stattfinden, wie wir Europäer in Zukunft leben wollen, hier muss die Frage diskutiert werden, wie es gelingt, unseren gemeinsamen Wertekanon, auf dem die europäische Bürgergesellschaft gründet, zu verteidigen und im Bewusstsein der Bürger zu verankern. Wir Europäer müssen uns für einen Wettbewerb auf höheren Ebenen wappnen. Es geht nicht nur um den Wettbewerb um Arbeitsplätze und mate-

---

3 Sitz der EU-Institutionen, Kommission und Rat

riellen Wohlstand, sondern auch um den Wettbewerb um Lebensformen, Weltanschauungen und Philosophien. Es geht nicht zuletzt um die Bewahrung unserer kulturellen Identität!

Mithin ist es hohe Zeit, dass sich die Europäer darüber im Klaren werden, in welcher Gemeinschaft sie in Zukunft leben wollen, was die Europäische Union, wenn es bei diesem Namen bleibt, sein will und wie die Union der Bürger in concreto aussehen soll.

Eine solche Debatte beantwortet letztendlich auch die Frage, wer zu dieser „immer engeren Union der Völker Europas" gehören will, und wer nur spezielle Beziehungen zu ihr unterhalten will. Es ist geradezu eine ideologische Debatte, die geführt werden muss. Nämlich eine Auseinandersetzung darüber, ob wir Europa im Sinne seiner Idee als politisches und gesellschaftliches Ordnungsmodell, das die Nationen unter einer gemeinsamen Rechts- und Werteordnung vereint, zu Ende bauen wollen – oder ob wir rückwärtsgewandt der Ideologie des Nationalstaates folgen.

In der Verantwortung um das europäische Einigungswerk und zukünftige Generationen ist diese Debatte jetzt zu führen. Europa ist mit einer neuen Idee zu verbinden, weil eine Gesellschaft ohne Visionen eine Generation ohne Perspektiven hinterlässt!

X.
Epilog

Was am 9. Mai 1950 mit der historischen Erklärung Robert Schumans seinen Anfang genommen hat, was zu jener Zeit eine Vision, weniger ein Traum war, ist heute, fast sieben Jahrzehnte später, Wirklichkeit: eine Union, in der über 500 Millionen Menschen unter dem Dach einer gemeinsamen Rechts- und Werteordnung in Frieden, Freiheit und auch Wohlstand zusammenleben. Der Weg ist noch nicht zu Ende.

Europa ist kein Zustand, kein Sein, sondern ein Werden, eine *création continue*. Eines steht jedoch fest: Was aus Europa wird, wie dieser Prozess endet, liegt nicht in der Hand dunkler Mächte, sondern in der Hand aller Unionsbürger. Deshalb erlauben Sie mir ein persönliches Wort zum Abschluss.

Während dieses Buch entstanden ist, hat meine Tochter ihren 18. Geburtstag gefeiert. Sie gehört damit einer Generation an, die Krieg zwischen europäischen Völkern nur aus den Geschichtsbüchern kennt, die nicht einmal die Teilung Europas kennengelernt hat, für die Europa eine Selbstverständlichkeit ist.

Als ich, Jahrgang 1957, meinen 18. Geburtstag gefeiert habe, galt die Teilung Europas als geradezu auf Ewigkeit zementiert. Für meine Freunde und mich war es ein besonderes Abenteuer, West-Europa per Interrailticket zu durchreisen und zu erleben. An jeder Grenze wurden wir kontrolliert, alles war für uns Neuland, vieles fremd. Jeder Grenzübertritt löste in uns auch eine gewisse Nervosität aus. Und dennoch haben wir uns schon gemeinsam mit unseren Altersgenossen, die wir in den anderen Ländern kennengelernt haben, ein großes Stück weit als Europäer empfunden, haben gesehen und erlebt, wie schön dieses Europa ist und wie viel uns verbindet.

Als mein Vater (Jahrgang 1926) seinen 18. Geburtstag beging – von „feiern" war angesichts der Umstände wohl kaum die Rede – befand sich Europa im Krieg. Sein Europa war ein Ort des Krieges, der Vernichtung und des Hasses.

Europa ist keine naturgesetzliche Selbstverständlichkeit. Die Gefahr ist groß, dass uns das europäische Projekt unbemerkt aus den Händen gleitet und uns dadurch, um ein Wort Stefan Zweigs aufzunehmen, *auch unsere Welt aus selbstverständlichen Sicherheiten in Scherben zerbricht.*

Lassen Sie uns deshalb gemeinsam dafür eintreten, dass Europa für unsere Kinder und folgende Generationen ein Ort des Friedens und der Freiheit bleibt, ein Ort, an dem die Idee Europa in jeder Hinsicht endlich Wirklichkeit wird!

Vivat, crescat, floreat Europa!